新编21世纪政治学系列教材

国际组织工作实务

牛仲君　李根信　著

International Organization
Actual Practice

中国人民大学出版社
·北京·

内容简介

随着全球化的发展及全球治理呼声的高涨，国际组织成为各国增加国际影响和“软实力”、提升国际形象、实现国家利益的重要舞台，在国际政治中发挥着日益重要的作用。本书立足于新时代中国特色大国外交蓬勃发展，中国在国际组织中的地位与作用不断增强，但在国际组织任职的人才不足的现实，主要从国际组织和国际公务员制度的发展历史、改革进程、法律法规、工作环境、保障机构、福利待遇、实习考试、素质要求、项目管理等方面对国际组织工作实务进行了系统的梳理，有助于读者揭开国际组织工作人员的神秘面纱，了解国际公务员的招聘、制度、福利、项目等工作实务知识，为有志于从事国际组织工作者熟悉国际组织工作、参与国际组织选聘指明方向。

作者简介

牛仲君　外交学院外交学与外事管理系副教授，国际组织与全球治理教研室主任。曾就读于中国人民大学、日本早稻田大学和北京大学，2005年获法学博士学位。主要从事国际组织、和平学及多边外交的教学研究工作。出版过《国际公务员制度》《中国多边外交》等著作，发表过学术论文数十篇。

李根信　曾任外交部国际司副处长，军控司处长、参赞，常驻联合国代表团二秘，驻香港特派员公署一秘，中国军控协会秘书长，中国国际问题研究院秘书长。2009年至2017年，任联合国全面禁止核试验条约组织筹备委员会法律与外联司司长，并代理过行政司、人事司、财务司司长等职位。外交学院国际关系专业博士毕业。主要研究领域为国际关系、国际组织和全球治理宏观战略。

总序

改革开放是新中国成立以来的又一次革命，给中国带来了革命性变化。这种革命性变化不仅体现在经济、政治等层面的现实生活上，而且还体现在因现实的变迁而带来的理论上的创新和发展以及由此带来的政治学学科建设上的成就方面。

在我国，计划经济体制已经让位于社会主义市场经济体制，同时由经济变革带来的政治体制上的变化也是有目共睹的。首先，在民主法治建设上，政治的制度化正在加强。其次，在国家结构上，过去在计划经济时期的简单的单一制已经转变为更加复杂的国家结构关系。中央与地方、地方政府与地方政府之间的关系有了更多的市场经济特征。再次，在国家与社会之间的关系上，也发生了方向性变化。最后，在意识形态上，过去那种对待马克思主义、毛泽东思想的封闭、激进而又教条的态度已经转变为开放、理性而又灵活的态度。所有这些变革，都是我们以前所无法想象的。当然，在政治进步的同时，存在的问题也不容回避。那就是迫切需要建立一套约束政府权力、使人民群众的真实意愿和利益诉求能够得到顺畅表达的机制，以便从根本上保证社会的稳定与和谐。这些问题的解决，不仅需要实际工作者在体制创新方面的实践，更需要政治学学科的发展和政治学专业人才的智慧与理论贡献。

我国的政治变革既是对政治学研究工作的挑战，又是促使政治学发展的良好机遇。我国的政治学在这种压力与机遇并存的环境中正在快步前进。首先，在学科分类上，政治学已经从法学中独立出来而成为一级学科。其次，在学科分支上，政治学从马克思主义政治理论、制度史、思想史发展成为学科门类更加丰富、更加有特色的一门学科，诸如新政治经济学、政治社会学、政治心理学、政治文化、政治学方法论等。再次，在研究方法上，从单一的阶级分析法发展成为以历史唯物主义为基础的多元化方法论，诸如行为主义、理性选择主义以及方兴未艾的新制度主义。最后，在问题研究上，无论是深度还是广度，我国政治学界都取得了可喜的成就，为中国的政治发展和政治变革做出了自己应有的贡献。当然，在看到成绩的同时，也不能无视发展中的不足。作为中国政治学学科建设和发展的见证人，我们不能不为政治学发展中的结构性缺失而忧心忡忡。比如，就专业刊物而言，不要说与经济学、法学和历史学比较，就是和政治学的二级学科国际关系比较，政治学专业刊物的数量也是少之又少。这种现象严重制约了我国政治学的发展，很多优秀的研究成果只能散见于综合性学术刊物和大学学报。

中国政治学学科发展的基础是高校政治学专业建设。自 1980 年恢复政治学专业以来，政治学系或政治与行政管理学系已经成为很多高校的普遍性建制。而且在各高校政治学专业竞相发展的过程中，我们很高兴地看到各个高校的政治学学科建设，无不生机勃勃，成就斐然。其中特别值得一提的是中国人民大学。人所共知，中国人民大学一直是中国近代政治制度的研究重镇。同时，中国人民大学在学科发展中非常注重教材建设，经过专业优化组合的“新编 21 世纪政治学系列教材”在全国享有很高的声誉，是我国很多高校政治学专业和行政管理学专业的必备教科书。从已经出版的教材来看，我认为，“新编 21 世纪政治学系列教材”具有如下特点：

第一，体系上的创新性与独特性。教科书固然应该有通用的内容，但是在教材林立的今天，千篇一律而了无特色的教材是难以立足的，也难以为社会所认可和接受。“新编 21 世纪政治学系列教材”中的每一本教材在体系上的创新性与独特性都是很突出的。

第二，内容上的研究性与新颖性。体系上的独特性应该由内容上的研究性与新颖性构成。教科书不但要介绍一般性的概念和理论，还应该容纳最新的理论研究成果以及对有关理论成果的看法与评价。该系列教材的一个重要特征是，这些教材都是作者们基于自己多年的教学与研究心得而撰写的具有新意的研究性作品。一本好的教科书之所以享有盛名，就在于其因体系上的独特性和内容上的研究性而形成的权威性。

第三，观点上的全面性与选择性。教科书是一种通论性的著作，因而包容的学术观点、理论应该尽量全面。但是，在信息爆炸的时代，一本书企图容纳所有的观点是不可能，也是不必要的。因为有的观点不过是个别学者的偶发奇想而不具有普遍性。这就需要撰写者去伪存真，认真取舍。我很高兴地看到，本系列教材在追求观点的全面性时，也没有忘记选择性原则。

第四，方法论上的马克思主义原则性与包容性。我国的社会科学研究离不开马克思主义的基本方法论，尤其离不开历史唯物主义的指导，政治科学更是如此。但是马克思主义并不是凭空产生的，它是在吸纳人类精神文明优秀成果的基础上产生的，马克思主义的发展同样少不了与其他理论流派的碰撞以及对人类文明成果的借鉴与扬弃。封闭的马克思主义是没有生命力的，坚持马克思主义并不排除对其他理论流派的介绍与分析。正是基于这样的指导思想，本套教材在介绍马克思主义政治学的同时，能运用历史唯物主义的基本原理兼容并蓄地介绍和分析其他理论流派。

本套教材的上述特点决定了它们不但是有关专业的教师和学生必备的教学和学习用书，也是政治学研究者的重要参考书籍。虽然具有上述优点和特征，但是十全十美的社会科学著作是不存在的，因此，本套教材中的缺点与不足在所难免。衷心希望专家学者、广大读者积极批评、热情指正！

赵宝煦

序言

国际组织是一种跨越国界的组织形式，按照成员的法律地位来划分，主要可分为政府间国际组织和非政府间国际组织两大类。国际组织自建立以来，因其组织功能的有效发挥和运行机制的不断完善，日益得到世界各国的广泛认同和响应。特别是冷战结束以后，在经济全球化和政治多极化的大背景下，随着各国相互依存的加强，国际合作深度和广度的急剧增加，国际组织如雨后春笋般地大量出现，在国际关系的运行过程中极为活跃，对国际社会的影响在广度和深度上均呈现出不断加强的趋势，发挥着主权国家无法替代的作用。当今世界，国际组织作为国际关系的主要行为体，充当着国际社会朝着规范化、民主化发展的桥梁与纽带，对全球政治经济发挥着日益重要的作用，成为国际交往的高级形式，也是实现成员国利益的重要工具。正如许多国际问题专家所指出的那样："21 世纪是国际组织的世纪，我们正生活在一个国际组织纵横其间的时代。"

由于众所周知的历史和现实原因，中华人民共和国成立后长期被排斥在联合国等主要国际组织之外，对多边外交的认识和参与也经历了一个曲折的过程。自 1971 年恢复联合国合法席位以后，特别是伴随改革开放的深化和自身实力与国际地位的上升，中国对国际组织的参与力度不断加强，多边外交日益成为中国外交的重要舞台和亮点，在我国总体外交战略中占据了越来越重要的地位，发挥了不可估量的作用。国际组织不仅为中国提供了多边外交的主要舞台，成为中国维护国家利益、树立负责任大国形象的重要场所，而且也是中国运筹与其他国家关系、对开展各国交流与合作不可或缺的平台。特别是在面临百年未有之大变局的今天，中国面临的国际形势更加复杂，肩负的国际责任也更加繁重，加之中国的发展也需要营造更加良好的国际环境，这些都需要我们更积极主动地参与国际组织的活动，利用好国际组织这一重要的渠道来缓解压力与紧张关系，维护国家利益和实现国家战略目标。

以联合国为代表的政府间国际组织的运行离不开为其工作的国际公务员，国际公务员是国际组织工作的具体实施者，代表了国际组织的立场和形象，具有很大的国际影响力，其国籍身份也自然成为世人关注的焦点，即使同样在国际组织中工作，不同岗位的国际公务员，其影响力也是不一样的，因此国际公务员数量的多寡、岗位的重要程度等是各国国际影响力的重要体现，每个国家都希望让更多的本国人参与其中。为了能够获得更多的岗位和更有影响力的职位，各国往往会采取各种各样的手段，调动各方资源，通过加强人才培养、资金援助、竞聘支持、双边推进等方式想办法让更多的本国人进入国际组织，占据重要岗位，以增加本国人在国际组织中的数量，发挥更大的作用和影响力。

一方面，自 1971 年中国恢复联合国合法席位以来，中国籍国际公务员的数量和占据岗位的重要程度不断增加，特别是进入 21 世纪后，中国在国际组织人才队伍建设上取得了较大成就，在联合国等国际组织里工作的中国籍国际公务员数量不断增加，体现了中国日益重要的国际影响力。例如在联合国秘书处，先后有 10 位中国外交官出任副秘书长，分别是唐明照（1972 年至 1979 年）、毕季龙（1979 年至 1985 年）、谢启美（1985 年至 1991 年）、冀朝铸（1991 年至 1995 年）、金永健（1996 年至 2001 年）、陈健（2001 年至 2007 年）、沙祖康（2007 年至 2012 年），吴红波（2012 年至 2017 年）、刘振民（2017 年至 2022 年）、李军华（2022 年至今）。同时，随着中国综合国力的提高，国际地位的不断提升，融入国际社会步伐的加快，已经有越来越多的国际组织选举中国人担任一把手，如世界卫生组织总干事陈冯富珍（2007 年至 2017 年），联合国工发组织总干事李勇（2013 年至 2021 年）、国际民航组织秘书长柳芳（2015 年至 2021 年）、国际电信联盟秘书长赵厚麟（2015 年至 2022 年）、联合国粮农组织总干事屈冬玉（2019 年至今）等，极大地增强了中国的国际影响力。

但另一方面，与西方发达国家相比，中国对国际组织的参与程度还处于较低水平，工作人员任职比例与中国在国际组织中的地位与作用严重不符，国际组织人才建设工作面临巨大挑战，很大程度上限制了中国在国际组织中影响力的提高。以中国籍国际职员相对集中的联合国为例，截至 2020 年底，在总共有 36 827 人的秘书处，中国籍职员仅有 545 人，占 1.48%，其中占用地区分配员额的专业级（P 级）以上官员仅 95 名，远低于联合国开列的 237 人至 321 人的恰当幅度，被列为任职人数偏低的国家，而担任 D 级以上高级管理职务的中国籍职员更是只有 13 人，远低于美、英、法、德等发达国家①。而截至 2019 年底，整个联合国系统的 114 119 名国际职员中，中国籍职员只有 1 336 人，占比还不到 1.2%，在整个中国工作的联合国职员也只有 347 人。这种情况不仅与我国的大国身份极不相符，也严重制约

① 秘书长的报告 A/76/570. 秘书处的组成：工作人员统计数据．(2021-11-29)[2022-07-18]. https://documents-dds-ny.un.org/doc/UNDOC/GEN/N21/359/86/PDF/N2135986.pdf.

着中国在国际组织中的规则制定权、议程设置权和国际话语权的提升。

为改变中国参与国际组织人员不足的状况，近年来国家越发重视国际组织人才队伍建设。习近平总书记要求："参与全球治理需要一大批熟悉党和国家方针政策、了解我国国情、具有全球视野、熟练运用外语、通晓国际规则、精通国际谈判的专业人才。要加强全球治理人才队伍建设，突破人才瓶颈，做好人才储备，为我国参与全球治理提供有力人才支撑。"① 教育部专门制定了《国际组织人才培养意见及其起草说明》，力图加快推进国际组织人才培养与储备，建立健全国际组织人才培养和保障机制，以服务于国家的外交工作和人才培养的战略需要。2016 年 3 月中共中央更是发布了《关于深化人才发展体制机制改革的意见》②，要求各地区各部门"完善国际组织人才培养推送机制。创立国际人才合作组织，促进人才国际交流与合作"。这些表明国际组织中国籍人才建设已纳入国家人才战略的计划和部署。因此，充分认识国际组织的地位和作用，高度重视国际组织人才培养，创新培养机制，建立健全人才培养保障体系，加快培养一批熟悉国际规则、了解国际组织事务、能参与国际组织工作和管理的人才对我们这样一个大国已迫在眉睫。响应国家战略部署、适应"竞争全球化"趋势，培养并增加国际组织中国籍人才已成为我国当前人才发展领域一项亟须发展的事业。

2022 年 10 月，党的二十大在北京胜利召开，大会高举促进世界和平与发展、推动构建人类命运共同体的旗帜，为新征程上的中国特色大国外交绘就了宏伟蓝图，指明了前进方向。党的二十大报告明确指出："中国积极参与全球治理体系改革和建设，践行共商共建共享的全球治理观，坚持真正的多边主义，推进国际关系民主化，推动全球治理朝着更加公正合理的方向发展。坚定维护以联合国为核心的国际体系、以国际法为基础的国际秩序、以联合国宪章宗旨和原则为基础的国际关系基本准则，反对一切形式的单边主义，反对搞针对特定国家的阵营化和排他性小圈子。推动世界贸易组织、亚太经合组织等多边机制更好发挥作用，扩大金砖国家、上海合作组织等合作机制影响力，增强新兴市场国家和发展中国家在全球事务中的代表性和发言权。中国坚持积极参与全球安全规则制定，加强国际安全合作，积极参与联合国维和行动，为维护世界和平和地区稳定发挥建设性作用。"③ 这充分说明，党的二十大报告明确给出促进世界和平与发展，推动构建人类命运共同体的中国答案，既表明中国将践行真正的多边主义推进全球治理的意愿，也传递出中国致力于通过多边国际合作来推动构建新型大国关系的立场。

正是基于这样的现实需求，本书定位为介绍国际组织和国际公务员的基础性读物，希望通过对国际组织和国际公务员的全面介绍，让更多关心国际组织和有志于

---

① 习近平．习近平谈治国理政：第 2 卷．北京：外文出版社，2017：450.

② 中共中央印发《关于深化人才发展体制机制改革的意见》．(2016－03－21)) [2022－07－30]. http://www.xinhuanet.com//politics/2016－03/21/c_1118398308_3.htm.

③ 习近平．高举中国特色社会主义伟大旗帜 为全面建设社会主义现代化国家而团结奋斗：在中国共产党第二十次全国代表大会上的报告．北京：人民出版社，2022：62.

到国际组织工作的人了解国际组织工作实务，直观地了解国际组织的具体工作内容。本书由牛仲君和李根信撰写，刘慰和芮雪承担了部分资料翻译整理工作。一方面，本书通过对国际组织基本知识、国际组织功能、国际公务员制度的系统介绍，使读者能够对国际组织的基本概念、发展演变、机构运行、功能作用及人事制度有一个全面的认识，可以更好地了解国际组织在当今世界中的地位与作用；另一方面，本书还对国际组织工作实务进行了较为系统的介绍，有助于读者揭开国际组织工作人员的神秘面纱，了解国际职员的招聘标准、工作程序、项目和会议管理等基本知识，为有志于从事国际组织工作的人士熟悉国际组织工作、参与国际组织选聘指明了方向。另外，考虑到非英语专业读者应聘的需求，书中有关胜任力要求和国际组织项目实务的部分，一些关键英文专业词汇均相应附后。因此，本书既可以是大专院校的莘莘学子深入了解国际组织的学习参考书，也可以是有志于成为国际公务员者准备联合国考试与面试的重要读物，还可以作为国际职员、外交官、研究人员及对国际组织有兴趣者的辅助读物。

目录

第一章　国际组织与联合国

第一节　国际组织概述 …… 001
第二节　联合国系统概述 …… 007
第三节　联合国与非政府组织的联系 …… 018

第二章　国际组织的功能

第一节　国际组织与世界和平 …… 026
第二节　国际组织与经济发展 …… 030
第三节　国际组织与社会发展 …… 035
第四节　国际组织与国际法 …… 039

第三章　国际职员概述

第一节　国际职员的类型 …… 043
第二节　国际组织的职位要求 …… 054
第三节　国际公务员的素质要求 …… 058

第四章　国际公务员制度

第一节　国际公务员制度的发展 …… 063
第二节　国际公务员的法律规范 …… 071
第三节　国际公务员的薪金福利 …… 080

第五章　国际组织的考试制度

第一节　国际组织工作竞聘流程 …… 089
第二节　“全球胜任力”模型 …… 098
第三节　联合国价值观和行为框架 …… 107
第四节　国际组织的面试技巧 …… 113

第六章　国际组织的内部管理

第一节　国际职员的工作评估制度 …… 116
第二节　国际组织的公务备用金制度 …… 121
第三节　国际组织的审计与纪律措施 …… 124

第七章　国际组织的项目管理体系

第一节　国际组织项目管理概述 …… 133
第二节　国际组织项目的原则和主题 …… 138
第三节　国际组织项目具体操作和文件 …… 144

第八章　国际组织的工作通识

第一节　国际职员的工作制度 …… 171
第二节　国际组织的会议管理 …… 178
第三节　国际组织的信函规则 …… 182

参考文献 …… 186
附录一　主要国际组织名称及网址 …… 188
附录二　国际公务员行为标准 …… 196
后记 …… 204

第一章

国际组织与联合国

国际组织（international organizations），也称国际团体或国际机构，是主权国家实现其国家利益的途径和工具、国际合作的纽带、全球治理的主体以及国际法制定和发展的平台，在当今国际政治中发挥着日益重要的作用。而联合国作为最大、最重要、最具代表性和权威性的政府间国际组织，经过数十年的努力，不断通过开展维持和平行动、外交斡旋、人道主义援助、设置可持续发展目标等活动，一定程度上降低了国家间危机与冲突的危险，推动了经济发展，维护了世界的总体和平与稳定，加强了人权的保护与国际法的权威，发挥着不可或缺的作用。

第一节　国际组织概述

一、国际组织的概念类型

国际组织的历史，自 1815 年维也纳会议决定建立莱茵河委员会开始，至今已经超过两百年了。经过这两百多年的发展，国际组织的数量和规模不断扩大，涵盖了政治、经济、社会、科技、文化、体育、卫生、教育、环境、人口等各种关乎人类生存和发展的领域，成为影响世界局势的重要力量和国际政治与全球治理的重要行为主体。就数量而言，虽然不同机构的统计数据有很大差别，但是国际组织在第二次世界大战后获得了爆炸性增长是不争的事实。如据美国《国际组织和协会百科全书》统计，截至 2020 年，世界上共有 31 000 多个国际组织和各类非政府组织。而国际协会联盟（UIA）的统计则更多，各类国际组织在 1909 年只有 213 个，到 1956 年则增加到了 1 117 个，到 1990 年则猛增到了 26 656 个，截至 2020 年底更是达到了 74 250 个，遍布世界 200 多个国家和地区，且还在以每年新增 1 200 个以上的速度增加①。就规模而言，截至 2020 年底，仅联合国秘书处就有国际职员 36 827 人，分布在纽约、日内瓦、维也纳、内罗毕、曼谷等世界各地的联合国办公机构②。

国际组织的概念有广义和狭义之分。广义上的国际组织定义认为：国际组织是一种跨国界的多国机构，其目标为促进国际合作与理解，凡是两个以上的国家及其政府或民间团体、个人，以一定协议形式创设的实现某种目的的各种机构，均可称作国际组织，包括政府间组织、非政府间组织及跨国公司③。例如在美国，行业协会通常就被列入国际组织的统计中，因为美国学者认为，最早的国际组织就是行业协会，如国际电信联盟、万国邮政联盟、国际民用航空组织、国际旅游组织、红十字国际委员会、绿色和平组织和国际奥林匹克委员会等。而狭义上的国际组织一般仅指国际法意义上具有承担国际权利与义务能力的政府间国际组织，即由各成员国政府在国际法的协议允许之下，为实现共同利益的特定目标而创立的一种常设机构。例如《维也纳条约法公约》第 2 条就明确规定："称'国际组织'者，谓政府间之组织。"④ 早期的《国际组织年鉴》也规定："国际组织是指两个以上国家及其政府，通过签署符合国际法的协议或条约而创立的国家联合体或国家联盟，其宗旨是通过设立常设体系和组织机构，促进成员国合作、实现共同目标。"⑤

对于政府间国际组织来说，由于数量庞大，领域众多，其种类划分也是多种多样的。例如，依据组织成员的构成范围来划分，可分为普遍性国际组织与封闭性国际组织。前者负有全球性使命和责任，力求成员的普遍性，对世界上的所有国家开放，如联合国、世界银行、世界卫生组织、世界贸易组织等；后者则受制于某一特定的地域范围、某种共同的文化、民族背景或特定的职能，仅对特定性质的国家开放，如欧洲联盟、东南亚国家联盟、阿拉伯国家联盟、法语国家组织、石油输出国组织等。按照基本性质和职能范围来划分，政府间国际组织还可以分为一般性国际组织和专门性国际组织两种。一般性国际组织是指那些具有较广泛的宗旨、原则和职能范围，其活动涉及政治、经济、军事、文化等方方面面的组织，如联合国、欧洲联盟、非洲联盟等；而专门性国际组织则只针对具体的专门领域合作事务，如世界贸易组织、世界卫生组织、国际电信联盟、世界知识产权组织等。

非政府间国际组织同政府间国际组织不同，它们往往是由私人或民间团体建立的联合体，在民间社会领域发挥着重要的作用，如红十字国际委员会、红十字与红

---

① Union of International Associations. Yearbook of international organizations 2021—2022. 58th ed. (2021-10-01) [2022-08-20]. http://www.uia.org/yearbook.

② 秘书长的报告 A/76/570. 秘书处的组成：工作人员统计数据．(2021-11-29) [2022-07-18]. https://documents-dds-ny.un.org/doc/UNDOC/GEN/N21/359/86/PDF/N2135986.pdf.

③ 饶戈平．国际组织法．北京：北京大学出版社，1996：10.

④ 《维也纳条约法公约》(1969-05-23) [2022-08-20]. http://svideo.mfa.gov.cn/ziliao_674904/tytj_674911/tyfg_674913/200404/t20040409_7949268.shtml.

⑤ Union of International Associations. Yearbook of international organizations 1993—1994. 30th ed. Brussels: UIA, 1993: 1690-1692.

新月会国际联合会、绿色和平组织、世界动物协会、国际足球联合会等。非政府间国际组织具有非官方性与广泛性两个显著特点。前者主要体现在，非政府间国际组织不是经过政府间协议而成立的，成员主要由非官方人士或团体组成，但不排斥各国政府参加其活动，这是非政府间国际组织区别于政府间国际组织的最大特点。后者则表现在，非政府间国际组织主要将其活动领域集中于和平、经济、技术、环保、人道、体育、宗教等方面，具有很大的广泛性①。一般来说，非政府间国际组织不具有国际法律人格，不享有国际法上的权利。但其中红十字国际委员会的地位非常特殊，虽然该委员会只是一个按照瑞士民法设立的法人机构，但在 1949 年《关于战俘待遇的日内瓦公约》和《关于战时保护平民的日内瓦公约》中，它被赋予保护战俘和平民的任务，从而在战争和武装冲突中享有某种国际法上的权利，如访问战俘营、监督救济物资的分配等。由于该委员会在《日内瓦公约》中享有的这种保护地位，它被广泛认为是一种特殊的国际法主体②。

目前，国际上通常从大类上把国际组织和行业协会进行如下划分：（1）贸易、商业和经济类国际组织；（2）环境和农业类国际组织；（3）法律、政府治理、公共行政事务和军事类国际组织；（4）工程、技术、自然和社会科学类国际组织；（5）教育类国际组织；（6）文化类国际组织；（7）社会福利类国际组织；（8）健康和医疗类国际组织；（9）公共事务类国际组织；（10）原住民、少数民族类国际组织；（11）宗教类国际组织；（12）退役军人类国际组织；（13）收藏和兴趣类国际组织；（14）体育和运动员类国际组织；（15）劳工联盟类国际组织。而按我们国家的分类办法，除了由主权国家作为成员国参加的政府间国际组织外，其他的组织一般会被划定为非政府组织或行业协会（统称“社会组织”），其中的非政府组织须经民政部门登记和批准，行业协会则由主管部委批准并报民政部或工商局注册，而境外国际组织或非政府组织、基金会要在中国设立分支机构或办事处，均须经中国政府相关部门批准才行。

国际组织作为一个组织实体，不同于国际会议，具有一定的稳定性和独立自主性。国际会议是两国以上的代表为解决相互关心的国际问题、协调彼此的利益，在共同讨论的基础上寻求或采取共同行动而举行的集会③。国际会议一般没有常设机构，具有临时性特点，通常围绕着特定的具体国际问题展开，通过达成协议等方式来实现共同的目的，一旦问题解决会议也随之结束。而拥有常设机构的国际组织则具有一定的独立主体地位，通过一定的体系结构、共同利益和职能作用来发挥作用。当然在现实中，随着技术的进步和国际合作形式的发展，还出现了一些诸如二十国集团、七国集团这样不具有明显常设机构的论坛型国际合作机制，因其也具有一定的稳定性和独立自主性，往往也被认同为是国际组织的一种。因此，是否具有常设机构，已经不是国际组织的必要条件，关键看其是否具有相应的稳定的、机制

① 王勇，方建伟．非政府间国际组织略探．当代法学，2002（7）：89.
② 曾令良，余敏友．全球化时代的国际法：基础、结构与挑战．武汉：武汉大学出版社，2005：172.
③ 谌华侨．国际会议．北京：北京大学出版社，2018：3.

化的合作框架，能够独立发挥作用。随着国际合作的展开以及国际组织的发展，当今国际组织作为国际政治的重要行为体，已经能够独立参与国际关系，成为多边外交的重要支点和国际合作的主要平台。

二、国际组织的构成要素

当今国际社会，国际组织林林总总，虽然没有统一和固定的模式，但从组织结构来说，大多数国际组织都具有相似的构成要素，涉及组织成员、规章制度、机构设置等内容。

第一，组织成员。任何国际组织都是由一定成员组成的，这是构成国际组织权力、经费和功能的基础。国际组织的成员身份及诉求直接影响到它的宗旨、原则、性质和特征，是我们评判一个国际组织性质的主要依据。特别是成员中的创始成员非常重要，其共同利益及合作意愿决定了国际组织最初的宗旨和原则，成员关系及实力对比决定了国际组织的早期运行方式，对国际组织的发展方向及新成员的加入都会产生深远影响。虽然国际组织的成员大多来自两个以上的国家，其决议和活动应该是大多数成员意志的体现，不应依附于任何特定的国家，但在现实中，成员实力相差悬殊的国际组织，往往容易被个别实力强大的成员所操纵，成为其霸权的工具。另外，在国际组织的发展过程中，新增成员也非常重要，是国际组织增加影响力和活力的来源，也会影响到国际组织规章制度、运行机制的改革与完善。由此可见，组织成员是国际组织的基础和权力来源，国际组织的工作目标就是为了服务成员。

第二，规章制度。在社会生活中，没有规矩不成方圆，国际组织作为由众多成员组成的系统，就必须有自己的宗旨目标和行动纲领，并在其指导下建立组织机构和决策机制，成为一个具有合作和实施功能的行为体系，从而更好地为成员服务。国际组织的规章制度主要包括基本文件、决议、协定、内部法规等，是其价值观的主要体现和正常运转的重要保障。其中，基本文件是国际组织建立的法律基础，规定了组织的宗旨和原则，阐明了国际组织建立的初衷、基本的运行方式、成员的加入和退出、机构的设置等核心问题，如《联合国宪章》《欧洲联盟条约》等。另外，国际社会中的各类成员是否有资格参与国际组织活动，以及在国际组织中的法律地位等，也是由基本文件规定的。在国际组织建立之后，还会形成众多的会议决定、条约协定和内部法规，也都成为国际组织规章制度的一部分，保证了国际组织的发展方向及日常运转。很多历史悠久、规模较大的国际组织，还会建立专门的司法机构用于制定和解释这些规章制度，以更好地维护组织的宗旨原则及成员的利益。因此可以说，规章制度是国际组织建立和发展的根基所在。

第三，机构设置。国际组织是成员之间为实现特定目标而建立的国际合作工具。作为常设机构，国际组织往往会通过机构设置，分成各种承担不同职能、使组织运转起来的具体部门。虽然国际组织数量众多、种类多样、规模不同，但其组织结构都有类似的形式，主要包括议事与决策机构、执行与主管机构、行政与管理机构、司法机构、辅助机构等。

首先，国际组织绝大多数以全体成员参加的大会作为议事与决策机构，是最高权力机关，负责讨论和处理国际组织职责范围内的重要问题，是国际组织的权力中心和立法部门。大会由成员代表组成，负责讨论和处理国际组织职责范围内的重要问题，如制定方针政策、选举执行机构成员和秘书处的行政长官、通过报告和预算、制订或修改有关约章等。大会一般每一两年召开一次，但也有规定更长时间的，如万国邮政联盟的全权代表大会每隔 5 年才举行一次。大多数国际组织的大会决议，除涉及国际组织行政管理职能外，基本上是建议性、监督性的，没有约束力。

其次，国际组织一般都有一个执行与主管机构，称为理事会、执委会或执行局，一般是由会员大会选举出的少数成员组成，成为日常管理国际组织的委托机构，便于常年工作。执行机构的主要职能是执行最高权力机关的决定，处理本组织管理范围内的事项，提出建议、计划和工作方案并付诸实施①。执行机构通常每年开会数次，其职责为执行大会的决议，提出建议、计划和工作方案，并付诸实施。执行机关的成员多由大会选举，但也有由成员国按定额委派的。

再次，国际组织一般都有一个常设秘书处，主要负责各常设机构的协调任务并处理各种经常性事务，是国际组织行政和管理工作的核心，具有财政、会务、调研、技术、情报、调解纠纷、对外代表本组织等多方面职能。最早的国际组织秘书处是 1865 年国际电报联盟建立的国际事务局，属于现代国际组织秘书处的雏形。而国际农业协会和国际劳工局的秘书处的工作人员，不仅选自各成员国，且享有相应的特权和豁免，具有国际性与独立性特点，是最早的一批国际公务员。秘书处的最高行政长官一般称为秘书长或总干事、执行秘书、总裁、主席等，通常由大会选举产生，在一定任期内履行该国际组织基本文件规定的广泛职能，并对外代表该组织。

最后，有些国际组织还设有专门的司法机构和辅助机构。司法机构通常负责审理法律问题或通过司法手段来解决国际争端，如国际法院、欧洲法院、国际刑事法院、国际海洋法法庭等。司法机构的法官一般都要经成员国推荐并通过特定程序正式选举产生，不得代表其他任何当局行事，以确保其能够完全独立行使职能，依法公正审理案件。另外，国际组织也可依其性质和基本文件的规定设立各种辅助机构。这类机构多数是技术性、咨询性委员会，一般负责某一类专门领域或事项的技术性、行政性事务，定期提交报告、建议或草案，协助主要机构工作。

三、国际组织的议事规则

决策机制是国际组织决策过程的核心，它不但构成组织活动的重要条件与方

---

① 梁西．梁著国际组织法：第 6 版．武汉：武汉大学出版社，2011：32.

式，而且直接影响到组织的工作效率和职能的行使。国际组织决策的方式往往是会议和表决。因此，国际组织中最重要的两个决策规则是动议规则和表决规则。动议规则通常可以分为程序性动议和主要动议两类。程序性动议是关于讨论事项程序方面的意见，主要是关于中止或者改变会议进程的动议，包括休会、暂停辩论等。例如，《联合国大会议事规则》第119条规定了程序性动议的先后次序："下列动议按照其排列的次序，应优先于提交会议的其他一切提案或动议：（甲）停会；（乙）休会；（丙）暂停辩论所讨论项目；（丁）结束辩论所讨论项目。"① 主要动议则是就议题本身提出议案、提案、修正案等。《联合国大会议事规则》第120条规定："提案和修正案通常应以书面送交秘书长，由秘书长将复制本向各代表团散发。作为一般规定，任何提案不得在委员会会议上加以讨论或表决，除非其复制本至迟已于会议前一天散发给所有代表团。但修正案或程序性动议的复制本即使尚未散发或仅于当天散发，主席仍可准许对这些修正案或动议进行讨论和审议。"②

表决规则是国际组织成员决定会议上提案是否被通过的权利，分为举手表决、投票表决、协商一致等方式。举手表决是最简单的方式，多用于一般性问题的解决。会议代表可以就"同意""反对""弃权"分别做出自己的表示，最后由工作人员进行点数，结果由会议主席公布。举手表决简单、容易操作，但其弊端是无法隐藏表决人的态度，同时其容易操作的前提仅限于参与会议人数较少，当会议规模较大时，这种方式则会降低效率。投票表决是国际组织最为常见的表决方式。目前，国际上基本采用无记名方式进行投票，而且采用计票器，结果很快就能揭晓。投票表决还会有两个标准：（1）成员出席比例；（2）投票结果有效标准。即多大比例的成员参加投票表决并同意结果才算有效。例如，联合国大会实行一国一票制，对于重要问题的决议，以出席并参加投票的会员国的2/3多数通过，其他问题的决议则以简单多数通过。

投票权的分配是行使表决权的前提条件，主要包括一国一票制和加权投票制两种。一国一票制是赋予每个成员国以平等的否决权，不论其地位和作用如何，如联合国大会投票机制。加权投票制（weighted voting）指按照一定的标准和原则分别给予成员国不同的票数或不等值的投票权，如国际货币基金组织的投票权由两部分组成：每个成员国都有250票基本投票权，此外，每10万单位特别提款权配额增加一票。配额的计算方法为：在计算一个会员国配额时，该国国民总收入、经济发展程度、国际贸易幅度等许多方面因素均予以考虑，配额愈多，投票权愈大。这种表决权取决于国家经济实力，由于各国的基本票数一样，因此在实际决策中起决定作用的是加权投票权，加权投票权与各国所缴份额成正比。

---

① 联合国．大会议事规则（A/520/rev. 20）．（2022－09－15）[2022－09－30]. https://www.un.org/zh/ga/about/ropga/pdf/A_520_Rev. 20. pdf.

② 联合国．大会议事规则（A/520/rev. 20）．（2022－09－15）[2022－09－30]. https://www.un.org/zh/ga/about/ropga/pdf/A_520_Rev. 20. pdf.

表决权的集中是表决的有效结果，主要包括全体一致同意、多数通过制和协商一致、少数否决等方式。全体一致同意要求国际组织产生的任何文件均须与会者全体通过才能有效。多数通过制指国际组织内各代表享有平等的投票权，会议决议要求得到成员的多数同意方可通过，又分为简单多数通过、特定多数通过、多数加特定成员通过等三种类型。简单多数通过指超过半数的同意票即可获得通过；特定多数通过要求达到一定比例的多数（如 2/3 多数）时议案才能通过；多数加特定成员通过，则除对票数数量有要求外，还要求包括特定成员的同意票方可使文件通过，如根据联合国安理会的决策制度，非程序性事项需要包括所有常任理事国在内的 9 票同意才可以通过。协商一致是指国际组织的代表对所议事项的决议草案通过广泛的协商，在基本点上没有正式反对意见时，即允许不经实际投票而认为已协商一致通过，只有当不能以协商一致做出决定时，才采用投票方式。

第二节　联合国系统概述

联合国（United Nations，UN）创建于世界反法西斯战争胜利的凯歌声中，总部设立在美国纽约，是以维护国际和平与安全、发展国家间的友好关系、促进国际合作与交流、协调各国行动为宗旨的国际组织。1945 年 10 月 24 日，美国政府发布公告宣称，《联合国宪章》经中、美、苏、英和法以及其他签字国的过半数批准，于当日起正式生效，这标志着联合国的正式成立，这一天后来被定为“联合国日”。《联合国宪章》确立了以联合国为核心的国际秩序，致力于促进各国在国际法、国际安全、经济发展、社会进步、人权、公民自由、政治自由、民主及实现持久世界和平方面的合作。联合国的建立开创了国际组织发展史上的新纪元，实现了国际组织发展历程上的一次飞跃。

一、联合国的主要机构

联合国是当今世界最大、最重要、最具代表性和权威性的政府间国际组织，目前由 193 个会员国组成。联合国在国际社会上的地位不可或缺，致力于维护国际和平与安全、发展国家间的友好关系、促进社会进步、提高生活水平和维护人权，和平、发展、人权是其三大支柱。联合国不是世界政府，并不凌驾于世界各国之上，它由会员国组成，在做出决定之前必须要充分尊重会员国的意志。成立 70 多年来，依靠广大会员国的支持，联合国为缓解地区冲突，消除旧殖民主义，促进世界和平、合作与发展，做出了许多工作。它不仅是各国宣传对外政策、谋求国家利益和开展多边外交的最重要平台，也是维护世界和平、促进共同发展、治理全球公共事务的最重要力量。根据《联合国宪章》第 7 条的规定，联合国设有大会、安全理事会、经济及社会理事会、托管理事会、国际法院和秘书处等六个主要机构，以决策和实施组织的各种决议，就广泛的问题采取行动，为会员国提供发表意见的场所。

1. 联合国大会（General Assembly of the United Nations，UNGA）简称“联大”，由全体会员国组成，是联合国的主要审议、决策和代表性机关。根据《联合国宪章》的规定，大会有权讨论宪章范围内的任何问题或事项，并向会员国和安理会提出建议。大会接受和审议安理会及其机构的报告；选举安理会非常任理事国、经济与社会理事会和托管理事会理事国；与安全理事会一起选举国际法院法官、根据安理会推荐批准接纳新会员和任命秘书长；联合国的预算和会员国分摊的会费等都需经大会讨论决定①。联合国的工作主要来自大会赋予的任务，大会通过的决议虽不具有法律约束力，但足以对会员国产生广泛的政治影响，代表着国际社会的道义权威。

联合国大会是一个“世界议会”，开会审议世界上最紧迫的问题。每一会员国享有一个投票权。维持国际和平与安全、接纳新会员国、制定联合国预算等关键问题以 2/3 多数决定，其他事项以简单多数决定。近年来，大会做出特别努力，通过协商一致而不是通过正式表决做出决定。大会每年举行一次常会，常会在每年 9 月的第三个星期二开幕，通常持续到 12 月中下旬，会期一般约为 13 个星期，必要时举行续会或就特别值得关注的问题举行特别会议或紧急会议。大会每年选举 1 名大会主席，任期 1 年，大会主席、副主席按地区分配原则由全体会议选举产生，大会主席所属地区分配的副主席名额减少 1 人。在大会休会期间，大会的工作由 6 个主要委员会、其他附属机关和联合国秘书处进行。大会在 2019/2020 年的会议上审议了 180 多个不同的议题，包括全球化、艾滋病、地区冲突、环境保护等问题。大会无法迫使任何国家采取行动，但大会的建议是世界舆论的重要呼声，代表国际社会的道德权威。

2. 安全理事会（Security Council，SC）简称“安理会”，成立于 1946 年 1 月 13 日。《联合国宪章》授予安全理事会的主要责任是维持国际和平与安全，是唯一有权采取行动的联合国机构。每当和平受到威胁，安全理事会都可随时召开会议。安理会在审议威胁国际和平的问题时，要首先探讨和平解决争端的途径，安理会可提议解决的原则或进行调解。在发生战斗的情况下，安理会争取实现停火，安理会可派遣维持和平特派团协助各方维持休战状态，将敌对部队隔开。安理会还可采取措施强制执行其决定，可实行经济制裁或命令进行武器禁运。在极少数情况下，安理会授权会员国使用包括集体军事行动在内的“一切必要手段”以实施其决定。安理会还拥有推荐秘书长人选和与大会共同选举国际法院大法官等职权。

安理会有 15 个理事国。中国、法国、俄罗斯、英国和美国五国为常任理事国。

---

① 联合国．联合国宪章．(2022-01-01)［2022-07-30］. https://www.un.org/zh/about-us/un-charter/chapter-4.

其他10个理事国由大会选举产生，任期两年。每一理事国均有一个投票权，对于程序性问题的决定以15个理事国中至少9个理事国的同意票通过，对于实质性问题的决定则需要包括全体常任理事国同意的9票通过。每项决议只要有一个常任理事国投反对票便不能通过，即“大国一致”原则。这种权力被称为“否决权”（常任理事国弃权不被认为是一种否决）。安理会主席按英文字母顺序施行轮任，各理事国任期1个月。安理会每年举行两次定期会议，会议一般在联合国总部举行，但也可在安理会主席认为必要时，或经大会、秘书长或任何理事国的建议或请求，认为和平受到威胁时随时召集会议。近年来，各会员国正在讨论改变安理会成员组成的问题，致力于反映当前的政治经济现实。

3. 经济及社会理事会（Economic and Social Council，COSOC）简称“经社理事会”，是联合国就经济、社会和环境问题进行协调、政策审查和政策对话并提出建议，以及落实国际发展目标的主要机关。经社理事会在大会通盘领导下协调联合国及联合国系统各组织的经济和社会工作。作为讨论国际经济和社会问题以及拟订政策建议的中心论坛，经社理事会在加强国际合作促进发展方面发挥关键作用。经社理事会还同非政府组织协商，使联合国与民间社会之间保持关键的联系。经社理事会有54个理事国，由大会选举产生，任期3年，可连选连任。经社理事会下设多个附属机构，包括各区域委员会、各职司委员会以及专家机构和相关机构，负责有关社会发展、妇女地位、预防犯罪、麻醉药品、环境保护等问题，这些机构会定期开会，并向经社理事会汇报情况。

经社理事会一般每年7月举行一次为期5～6周的实质性会议，会议在纽约和日内瓦两地交替进行，并在纽约举行一次组织会议。实质性会议负责讨论成员国的经济、文化、社会、健康、教育方面的事务并为保障全世界人民的人权而工作，包括一次由部长及其他高级官员出席的高级别政治论坛，讨论重大的经济和社会问题。经社理事会是联合国系统推进可持续发展三大层面——经济、社会和环境——的核心机构，是促进辩论和创新思维、就前进之路营造共识和协调各方努力以实现国际商定目标的中心平台，同时还负责联合国各次主要会议和首脑会议的后续活动①。经社理事会主席同样由选举产生，任期1年，按照惯例来自联合国中中等或较小的会员国。

4. 托管理事会（Trusteeship Council，TC）于1945年根据《联合国宪章》第13章设立，是联合国实行国际托管制度、监督托管领土的管理机构。设立托管理事会，是为了对由7个会员国管理的11个托管领土实行国际监督，并确保采取适当步骤为托管领土的自治或独立做好准备。属于国际托管的土地是第二次世界大战结束时尚未独立的领土和战后割离自敌国的领土。到1994年，随着最后一个由美国管理的太平洋岛屿托管领土帕劳实现自治，成为联合国第185个会员国，所有托

---

① 联合国经济和社会理事会. 关于我们. (2022-01-01)[2022-07-30]. https://www.un.org/ecosoc/zh/content/about-us.

管领土都已实现自治或独立，有的成为单独国家，有的加入邻近的独立国家，托管理事会的使命已完成。

按规定，托管理事会一般每年5～6月举行一次会议，负责审议托管地管理国提交的报告，会同管理国接受和审查托管地居民的请愿书，定期派出视察团视察托管地情况等。鉴于其工作已大致完成，根据1994年5月25日通过的决议，托管理事会对其议事规则做出修正，取消每年举行会议的规定，并同意根据托管理事会的决定，或托管理事会多数成员、大会、安理会提出的要求，视需要举行全体会议。托管理事会的决定以简单多数进行表决，但其决议须经联合国大会通过才能生效。中国在联合国的合法席位恢复后，未参加托管理事会的活动。

5. 国际法院（International Court of Justice，ICJ）是联合国的主要司法机构，设在荷兰海牙，亦称“海牙国际法庭”。国际法院是联合国六大主要机关中唯一设在美国纽约之外的机关。它依据《联合国宪章》和所附的《国际法院规约》于1946年开始行使其职务。主要职责是对各国提交的法律案件依照《联合国宪章》规定以及有关条约及公约做出判决，并对正式认可的联合国机关和专门机构提交的法律问题提供咨询意见。国际法院是民事法院，没有附属机构，只受理主权国家之间的争端，它没有刑事管辖权，因此不能审判个人，例如战犯。按照有关规定，只有当事国一致同意提交国际法院的法律争端，国际法院才能做出裁决。

联合国的会员国都是国际法院的成员，非联合国会员国经联合国安理会建议并取得大会同意后，也可作为规约参加国。国际法院由联合国大会经安理会选举产生的15名来自不同国家的法官组成，包括正副法院院长各1名，法官任期9年，每3年更换1/3，他们不代表任何国家，更不受其本国政府制约。法官任职期间享有外交特权和豁免权，负责对国家间争端做出裁决。国家自愿参与国际法院的诉讼程序，但一国如果同意参与，就有义务遵守法院的裁决。国际法院还根据请求向大会和安全理事会提供咨询意见。

6. 秘书处（The Secretariat of the United Nations）负责联合国的各种日常工作，根据大会、安全理事会和其他机关的指示，执行联合国实务工作和行政工作。联合国秘书处由在联合国纽约总部和世界各地工作的全体国际工作人员组成，开展联合国的各种日常工作。秘书处还为联合国其他主要机关服务，并执行这些机关制定的方案与政策。秘书处的职责同联合国所处理的问题一样多种多样，范围包括从管理维持和平行动到调停国际争端，从调查经济及社会趋势和问题到编写关于人权和可持续发展问题的研究报告等。秘书处工作人员还涉及使世界各通讯媒体了解和关心联合国的工作，就全世界所关切的问题组织国际会议，将发言和文件翻译成联合国6种官方语言——阿拉伯文、中文、英文、法文、俄文和西班牙文等。

秘书处首长是秘书长，负责提供通盘行政指导，可代表联合国与会员国及其他国际组织进行联系，担任着重大的国际政治责任。秘书长由大会根据安全理事会的推荐任命，任期5年，可以连任。除去其行政职责外，《联合国宪章》要求秘书长执行安理会、大会及其他主要机构所委托的“其他职务”，主要职责之一是将其所认为“可能威胁国际和平和安全的任何事件”提请安理会注意。在世界各国面前，联合国秘书长往往被看作联合国的象征，同时也可利用这一身份对出现国际冲突和争端的地区进行调停或在幕后进行“悄悄的外交”。联合国秘书长，常被看作是“世界的总管”，秘书长的公正不偏是联合国最重要的资产。

联合国秘书处于1946年初开始运作，当时只有300名工作人员，主要为筹备委员会工作，并为一个刚刚成立的世界机构提供会议服务。但随着联合国工作的展开，工作人员在6个月内就迅速扩展到3 000多人。截至2020年底，秘书处的工作人员有36 827人，专业及以上职位官员有13 554人，设有10多个部、司或署，纽约总部经常预算编制内的工作人员有6 446人，特别经费编制的工作人员人数也不相上下，工作人员来自180多个国家①。进入21世纪后，面对全球范围内的重大变化，秘书处也在不断进行改革，以更加注重应对全球面临的难题。为使得组织应对问题的反应更加迅速，联合国开展了大量的实地行动，目前约有60%的工作人员在纽约总部以外的地方工作，包括日内瓦、维也纳、内罗毕和其他地点的联合国办事处。

联合国工作的主要内容是维持和平，旨在为饱受冲突蹂躏的国家创造条件以实现持久的和平与发展。第一个维持和平特派团成立于1948年，向中东派遣了联合国军事观察员，以监督以色列与其阿拉伯邻国之间的停战协定实施情况。自那以来，联合国共实施了70多项维持和平行动，已有3 700多人在执行维持和平行动期间遇难，其中有943人因暴力致死②。目前，联合国在五大洲部署了12项维持和平行动和24个政治特派团。后者由秘书长高级代表负责，为开展预防性外交和其他跨领域活动提供一个前进平台，在与国家行为体和驻当地联合国发展和人道主义实体进行协调的基础上，帮助预防和解决冲突并为复杂的政治过渡提供支助③。

另外，为更好地应对新出现的问题，联合国全球秘书处的其他部门，如人道主义事务协调厅、联合国人权事务高级专员办事处、联合国毒品和犯罪问题办公室等，都在世界各地设立了国家或区域办事处，以便迅速开展工作。除纽约总部外，联合国贸易和发展会议的总部设在日内瓦，在纽约有办事处。可以说，在任何人们遭受苦难和需要帮助的地方，都有联合国的工作人员付出时间、援助和专门知识，积极地解决问题，以创造一个更安全、更美好的世界。

二、联合国系统

联合国系统是一个十分庞大的体系，除六大机构外，还包括各种基金、方案、

---

① 联合国秘书长的报告A/76/570. 秘书处的组成：工作人员情况统计．(2021-11-29)[2022-07-18]. https://documents-dds-ny.un.org/doc/UNDOC/GEN/N21/359/86/PDF/N2135986.pdf.

② 联合国．联合国维持和平．(2022-01-01)[2022-07-30]. https://peacekeeping.un.org/zh.

③ 联合国．政治和建设和平事务部．(2022-01-01)[2022-07-30]. https://dppa.un.org/zh/dppa-around-world.

专门机构、其他联合国实体和机构及相关组织等（参见联合国系统结构图①）。这些组织有各自的工作领域、领导层和预算。联合国各方案和基金通过自愿捐助而非分摊会费获得资金。各专门机构是独立的国际组织，并通过自愿捐助和分摊会费获得资金。联合国协调联合国系统内各个实体的工作，各实体配合联合国行动以达成其目标②。联合国各机构总部分布在全球各地，主要是在一些国际上知名的旅游胜地和交通方便的城市，如：纽约、日内瓦、内罗毕、罗马、维也纳、海牙、华盛顿、巴黎、里昂、伦敦等地。

首先，联合国的基金、方案主要负责改进世界各地人民的经济和社会状况，向大会或经济及社会理事会负责。主要包括以下一些组织③：

1. 联合国开发计划署。总部：美国纽约。它在近 170 个国家和地区开展工作，帮助消除贫困、减少不平等、加强抗灾能力使国家能够维持发展。作为联合国的发展机构，开发计划署在帮助各国实现可持续发展目标过程中起关键作用。

2. 联合国环境规划署。总部：肯尼亚内罗毕。成立于 1972 年，是联合国系统内负责环境事务的权威机构。它激发、提倡、教育和促进全球环境资源的合理利用，并推动全球环境的可持续发展。

3. 联合国人口基金。总部：美国纽约。作为联合国引领机构，联合国人口基金致力于在这个世界实现每一次怀孕都合乎意愿，每一次分娩都安全无恙，每一个青年的潜能都充分实现。

4. 联合国人类居住区规划署。总部：肯尼亚内罗毕。它致力于促进社会和环境方面可持续性人居发展，以达到所有人都有合适居所的目标。

5. 联合国儿童基金会。总部：美国纽约。它在 190 多个国家和地区开展工作，以拯救儿童的生命，捍卫他们的权利，帮助他们实现自己的潜能。

6. 世界粮食计划署。总部：意大利罗马。它致力于根除饥饿和营养不良。作为世界上最大的人道主义机构，世界粮食计划署每年向超过 88 个国家的约 1 亿人提供粮食援助。世界粮食计划署于 2020 年获颁诺贝尔和平奖。

其次，国际货币基金组织、世界银行等 15 个被称为“专门机构”的其他独立组织按照合作协定与联合国保持联系。这些机构是根据政府间协定设立的自治机构，在经济、社会、文化、教育、卫生和有关领域负有广泛的国际责任。其中一些机构，如国际劳工组织和万国邮政联盟，创立时间比联合国更早。具体来说，这 15 个专门机构的主要情况④如下：

1. 国际劳工组织。总部：瑞士日内瓦。其通过制定有关结社自由、集体谈判、废除强迫劳动以及机会与待遇平等的国际标准以增进国际劳工权利。

---

① 联合国．联合国系统结构图．(2021-09-10)[2022-08-20]. https://www.un.org/sites/un2.un.org/files/2021/09/chart2021.pdf.

② 联合国．联合国系统．(2022-01-01)[2022-07-30]. https://www.un.org/zh/about-us/un-system.

③ 联合国．联合国系统．(2022-01-01)[2022-07-30]. https://www.un.org/zh/about-us/un-system.

④ 联合国．联合国系统．(2022-01-01)[2022-07-30]. https://www.un.org/zh/about-us/un-system.

2. 联合国粮食及农业组织。总部：意大利罗马。它领导国际社会为战胜饥饿而努力。它既是发展中国家和发达国家谈判协定的论坛，也为援助发展提供技术知识与信息。

3. 联合国教育、科学及文化组织。总部：法国巴黎。它关注包括师资培训、提高全球教育以及保护世界重要历史文化遗产在内的一切事务。

4. 世界卫生组织。总部：瑞士日内瓦。它负责全球疫苗接种运动，应对公共卫生紧急情况，防范大流行性流感以及引领致命疾病的根除运动，例如脊髓灰质炎和疟疾。

5. 国际货币基金组织。总部：美国华盛顿哥伦比亚特区。它通过为各国提供临时财政援助，助其缓解国际收支困难，以及给予技术援助来促进经济增长和创造就业。

6. 世界银行。总部：美国华盛顿哥伦比亚特区。它关注减轻贫困和提高全球生活水平，为发展中国家提供低息贷款、无息信贷和赠款，用于教育、卫生、基础设施、通信和其他方面。

7. 国际民用航空组织。总部：加拿大蒙特利尔。它制定国际空运标准，并协助 193 个缔约国共同利用世界天空，实现自身社会经济效益。

8. 万国邮政联盟。总部：瑞士伯尔尼。它是邮政行业参与方之间合作的主要论坛，有助于确保建立一个最新产品与服务的真正全球网络。

9. 国际电信联盟。总部：瑞士日内瓦。它是联合国负责信息和通信技术的专门机构。国际电信联盟致力于连通世界各国人民——无论他们身处何方，处境如何。国际电信联盟通过自身工作，保护并支持每个人的基本通信权利。

10. 世界气象组织。总部：瑞士日内瓦。它促进气象数据和信息的全球自由交换，进一步提高其在包括航空、航运、安保及农业等一系列事务中的运用。

11. 国际海事组织。总部：英国伦敦。它建立了一个详尽的航运法规框架，处理安全和环境议题、法律事项、技术合作、海事安全和船运效率。

12. 世界知识产权组织。总部：瑞士日内瓦。它通过管理 23 个国际条约保护全世界的知识产权。

13. 国际农业发展基金会。总部：意大利罗马。国际农业发展基金会自 1977 年成立以来，专注农村减贫工作。其通过与发展中国家的农村贫困人口合作以消除贫困、饥饿和营养不良，提高他们的生产力和收入，并提升他们的生活质量。

14. 联合国工业发展组织。总部：奥地利维也纳。它通过促进工业发展来实现减贫、包容性全球化和环境可持续性。

15. 世界旅游组织。总部：西班牙马德里。它是联合国负责促进负责任的、可持续的和人人可享受的旅游业的机构。

专门机构是由各国政府签订一定的创建文件而成立的，它们在国家间就某一特定领域如经济、社会、文化、教育、卫生或其他有关方面进行工作。1919 年《国际联盟盟约》规定，凡经公约规定而成立的有关国际事务的机构，如经缔约各方认可，均应置于国际联盟的管理之下。1945 年《联合国宪章》规定，由各国政府间协定所成立的各种专门机构，通过与联合国经济及社会理事会订立协定同联合国发生关系，这类协定须经联合国大会核准。具体来说，联合国专门机构有以下特点：

1. 在专门领域从事活动。只有在经济、文化、社会、教育、科学、卫生等领域负有广泛活动职能的国际组织才能成为联合国专门机构。各专门机构同意考虑联合国向其提出的任何建议，并且愿意就其对任何这种建议所采取的措施向联合国提交报告，从而使各专门机构正式被纳入联合国体系。

2. 与联合国建立法律联系。根据联合国与专门机构所订立的协定，联合国承认专门机构的职权范围，专门机构承认联合国有权向其提出建议并协调其活动，专门机构要定期向联合国提出工作报告，双方互派代表出席彼此的会议，但没有表决权，彼此交换情报与文件，彼此协调在人事、预算和财政方面的安排。由联合国经社理事会负责协调联合国与专门机构的关系。经社理事会还设有一个“协调工作行政委员会”（Executives Coordinate Board，ECB），以实施上述协定并加强各机构之间的配合。这个委员会由联合国秘书长和各专门机构的行政首脑组成，联合国秘书长任主席，每年选择一个国际组织的总部举行会议。

3. 有独立的法律地位。各专门机构仅依据协定同联合国发生关系，它们本身是自主的。它们始终保有其独立地位，并不构成联合国的附属机关。联合国专门机构有其本身的成员国、联系成员国和观察员，它们各有其组织文件、体系结构、议事规程、经费来源和独立的总部。它们的决议与活动也不需要联合国批准，联合国只是以经社理事会同它们协商并向它们提出建议等方式来调整彼此间的活动。协调一致，是联合国与各专门机构相互发生关系的一项重要原则，联合国的会员国并不当然是各专门机构的成员国。

各专门机构是根据协定而同联合国建立关系，或根据联合国决定而成立的那种对某一特定业务范围，负有国际责任的政府间专门性国际组织，以政府间协定作为其法律基础，其宗旨、原则、组织形式及职权范围等主要问题，均由此种基本文件加以规定。一般来说，只有主权国家才能加入专门机构，但有些专门机构也允许非自治领土和地区参加，不过这种成员的权利往往受到一定限制。

再次，联合国系统也涉及一些其他实体和机构。主要包括：为谋求终止艾滋病的流行性传播而努力的联合国艾滋病毒/艾滋病联合规划署、致力于保护全球难民并帮助他们重返家园或被重新安置的联合国难民事务高级专员公署、就裁军和安全问题提出思路并促进实际行动的联合国裁军研究所、旨在通过外交培训和官员培训提高联合国效力并加强国家行动影响的联合国训练研究所、帮助联合国高效地管理项目并交付可持续基础设施及实施采购计划的联合国项目事务署、已在社会福利和人类发展方面服务了四代巴勒斯坦难民的联合国近东巴勒斯坦难民救济和工程处、为联合国系统及其合作伙伴的工作人员设计并实施学习计划从而提高联合国效率的联合国系统职员学院、为联合国系统政策制定者提供高质量循证知识和务实建议的联合国大学、重点关注两性平等和妇女赋权的联合国促进性别平等和增强妇女权能署。

最后，全面禁止核试验条约组织筹备委员会、国际原子能机构、国际移民组织、禁止化学武器组织、《联合国气候变化框架公约》秘书处、世界贸易组织和国际贸易中心等相关组织也属于联合国系统。这些组织与联合国存在各种各样的机制性联系，关系密切，共同致力于国际社会的和平与发展。如作为一个与联合国系统相关的独立国际组织，国际原子能机构与联合国的关系由特殊协议监管。按照规约所载内容，国际原子能机构每年需向联合国大会报告，并就相关国家不遵守有关国家保障义务及就国际和平与安全相关事项适时向安全理事会报告①。

三、联合国的历史及面临的问题

联合国成立后，经历了美国控制、美苏斗争、第三世界崛起和多极化发展趋势等几个历史发展阶段。首先是 20 世纪四五十年代，联合国在建立之初的一段时期成为美国主导的霸权工具。美国依靠其在政治、经济、军事方面的霸主地位，操纵拉美、英联邦、部分阿拉伯国家等在联合国大会的投票权，使频频召开的联大基本上按照美国的意志行事，美国还利用联合国发动朝鲜战争、介入刚果内战，使联合国蒙受耻辱，有人称这段时间的联合国大会为美国的“表决机器”。尽管如此，这一时期联合国在处理地区安全问题、促进经济和社会发展、完善内部运行机制等方面仍取得了一定的成绩，特别是在对克什米尔争端、巴勒斯坦问题、苏伊士运河战争、黎巴嫩问题的处理和调解上引人注目。

到了 20 世纪五六十年代，美苏的争霸态势发生了重大变化，在联合国内部的对立和斗争日益突出，联合国成为美苏争霸的较量场所。安理会否决权成为双方在联合国对峙的武器，形成了美国赞成的提案苏联便否决，苏联赞成的提案美国就否决的“游戏场面”。不过，这一时期，联合国在刚果维和行动、印巴冲突和古巴导弹危机中进行了调停活动，一定程度上维护着国际的和平与稳定，并在 1963 年的第 18 届联大通过了宪章修正案，扩大了安理会非常任理事国和经社理事会理事国的席位。20 世纪 60 年代以后，随着大批第三世界国家的加入，联合国在某种意义上成为第三世界国家反对霸权主义和强权政治的讲坛及中小国家伸张正义的场所，其维护世界和平、促进世界发展的作用进一步增大。特别是随着中华人民共和国恢复在联合国的合法席位、冷战两个阵营的逐渐接触和苏联国内的变化，美苏两大国在联合国中不再处处对立，安理会得以真正发挥作用，联合国也开始被人称作“世界政府”或“世界议会”，以形容其作用范围的广泛性。

冷战结束以后，联合国所面临的国际环境发生了重大变化：一方面，联合国得

① 联合国．国际原子能机构．(2022-01-01)[2022-07-30]．https://www.un.org/zh/aboutun/structure/iaea/.

以从冷战的束缚中解脱出来，获得了一定的发展空间；另一方面，新国际格局的形成尚待时日，国际社会进入一个多极化发展的新时期，对联合国来说是机遇与挑战并存。这一阶段，联合国的活动遍及全世界，无论是在全球变暖、生态平衡、裁军军控、地区冲突、维和救灾、反洗钱、反走私、反毒品、反贫困、艾滋病防治，还是在教育、科技、文化、人权等问题上，处处可见联合国的活动身影。特别是冷战后在柬埔寨、科索沃、索马里、东帝汶以及阿富汗的维和行动，无不体现联合国维和功能的不可替代性。这一时期的维和行动已经发展成包含政治、社会、经济、人道主义等职能的多功能行动，数量和规模与冷战时期也不可同日而语。据统计，冷战时期的 40 多年里，联合国开展的维和行动只有 13 次，平均约 4 年 1 次，1988 年以来则进行了 58 次，共有来自 120 多个国家的 3 700 多人为这项崇高的使命献出了宝贵的生命①。

进入 21 世纪以后，联合国的活动领域与作用有了进一步的扩大与发展。2000 年 9 月，联合国召开千年首脑会议，世界各国领导人一致通过了千年发展目标（Millennium Development Goals，MDGs），目的是到 2015 年之前将全球贫困水平降低一半（以 1990 年的水平为标准），这标志着联合国工作的重点转为发展问题。2005 年 9 月，在纽约举行的联合国成立 60 周年首脑会议上，各国领导人强调进一步加强联合国的作用，并希望通过实施改革，使联合国更加有效地应对 21 世纪的挑战。而在千年发展目标到期之后，联合国 193 个会员国的首脑又在 2015 年 9 月一致通过了范围更广的《2030 年可持续发展议程》，新议程涉及的 17 项可持续发展目标涵盖了各国的需求，并强调不会落下任何一个人，确认将调动财政、技术等资源，通过提高治理能力建设和增强伙伴关系来完成目标。另外，为了应对气候变化的挑战，2015 年 12 月 12 日《联合国气候变化框架公约》的近 200 个缔约方在巴黎气候变化大会上通过了《巴黎协定》，为 2020 年后全球应对气候变化行动做出安排，目标是将本世纪全球平均气温较工业化前水平上升幅度控制在 2 摄氏度以内，并为把升温控制在 1.5 摄氏度之内而努力。

总之，联合国是世界反法西斯战争胜利的成果，承载着各国人民对和平与发展的殷切期望。作为最具代表性和权威性的政府间国际组织，为促进人类进步事业发挥着不可替代的作用。《联合国宪章》并没有过时，国际社会不仅应当重温《联合国宪章》精神，还应当结合当今时代潮流和实际需要，不断丰富《联合国宪章》的内涵，赋予其新的生机与活力。事实证明，联合国成立 70 余年来，虽然在改革问题上步履维艰，很多情况下仍受大国的桎梏，但在维护世界和平、稳定国际关系、促进社会发展、促进人类社会走向文明和成熟方面均发挥了积极作用，取得了许多成就，成为国际合作的中心。具体来说，联合国目前主要面临两大问题：

---

① 联合国．维持和平的历史．(2022-01-01)[2022-07-30]. https://peacekeeping.un.org/zh/our-history.

一是改革问题。自1993年联合国成立安理会改革工作组至今，围绕安理会改革问题，国际上形成了不同的集体，也提出了各种改革方案，不同国家和集团间的激烈博弈一直继续，尤其是旨在“争常”的“四国联盟”集团（日本、德国、巴西、印度）和“阻常”的“团结谋共识”集团（成员以发展中国家为主，包括意大利、韩国、墨西哥、阿根廷、巴基斯坦等）之间的交锋十分激烈，使得安理会改革成为当今最复杂难解的国际问题之一。从安理会改革工作组设立到2009年启动政府间谈判，联合国一直努力为增强安理会的代表性、效率与效力而为改革创造条件，但是安理会改革是一项十分复杂的工作，尤其是“争常”与“阻常”两大阵营的对立，以及既得利益集团的保守态度，使得安理会改革进展缓慢。国际社会围绕安理会扩增常任理事国及其席位分配、理事国的否决权问题，以及工作程序等问题上仍存在严重分歧，相互间的斗争也持续不断。

应当看到，针对新时期国际形势的新变化，联合国的改革应该以构建合作共赢为核心的新型国际关系为基础，通过建设人类命运共同体来实现，这既是对《联合国宪章》宗旨和原则的继承和弘扬，也是对传统国际关系理论的超越和创新，勾画了人类文明基本的价值坐标。迈向人类命运共同体必须坚持各国相互尊重、平等相待，必须坚持合作共赢、共同发展，必须坚持实现共同、综合、合作、可持续的安全，必须坚持不同文明兼容并蓄、交流互鉴。世界多数国家主张，国际社会需要重申对《联合国宪章》宗旨和原则的坚定承诺，切实维护联合国权威，不断丰富《联合国宪章》内涵，赋予其新的生机与活力，需要坚信不同信仰、制度和民族国家可以和平共处、有序竞争，让共同利益压倒分歧对立。各国应携手努力，同舟共济，牢牢把握世界发展潮流和人类命运走向，把共同的地球家园建设得更加美好。

二是自身业务的发展问题。联合国的工作涉及全球的每一个角落，并着重于解决广泛的基本问题，如可持续发展、保护环境和难民、救灾和减灾、反恐、裁军和防止武器扩散。2015年9月世界各国领导人齐聚纽约联合国总部，一致通过了《2030年可持续发展议程》，这是一项新的普遍发展议程，要求确保不会落下任何一个人。在千年发展目标成功的基础上，可持续发展目标旨在以综合方式彻底解决社会、经济和环境三个维度的发展问题，转向可持续发展道路，其宗旨是：要求所有国家在可持续发展目标的基础上，采取切实行动，要在保护环境和应对气候变化的同时，还能创造繁荣、改善人民福祉。可持续发展目标是建立人类命运共同体的最佳途径，具有普遍性和不可分割性，所有发达国家、发展中国家和中等收入国家都应当采取行动，在15年内，通过一系列的切实措施，保护地球并实现可持续的经济增长。新的目标已在2016年1月1日正式生效，联合国总部和各附属机构都在与各国政府、企业和民间社会一起合作，确保各自的努力和优先事项与可持续发展目标保持一致，并通过制定具体计划来实现这些目标。

《2030年可持续发展议程》是联合国自身发展议程进行历史性变革的基石，它承载了联合国继往开来的重任，涵盖17个可持续发展目标、169个具体指标。这

17 个可持续发展目标是：（1）在全世界消除一切形式的贫困；（2）消除饥饿，实现粮食安全，改善营养状况和促进可持续农业；（3）确保健康的生活方式，促进各年龄段人群的福祉；（4）确保包容和公平的优质教育，让全民终身享有学习机会；（5）实现性别平等，增强所有妇女和女童的权能；（6）为所有人提供水和环境卫生并对其进行可持续管理；（7）确保人人获得负担得起的、可靠和可持续的现代能源；（8）促进持久、包容和可持续的经济增长，促进充分的生产性就业和人人获得体面工作；（9）建造具备抵御灾害能力的基础设施，促进具有包容性的可持续工业化；（10）减少国家内部和国家之间的不平等；（11）建设包容、安全、有抵御灾害能力和可持续的城市和人类居住区；（12）采用可持续的消费和生产模式；（13）采取紧急行动应对气候变化及其影响；（14）保护和可持续利用海洋和海洋资源以促进可持续发展；（15）保护、恢复和促进可持续利用陆地生态系统，可持续管理森林，防治荒漠化，制止和扭转土地退化，遏制生物多样性的丧失；（16）创建和平、包容的社会以促进可持续发展，让所有人都能诉诸司法，在各级建立有效、负责和包容的机构；（17）加强执行手段，重振可持续发展全球伙伴关系。

第三节　联合国与非政府组织的联系

一、联合国与非政府组织联系的历史

自第二次世界大战结束以来，随着全球化的深入发展，国际非政府组织作为一个重要的国际行为体，数量不断增多，影响力日益增强，成为国际合作的重要力量。根据国际协会联盟的统计，截至 2020 年底，世界上共有国际组织 74 250 个，其中政府间国际组织有 7 825 个，占比 10.54%，其余 66 425 个为国际非政府组织，占绝对多数[①]。特别是随着联合国的建立和发展，非政府组织通过宣传、游说、咨询等方式，对联合国及其专门机构有关政策的制订、活动和工作方式产生了深远影响，逐渐形成了一个影响巨大的民间社会组织体系。经过 70 多年的实践，非政府组织与联合国系统之间已经建立起了紧密的联系机制，形成了包括经社理事会咨商制度、机构机制、会议机制在内的一整套合作机制，在联合国系统里发挥着不容小觑的作用。

联合国建立之初，就十分重视非政府组织的作用，尝试与其发展良好的合作关系，以弥补自身机制的一些缺陷。如《联合国宪章》第 71 条明确规定："经济及社会理事会得采取适当办法，俾与各种非政府组织会商有关于本理事会职权范围内之

---

① Union of International Associations. Yearbook of international organizations 2021—2022. 58th ed. (2021-10-01) [2022-08-20]. http://www.uia.org/yearbook.

事件。”① 1946年2月第一届联大通过的第4号决议，也明确要求经社理事会同世界工联等非政府组织建立咨商关系。1952年联合国经社理事会第288（X）号决议规定：“凡不是根据政府间协议建立的国际组织都可被看作非政府组织”，首次为非政府组织做了界定。

1968年5月联合国经社理事会通过第1296号决议，正式赋予非政府组织以咨商地位，为其进入联合国系统提供了合法身份，也奠定了非政府组织与联合国联系的法律基础。获得咨商地位的非政府组织有权出席联合国经社理事会会议，提交书面报告，并得以在经社理事会召开会议之前发表声明。此后，非政府组织与联合国的关系日益紧密，参与联合国活动的次数逐年增加，联合国也越来越重视非政府组织的影响力。自1972年斯德哥尔摩人类环境大会非政府组织首次同时举办论坛起，非政府组织论坛成为联合国大型会议的必备项目，大量非政府组织通过宣传、游说、咨询等方式发表观点，影响联合国决策。

冷战结束之后，随着全球性问题的凸显及全球治理呼声的高涨，非政府组织与联合国的关系更为密切，其参与联合国事务的深度和广度都迅速发展。1996年联合国经社理事会通过了第1996/31号决议，修订了1968年通过的第1296号决议，扩大了对非政府组织的承认范围，即由原来的国际性非政府组织发展为承认各国和地区性的非政府组织，并通过了非政府组织参加联合国国际会议及其筹备进程的标准规则②。此后，非政府组织在联合国系统的活动更为活跃，活动领域涉及联合国的方方面面。它们通过举办各种文化活动、展览会、组织专家和媒体开展辩论，引导世界舆论，进而影响联合国议程，改变决策者观念，参与全球治理变革。

二、联合国与非政府组织的联系机制

非政府组织与联合国的联系机制包括经社理事会的咨商制度、非政府组织参与联合国活动的机构机制和会议机制。其中，咨商地位是非政府组织与联合国合作开展活动的法律依据，也是非政府组织在国际法律秩序中一种合法身份的重要象征，形象地说，咨商地位就是非政府组织进入联合国的一张入场券，因而成为其努力目标③。非政府组织凭着咨商地位这张入场券，进入联合国体系，与经社理事会、大会及秘书处甚至安理会发生联系，展开合作，在联合国中扮演了被压迫和被迫害者的代言人、救助者以及人权的捍卫者、监督者的角色④。同时，经社理事会也不是非政府组织获得咨商地位的唯一途径，根据第1296号决议，其还可在联合国系统

---

① 联合国．联合国宪章．（2022-01-01）[2022-07-30]．https://www.un.org/zh/about-us/un-charter/chapter-10.

② 祝发根．联合国经社理事会咨商地位：非政府组织融入国际主流活动的一张入门券．国际交流，2004（2）：25.

③ 黄德明，匡为为．论非政府组织与联合国关系的现状及改革前景．当代法学，2006（5）：39.

④ 郑启荣．试论非政府组织与联合国的关系．外交学院学报，1999（1）：58.

的其他机构获得咨商地位。事实上，联合国系统的主要机构，如教科文组织、粮农组织、环境署、世卫组织等，都有各自独立的咨商制度，从而为大量非政府组织参与联合国工作提供了制度保障。

根据第 1296 号决议，获得经社理事会咨商地位的非政府组织有权以咨询者和观察者的身份出席理事会议并参加联合国的各种会议，并有权提交书面报告，在会上做口头发言和书面发言，并应经社理事会的请求提供各种形式的咨询①。1996 年经社理事会的第 31 号决议不仅扩大了对非政府组织的承认范围和其发表意见权利的范围，允许非政府组织以自己的名义独立地在经社理事会发表意见，还简化了对经社理事会咨商地位的申请，决定国家级非政府组织有申请资格，并将获得咨商地位的非政府组织分为全面咨商地位、专门咨商地位和列入名册三类，以确定各种非政府组织的地位和权利②。这就进一步为更多非政府组织参与联合国工作，获得合法身份做出了制度保障，从而开创了联合国与非政府组织联系的新局面。目前，5 451 个在经社理事会拥有咨商地位的非政府组织，通过各种方式全面参与联合国的活动，仅在纽约，每年就有 7 000 多非政府组织参与联合国总部的各种会议③。

联合国系统中负责非政府组织与联合国联系的机构，主要包括经社理事会的非政府组织委员会、全球传播部下设的非政府组织联络事务处、各机构与非政府组织的联络部门及联合国非政府组织联络服务中心等。其中，非政府组织委员会是 1946 年联合国经社理事会专门设立的，最初由 5 个国家代表组成，后来根据经社理事会第 1996/31 号决议改组，由 19 个成员国的代表组成，每四年变更一次。该委员会主要负责审查和批准非政府组织在经社理事会的咨商地位，评估具有咨商地位的非政府组织提交的年报，监督非政府组织的活动，并就有关非政府组织方面的问题向经社理事会提出建议。

全球传播部下设的非政府组织联络事务处的前身是秘书处新闻部下的非政府组织科，是根据联合国大会 1946 年第 13（I）号决议建立的，专门处理与非政府组织有关的事务，目前约有 1 500 个非政府组织与之建立了联系。非政府组织联络事务处的主要任务是推进联合国与民间社会之间的建设性关系，为广泛的支持者提供信息和支持，推动就联合国核心问题开展与利益攸关方对话并建立联盟④。联络处会根据非政府组织的申请授予其包括自由出入联合国纽约总部大楼、参与非政府组织年会及有关培训活动等权利，并向相关非政府组织提供联合国文件和新闻稿。这些非政府组织会选举出一个由 18 个成员组成的执行委员会，任期为两年，负责与全球传播部的联络。

---

① ECOSOC. Res. 1968/1296. New York：UN. 1968：22 - 28.

② 黄德明，匡为为．论非政府组织与联合国关系的现状及改革前景．当代法学，2006（5）：39.

③ United Nations. NGO Branch.（2022 - 01 - 01）[2022 - 08 - 20]. https://www.un.org/ecosoc/en/ngo.

④ 联合国．全球传播部：建立伙伴关系．（2022 - 01 - 01）[2022 - 07 - 18]. https://www.un.org/zh/department-global-communications/building-partnerships.

在联合国系统内，包括世界银行、开发计划署、粮农组织、世卫组织、联合国儿童基金会在内的 30 多个国际组织，为了方便与非政府组织合作，也纷纷建立了专门的部门，处理与非政府组织相关的事务。如世界银行设有非政府组织—世界银行委员会，作为世界银行决策层同非政府组织代表进行交流的正式场所；开发计划署下设非政府组织处，以支持发展中国家非政府组织参与当地的各项发展活动。这些国际组织大多利用非政府组织在本领域的专业知识、信息以及项目经验，请求其对拟实施的项目提供专家意见，并合作实施项目，充分利用有限资源获得了巨大成功。

联合国非政府组织联络服务中心，1975 年由联合国系统的专门机构、基金、方案、部门及一些双边捐助机构共同出资设立，在日内瓦和纽约分别设有办事处。联络服务中心主要致力于扩大联合国同非政府组织之间有关诸如教育、信息和政策倡议等方面合作的全球发展问题，与非政府组织或联合国机构共同组织会议或其他特别活动，建立非政府组织和联合国机构数据库，定期出版联络指南及开展活动的有关材料，向非政府组织就发展教育、研究、信息和公共意识和宣传活动提出设计和执行建议，研究非政府组织在发展领域的作用、与政府和国际组织的关系等问题。

非政府组织加强与联合国联系的主要方式是参加联合国的相关会议，进而影响联合国的决策和活动，为此形成了非政府组织与联合国系统联系的会议机制。首先，在联合国会议的准备阶段，非政府组织会通过参加会议文件的起草、会议议程的设计安排、影响代表团成员的组成、为某些代表团提供工作报告和准备背景材料、参加会议准备小组以及成为会议报告的起草人等方式，来介入联合国会议的召集，影响会议的决策过程。其次，享有经社理事会咨商地位的非政府组织有权参加相关的联合国会议，甚至能够在经社理事会及其下属机构的会议上发表声明。在各种国际会议上，非政府组织会通过在会议场所外发放宣传资料，对出席会议的各国代表展开游说和宣传，争取得到代表团的赞同，以此影响会议的表决。最后，非政府组织还可以通过在联合国召开国际会议的同一时间、同一地点，举行同样议题的非政府组织论坛，邀请国际组织、政府代表和个人与会，进而参与和影响联合国的决策。

非政府组织与联合国之间还有一个重要的联系渠道，便是与联合国建立咨商关系的非政府组织会议（the Conference of NGOs in Consultative Relationship with the United Nations，CoNGO）。该会议机制建立于 1948 年，由非政府组织自发成立，并不隶属于联合国，但受到联合国的承认与支持，致力于增强非政府组织与联合国的整体联系与合作，为非政府组织在联合国争取更多的决策参与权。参加 CoNGO 的除了具有咨商地位的非政府组织之外，不具有咨商地位的非政府组织也能成为联系成员，从而为更多非政府组织参与联合国事务提供了机会。另外，为了方便非政府组织参与联合国安理会的活动，1995 年还建立了一个“非政府组织关于安理会的工作小组”，以加强其与安理会的沟通，开展非公开的对话，增进非政府组织与安理会理事国就有关安全问题的交流。

三、案例：联合国人权理事会普遍定期审议制度

人权是联合国三大支柱之一，也是全球治理的重要领域。联合国建立之后，为将《联合国宪章》人权条款内容具体化，联合国经社理事会于 1946 年成立人权委员会，以起草和编纂国际人权公约，处理人权侵犯等问题。但是在冷战后的很长一段时间内，人权委员会多次在以美国为首的西方国家的主导下，针对发展中国家设立国别人权状况的特别报告员，进而在特别报告员报告的基础上通过有关发展中国家人权状况的决议，将其置于“被告”地位。例如在人权委员会 1991—2005 年通过的 196 份国别（地区）人权状况决议中，除 40 份是关于巴勒斯坦、戈兰高地的人权状况外，其余 156 份全部是针对发展中国家的，其中缅甸 14 次，伊拉克 12 次，古巴、苏丹、阿富汗、柬埔寨 11 次①。这就形成了一种不公平的角色固化，即发达国家作为道德审判官，对发展中国家开展公开的人权审判。

为改变人权委员会国别审议的选择性、双重标准和对抗性问题。在人权理事会酝酿建立阶段，以中国为首的“意见一致集团”（Like Minded Group，LMG）反对在人权理事会内将任何国家挑出来进行批判或评价，并推动人权理事会建立了针对所有国家的普遍定期审议制度。普遍定期审议是一个由联合国人权理事会主持并由国家主导的独特程序，目的是改善各国的人权状况，并设法解决在任何地方发生的侵犯人权事件。普遍定期审议会对所有 193 个联合国会员国的人权记录进行定期审议，是建立在对所有国家一视同仁基础上的，每个国家都可以借此机会公开宣布其为改善国内人权状况而采取的各种行动。这在一定程度上淡化了人权委员会国别审议的选择性监督特征，缓解了人权委员会国别审议中以美国为首的西方国家与发展中国家间的紧张对峙局面②。

普遍定期审议（也称“国别人权审议”），最初周期为 4 年，各国按照抽签确定审议顺序，每年举办 3 次普遍定期审议工作组会议，共审议 48 个国家，每次为期两周。从第二轮开始周期改为四年半。审议是由人权理事会 47 个成员组成的普遍定期审议工作组主持进行的，但任何一个联合国会员国都可以参与到与接受审议国家的讨论/对话中。由抽签选出的 3 个国家为一组的“三国小组”担任报告员，协助开展每个国家的审议工作。审议所依据的文件包括：受审议国家所提供的资料，通常是“国家报告”；人权事务高级专员办事处根据人权理事会第 5/1 号和第 16/21 号决议汇编的资料，涉及独立人权专家和小组（称为特别程序、人权条约机构和其他联合国实体）的报告中所载信息；人权高专办编写的来自非政府组织和国家人权

---

① OHCHR. Previous sessions. (2022-01-01) [2022-07-18]. http://www.ohchr.org/EN/HRBodies/CHR/Pages/PreviousSessions.aspx.

② 毛俊响．从国别审议到普遍定期审议：趋向公正的国际人权机制．人权，2021 (3)：79-82.

机构等其他利益攸关方所提供的资料摘要。

审议是在普遍定期审议工作组会议期间，通过受审议国家与其他国家代表之间的互动讨论进行的。在讨论期间，任何联合国成员国都可向受审议国家提问、发表评论及/或建议。“三国小组”会把对受审议国家提出的议题或问题归类，以确保互动对话能有条不紊地进行。在第一轮审议周期中，工作组对每个国家的审议时间为3个小时。从第二轮审议周期起，审议时间延长为3小时30分钟。其中受审议国家发言1个小时（包括回应发言时间），每个联合国会员国发言3分钟（非联合国会员国两分钟）。

在工作组完成国家审议后，三国小组在受审议国的参与及人权高专办的协助下，撰写报告。这份“结果报告”包含实际讨论的概述，即包括由各国向受审议国家提出的问题、评论和建议以及受审议国家的回应，并至少要在国家审议的48小时后完成撰写。受审议国家有机会对建议发表初步评论，选择接受或拒绝这些建议，被接受和被拒绝的建议都会被载入报告中。在报告完成后，受审议国家可在两周之内对报告中它们的发言部分进行编辑修改。

最终的审议报告必须在几个月后召开的人权理事会全体会议上通过。此时会预留1小时发言时间，由受审议国、其他国家、国家人权机构和非政府组织观察员平均分配。受审议国可以在20分钟时间内对在工作组会议期间内未充分表述的问题和议题做出回复，并回应受审议期间其他成员国提出的建议。其他国家和非政府组织等其他利益攸关方也各有20分钟时间做一般评论。审议报告通过后，国家须承担落实最终结果中各项建议的基本责任。当一个国家接受下一次审议时，必须提供其为落实上次接受审议时所提建议开展工作的信息。

通过联合国人权理事会普遍定期审议的流程可知，普遍定期审议涉及各方行为体，参与者包括国家、政府间国际组织和其他利益攸关方三大类，涉及被审议国政府、其他国家政府、人权条约机构及联合国相关机构、国家人权机构、非政府组织甚至个人等，充分地体现了联合国、会员国与非政府组织的相互关系。具体参与者的角色如下：

（一）国家行为体

1. 被审议国政府：需要起草和撰写“国家报告”，提供为落实上次接受审议时所提建议开展工作的信息，在普遍定期审议工作组会议期间与其他国家代表互动讨论，参与审议报告的撰写和修改，在人权理事会全体会议审议最终报告时发言补充评论。

2. 其他国家政府：在普遍定期审议工作组会议期间与被审议国代表互动讨论，评论和提出建议，在人权理事会全体会议审议最终报告时做一般评论和决定是否通过审议报告。由抽签选出的“三国小组”成员还需要担任报告员，负责审议报告的撰写。

（二）国际组织行为体

1. 人权理事会：负责主持国别人权审议，包括组建普遍定期审议工作组、选出“三国小组”、组织普遍定期审议工作组会议、召开全体会议审议报告等。

2. 人权高专办：负责整理相关的联合国资料汇编，编写利益攸关方所提供的资料摘要，协助“三国小组”和被审议国撰写审议报告。

3. 特别程序、人权条约机构和其他联合国实体：提供相关报告和资料作为审议文件的一部分，在人权理事会全体会议审议最终报告时发言补充评论。

（三）非政府组织等利益攸关方

1. 非政府组织：提供相关报告和资料作为审议文件的一部分，有咨商地位的非政府组织可以在人权理事会的相关会议上发言、提交书面文件、参与讨论、互动对话和非正式会谈，组织边会等平行活动，组织 NGO 新闻发布会、公开听证会，进行媒体引领，还可以在人权理事会全体会议审议最终报告时发言补充评论。

2. 其他媒体、团体和个人：虽然无法直接参与国别人权审议，但可以通过向政府代表、国际组织、有咨商地位的非政府组织提供资料，参与平行活动，游行示威，引领媒体影响舆论等方式对国别人权审议施加间接影响。

总体来看，在普遍定期审议过程中，国家行为体占据主导，是普遍定期审议的核心，能够决定审议报告是否通过。国家组织起到组织和资料补充的作用，而非政府组织等利益攸关方则发挥着提供信息、参与评论、影响舆论、引领媒体等作用，是其中最活跃的行为体，作用不可忽视，需要特别重视。

四、联合国与非政府组织联系的特点

首先，咨商地位是非政府组织与联合国建立联系的主要途径。联合国系统下的各个部门、基金、方案和专门机构，为加强与非政府组织的联系，纷纷效仿经社理事会的咨商制度，建立起了一些合作模式，并设立专门的机构或部门，管理与非政府组织有关的日常事务，方便与非政府组织的交流与合作。非政府组织可以通过取得相应的咨商地位，获得进入联合国系统的合法地位，从而享有参加联合国会议的权利，因此，咨商制度是非政府组织与联合国联系机制的核心，其在联合国获得的许多权利都源于此。

其次，非政府组织会通过提供咨询、宣传游说、沟通协商等方式影响联合国对重大问题的决策，以达到它们的政治目的。如非政府组织会凭借其技术和人才资源方面的优势，充分发挥其资料收集能力和研究能力，利用其从基层组织获取的第一手资料，结合长期积累的基层工作经验，为联合国会议提供咨询意见和建议。对于一些联合国还未注意到的国际问题，非政府组织会在联合国各论坛中宣传、演讲、呼吁、游说，或者与联合国和其他多边机构定期举办对话和协商，甚至通过示威游行和抗议行动等方式造成世界舆论和政治压力，将这些问题反映到联合国，引起国际社会的重视。

最后，非政府组织还是联合国相关决议的实施者和监督者。由于非政府组织所具有的灵活性、公益性等特点，它们在执行联合国公约时，要比政府间组织更具积极性。因此联合国公约的执行在很大程度上依赖于非政府组织的参与和合作。非政府组织会凭借自己在项目实施地长期积累的工作经验，提供有效的背景材料和相关专业知识，发挥自己灵活工作的特点，帮助联合国选择援助对象，充当非官方的沟通渠道，在医疗救护、难民安置、妇幼照顾、食品发放、技术援助、组织生产和信息传递等方面起到了重要的辅助作用，从而为联合国的决议和行动计划的顺利实施铺平道路。而在国际公约和决议的执行过程中，非政府组织也会采取批评、谴责、监督、揭露等手段提醒联合国及其成员国政府信守承诺、履行职能，运用舆论压力就违反国际法的行为进行“道德制裁”，从而监督执行有关国际条约、协议的内容。

本章思考题

1. 国际组织的主要类型有哪些?
2. 国际组织的构成要素有哪些?
3. 联合国的主要机构有哪些?
4. 联合国与非政府组织的联系机制有哪些?

第二章

国际组织的功能

国际组织的诞生和发展，本质上是为了服务和保障各个国家或国际法主体，在全球化背景下日益频繁的经济、文化、政治交流活动。在现有的语境下，国际组织中发挥作用的主流，仍然是政府间国际组织，其在维持世界安全稳定和发展繁荣的作用上，发挥着举足轻重的作用，在国际体系和国际法的制定和维持上，发挥着中流砥柱的作用。同时，随着国家间经济、文化、政治交流和交往的不断扩大，非政府间国际组织因其沟通方式的灵活性和处理立场的中立性，使得其在国际事务上的影响也逐渐扩大，成为影响国际事务进程的另一支重要力量。

第一节　国际组织与世界和平

国际组织，特别是政府间国际组织最重要的使命之一，就是维持国际社会的和平与稳定。其发挥影响的范围更是囊括了解决争端、维持和平行动、防止大规模杀伤性武器扩散、裁减军队和军备控制等重要领域。

一、解决争端

国际争端由其发生的原因和性质上的不同，可以划分为法律争端、政治争端、事实争端和混合型争端。同时，根据解决方法的不同，可以将其分为和平解决方法和强制解决方法。解决争端作为国际组织的基本职能之一，其发挥职能的主要途径是和平解决方法。一般国际组织参与争端解决的形式主要有调停与斡旋、调查与和解、仲裁和司法解决等。

调停主要用于严重对立的冲突，直接目的是为了缓和局势。在调停过程中，负责调解人应秉持善意原则，应该在争端各方一致同意的基础之上进行。但是，如果调解人的建议未经争端各方接受，是没有拘束力的。当调停成功时，调停人可以参加谈判或和解，失效时调停人也应该自动退出，不应该再次介入冲突之中。而当采用斡旋的形式时，即意味着中间方仅召集争端各方进行谈判或协商，不参与争端谈判且不提出任何解决争端方案。

调查与和解是以委员会的方式解决争端的一种形式，目的是在争端各方同意的基础上，达成解决争端的协议，以维护和平。调查是一项重要的辅助解决争端的方法，通过调查以采取正确的判断，适用于因事实模糊不清或对事实判断意见不统一的分歧和争端，并有助于和解的实现。在联合国框架下设立的联合国巴勒斯坦和解委员会，在巴以问题上的努力使巴以问题的解决一度出现希望，也给巴以问题的和平解决指出了可行的路径，是通过以和解方式解决争端最好的示范。

仲裁和司法解决则是在争端双方都同意的基础上，由国际司法机构根据国际法进行审理，做出有拘束力判决的方式。国际上最常见的国际仲裁和裁决的常设机构，分别为国际法院、常设仲裁法院、国际刑事法院、海牙国际私法会议等。

实际参与争端解决的国际组织多以区域性政府间国际组织为主，如非洲联盟在布隆迪、刚果（金）、利比里亚、索马里、科特迪瓦和苏丹等国的冲突中发挥的突出的调停作用，成为维持非洲地区稳定的一块基石。东南亚国家联盟在《东南亚国家联盟宪章》中，就明确列出了维护和促进地区和平、安全和稳定的目标；而后其也在泰国—柬埔寨边境冲突中发挥了巨大的调停作用，在一定程度上恢复了地区的和平与稳定。类似的区域性政府间国际组织在地区冲突上，积极履行调停冲突的职能，在维持地区和平上做出了巨大的贡献。

二、维持和平行动

维持和平行动是根据联合国安理会或联合国大会通过的决议，通过向冲突地区派遣维持和平部队或军事观察团，以恢复或维护和平的一种行动①，是联合国的重要职能之一，其目的是防止局部冲突的扩大或者复发，从而为政治解决创造先决条件和提供政治基石。特别是随着冷战的结束，面对新的形势，联合国维持和平行动的任务范围也有所扩大，开始涉及选举监督、人道主义援助物资的分发，排雷和救助难民等众多非传统性工作。参与维持和平队伍的人员除了军事人员以外，还包括民事警察和文职人员。与国际组织对其他职能的履行不同，维持和平行动的实施具有两个特点：一是其行为本质上属于军事行动，并不是和平手段；二是其职能只能够在《联合国宪章》以及相关的规定框架主导下进行。还需要指出的是，《联合国

① 夏立平．论联合国与中国在防止大规模杀伤性武器扩散方面的作用．同济大学学报（社会科学版），2008（5）：48.

宪章》并没有涉及具体的维持和平行动，维持和平行动是联合国第二任秘书长哈马舍尔德，针对国际冲突的新情况对宪章加以解释提出的一种干预形式，将其定义为介于和平与强制之间的一种手段。

自 1948 年开始，截至 2022 年，联合国维和行动项目共进行了 71 个，其中仍在进行的项目共有 12 个；参与维和行动的人数共有 73 603 人（截至 2022 年 6 月 30 日），其中军人 62 936 人，警察 7 623 人，军事观察员 1 004 人，文职人员 2 040 人，在维和行动中提供军事人员和警察人员的国家共有 121 个，维和经费约为 63 亿美元①。由此可见，联合国在维和行动上无论是在人力还是财政上都进行了巨大的投入，其在面对极端冲突时带有合法性的介入为动荡地区带来了稳定因素，为冲突地区的和平重建创造了条件。

需要强调的是，作为联合国安理会的五个常任理事国之一和世界上最大的发展中国家，中国虽然于 1988 年才加入联合国维持和平行动特别委员会，于 1990 年才派出军事人员正式参与联合国维和行动，稍晚于其他国家，但中国在维和事业上的参与程度在之后的维和实践中逐步加深。2015 年 9 月，习近平主席出席第 70 届联合国大会一般性辩论并发表讲话，在讲话中，习近平宣布：中国决定设立为期 10 年、总额 10 亿美元的中国-联合国和平与发展基金，支持联合国工作，促进多边合作事业。中国将加入新的联合国维和能力待命机制，决定为此率先组建常备成建制维和警队，并建设 8 000 人规模的维和待命部队。截至 2022 年 5 月，中国共向联合国派出了 2 241 名维和人员②，已经成为五个常任理事国中派出维和人员最多的国家。中国派出的维和人员与其他国家的维和人员一道，活跃在世界上各个冲突地区，为世界的安全稳定和发展繁荣做出了巨大的牺牲和贡献。

三、防止大规模杀伤性武器扩散

1991 年，联合国安理会第 687 号决议首次界定了大规模杀伤性武器，即一般所指的核武器、化学武器和生物武器。针对这三种武器的制造和使用，国际社会普遍达成了一系列的共识，并形成了《不扩散核武器条约》《禁止化学武器公约》《禁止生物武器公约》等一系列的公约用来限制此类武器的发展。同时，国际社会还形成了共同行动以防止大规模杀伤性武器扩散的共识，其主要的法理依据是联合国安理会于 2004 年 4 月 28 日通过的第 1540 号决议。该决议要求各国加强对大规模杀伤性武器及相关材料和技术的管控出口，防止扩散，并向安理会提交执行情况。安理会根据该决议成立了防扩散委员会（即 1540 委员会），以确保决议的实施。中国作

① 联合国．联合国维持和平统计数据．(2022－01－01)[2022－07－18]. https://peacekeeping.un.org/sites/default/files/peacekeeping_missions_fact_sheet_june_2022_english_rev1.pdf.

② 联合国．军事人员与警察派遣国．(2022－01－01)[2022－07－18]. https://peacekeeping.un.org/sites/default/files/01_contributions_to_un_peacekeeping_operations_by_country_and_post_50_may_22.pdf.

为安理会的常任理事国之一和 1540 委员会成员，积极支持并参加了委员会工作，并按决议要求提交了国家报告以及相关补充说明，从立法、执法及国际合作等方面，详细介绍了中国政府为防止和打击非国家实体的大规模杀伤性武器扩散活动所采取的措施。

2006 年 7 月，中国与联合国、欧盟及其他有关国家联合在北京举办联合国安理会第 1540 号决议亚太地区执行情况研讨会。2014 年 10 月，时任 1540 委员会主席的韩国常驻联合国代表吴浚大使率委员会代表团对中国进行首次“国家访问”。中国是继美国后，第二个接受委员会“国家访问”的安理会常任理事国。委员会高度赞赏中方为推进国际防扩散事业，维护国际与地区和平稳定所做出的努力。为推进决议在亚太地区的执行，2015 年 9 月，中方与 1540 委员会在青岛举办了首届“亚太地区防扩散国家联络点培训班”。2016 年，中国以建设性姿态参与了第 1540 号决议全面审议的各项工作，为有关报告和决议的达成做出了重要贡献。2017 年 8 月和 2019 年 10 月，中方与 1540 委员会又先后在西安和厦门举办了两届“亚太地区防扩散国家联络点培训班”，均取得了圆满成功。

四、裁减军队和军备控制

根据联合国的定义，裁军是指：“联合国和其他许多地方广泛使用的一般性用语，涵盖军备调整问题的所有方面，包括军备控制或军备限制，以及根据国际协定或单方面措施实际裁减或消除军备或军队。”① 关于应对有关裁军问题，联合国大会第一委员会即裁军与国际安全委员会、联合国裁军事务厅以及日内瓦裁军谈判会议等国际组织和机构在这一问题上发挥着主要作用。

其中，联合国第一委员会的职能为处理裁军、威胁和平的国际挑战等国际安全事务，通过减少军备以应对威胁和平与稳定的国际挑战，是联合国大会中唯一有权获得逐字记录报道的主要委员会。联合国第一委员会的运行方式包括一般性辩论、主题辩论和就行动草案采取行动等。联合国裁军事务厅的主要职能，包括向秘书长提供情况介绍和评估等咨询意见，协助秘书长履行裁军及相关安全事务方面的任务，就与军控和裁军有关的措施向秘书长提出建议，召开多边裁军审议和谈判会议，并向第一委员会、裁军审议委员会会议、裁军谈判会议及其附属机构以及安全理事会的相关委员会提供支助等。日内瓦裁军谈判会议是在 1978 年联合国大会第一届裁军特别会议建议的基础上成立的，是国际社会唯一的职权范围几乎包括所有多边军控和裁军问题的多边裁军谈判论坛。

中国自加入联合国以来，一直积极参加大会、第一委员会和裁军审议委员会会议的各项工作，高度重视并支持通过谈判缔结军控与裁军协议和条约。中国自 1980 年起正式参加日内瓦裁军谈判会议的工作，积极促进各项裁军问题的谈判和达成有

---

① 高恒建．美国核军备控制与裁军研究（1961—1976）．长春：东北师范大学，2016：3－4.

关条约或公约。在国际军控与裁军活动中，中国参加了一系列重要的国际军控与裁军条约或公约，主要有：《禁止在战争中使用窒息性、毒性或其他气体和细菌作战方法的议定书》、《禁止或限制使用某些可被认为具有过分伤害力或滥杀滥伤作用的常规武器公约》、《南极条约》和《关于各国探测及使用外层空间包括月球与其他天体活动所应遵守原则的条约》等。中国高度重视这些国际法律文件对促进国际军控与裁军的积极作用，严肃认真地履行自己所承担的义务①。

第二节 国际组织与经济发展

国际组织在国际社会和国际事务中，除了起到维持国际社会的和平与稳定的作用之外，还对促进国际经济发展、多边援助机制的推进以及区域一体化建设起到了重要作用。

一、国际组织对国际经济发展合作的推动

国际经济组织作为国家间合作的重要平台，其在经济领域中促进国家间经济合作的能力，使其成为开展国际经济交流的重要渠道和途径。在不同的影响范围下，世界性国际经济组织有能力辐射，并促进着世界贸易规则的规范与贸易制度的维护；区域性的国际经济组织也为区域经济繁荣与稳定发挥着重要的作用。它们的功能搭配在一起，对促进国际经济的合作与其秩序的稳定贡献出巨大的能量。国际经济组织对世界经济发展的贡献主要集中在其对国家间的贸易、金融合作的促进，对欠发达地区或经济体的发展援助的努力，和对区域经济一体化建设的推动。在国际经济组织当中，世界性的国际经济组织通常包括：国际贸易组织、国际货币基金组织、世界银行、联合国下属的国际贸易与发展会议以及其下属的其他经济组织等国际经济组织；区域性的国际经济组织通常包括：北美自由贸易区、亚洲-太平洋经济合作组织、石油输出国组织以及刚刚开始发挥职能的亚洲基础设施投资银行等国际经济组织。

以国际货币基金组织为例，国际货币基金组织作为国际经济组织的代表，其一大职能即是促进国际贸易合作。其作为国际经济组织中国家间经济协调与合作的一个重要平台，各个国家可以在这个平台上依据主权平等的原则平等、自由地参与到国际经济活动当中，可以很好地调动各个国家的积极性；同时，凭借其提供的信息交流渠道，信息在国际经济组织的各成员国中的传播会更加流畅，也更能够促进国家间的贸易合作。其在促进国家间贸易合作的同时，也促进了国际贸易

---

① 中华人民共和国国务院新闻办公室．中国的军备控制与裁军白皮书．(2005 - 05 - 25)［2022 - 08 - 16］．http://www.gov.cn/ziliao/flfg/2005-05/25/content_811.htm.

的平衡与发展；在组织内部建立起了信息交流的渠道，帮助消除因信息匮乏而导致的贸易问题以及打破贸易壁垒，有助于国际经济组织成员国间的贸易交流与经济发展。

国际货币基金组织与世界银行和国际贸易组织一起，被称为世界三大经济组织，其创设对建立和维护第二次世界大战之后的国际经济秩序，起到了极大的作用，促进了战后国际经济贸易的繁荣与稳定及可持续发展。1944 年 7 月，由联合国赞助的旨在构建战后经济秩序的财金会议，在美国的布雷顿森林召开。作为新经济秩序的重要部分，建立国际货币基金组织的设想也在此次会议中被提出。1945 年 12 月 27 日，国际货币基金组织正式成立，并于 1947 年 3 月 1 日正式运作。同时，中国也是该组织的创始国之一。中华人民共和国于 1980 年 4 月 17 日后开始行使中国代表权。随着中国经济的增长与经济体系的持续稳定，人民币于 2016 年 10 月 1 日被国际货币基金组织纳入其“特别提款权”货币篮子，成为人民币国际化的一个重要里程碑。国际货币基金组织中设置理事会、执行董事会与临时委员会等机构，维持该组织的日常运转。其中，理事会为基金组织的最高权力机构，由各成员国派正、副理事各一名组成，单独行使本国的投票权，一般由各国财政部部长或中央银行行长担任。

与此同时，维持国际经济秩序稳定与对成员国的发展援助，也是国际货币基金组织的重要职能。其中在维持国际经济秩序稳定的职能上，国际货币基金组织与其他国际经济组织一样，也起到了重要的作用。其这项职能主要体现在对成员国货币汇率的监察，并协助制定成员国间的货币政策，在成员国之间保持有秩序而且稳定的汇价安排，并且避免成员国之间出现竞争性的外汇贬值。这些对成员国汇率的规定保证了国际经济秩序的稳定和有序，为成员国间经济交往提供了良好的秩序。在发展援助方面，其援助对象与援助方向具有鲜明的特点，即其仅限于会员国的财政部、中央银行、外汇平准基金组织或其他类似的国家机构；其贷款的用途仅限于解决会员国国际收支不平衡问题；贷款额度受会员国所缴纳份额的限制，并与其大小成正比；同时其贷款周期相较于其他国际组织较短，一般 3～5 年。正是因为具有这些特点，其发展援助职能亟须其他国际组织在援助对象以及援助范围上进行有益的补充——这也显示出国际组织在促进国家间合作的同时，进行国际组织之间的合作也同样重要。

二、国际组织对国际援助的推动

第二次世界大战后，国际援助形成了制度化、规范化的体系，援助规模不断扩大，援助方式日益多样，援助目标更加全面。以联合国为首的国际组织，在国际援助体系形成的过程中发挥着越来越重要的作用，它们能够提供资金和政策咨询、技术服务及发展研究，同时也是国际援助体系的协调中心。国际组织的参与极大丰富了国际援助的主体，推动了国际援助的多元化发展。传统上，发达国家是国际援助的主体，20 世纪七八十年代后由于石油收入急剧增长，石油输出国成为国际援助的提供国。进入 21 世纪，新兴大国对外援助增长迅速。以联合国为首的国际组织，既可以代表援助国去实施国际援助，也可以运用组织的力量直接向受援国提供援助。援助国将捐款、物资交给国际组织，放弃了对捐助资金的直接管理权，由国际组织决定对资金、物资的管理及使用。

国际组织实施援助的对象、额度、分配等都要通过制度化的程序由国际组织的成员共同讨论决定。对援助国而言，国际组织提供了一个多边主义的平台，能够凝聚来自不同援助国的力量，并且国际组织通常拥有比较完善的专门从事援助的机构及相关制度，拥有从事援助研究的专门人员和资源，因此援助国总体上非常支持国际组织的多边援助工作。实践中，援助国对国际组织的工作进行定期评估，将其援助力度与国际组织的援助成效相关联，因此，国际组织有必要不断通过改革来提高工作能力和援助效益，争取援助国更大的支持。对受援国而言，国际组织的多边援助形式多样、条件优惠，是获得国际援助的重要途径，也是学习引进先进技术和管理经验的重要途径。虽然国际多边援助的数额相对有限，但以联合国为首的国际组织扩充了国际援助主体的数量，拓展了国际援助的领域，以其自身优势在国际援助中发挥着不可替代的作用。

联合国及其他国际组织提供的多边援助，更加倾向于全球性问题的解决，诸如贫富分化、生态失衡、人口爆炸、资源短缺、疾病蔓延等，在一定程度上能够引导国际援助的关注重点和资金流向。全球性问题的解决不是单个或几个国家力所能及的，而是需要世界各国的通力合作，国际组织的多边性使其在应对全球性问题上责无旁贷。其中，联合国系统的援助活动领域广、机构多，涵盖了全球性问题的各个方面。既有联合国附属机构和专门机构实施针对发展中国家的发展援助，也有应付各种紧急情况而设立的援助机构，向遭受自然灾害、地区冲突的人群提供紧急援助，还包括针对特定人群的援助，如联合国儿童基金会和联合国难民事务高级专员公署等。联合国系统内的不同机构之间，经常就全球性问题的解决展开合作，甚至由此产生新的机构。例如，1996 年正式运行的联合国艾滋病规划署，就是由联合国难民事务高级专员公署、联合国开发计划署、世界粮食计划署、联合国儿童基金会、联合国人口基金、联合国毒品和犯罪问题办事处、国际劳工组织、联合国教科文组织、世界卫生组织、世界银行等 10 个机构共同发起的。世界银行虽是提供金融援助的机构，却也一直致力于全球性问题的解决，大力支持各种旨在消除贫困、防治疾病、保护生物多样性、资助教育等项目。经济合作与发展组织同样将环境、教育、公共治理、能源等事务作为主要的工作领域。可见，国际组织把国际援助与全球性问题的解决联系起来，有利于为全球性问题的解决探索更多的途径。

国际组织对国际援助的参与，提升了国际援助的制度化水平，特别是联合国在国际援助领域通过了一系列决议和宣言，采取了相应的措施和行动，对国际援助的实践产生了重大影响。1974 年联合国大会通过的《建立新的国际经济秩序宣言》、《建立新的国际经济秩序行动纲领》和《各国经济权利和义务宪章》，提出向发展中国家提供援助是建立新的国际经济秩序的基础和原则，明确了发达国家的援助责任。之后，联合国又先后制订了多个重要的发展计划，成为国际援助的框架性指南，并与其他国际组织一道，在援助原则、方式、管理等方面达成基本共识，逐步构建起从事国际援助的一整套机构。世界银行、国际货币基金组织、经济合作与发展组织等在国际援助的实践中推广了可持续发展、综合发展、善治等援助理念，积累了国际援助的经验与教训，促进了国际援助水平的提高。2000 年 9 月，联合国千年发展目标出台，用更加具体的发展指标向国际援助提出了更高的要求，为世界各国的对外援助以及国际组织的援助计划提供了更加详细的依据和标准。然而，联合国大会的决议并无法律约束力，国际援助领域制度化的水平仍然较低，国际组织与援助国之间、不同国际组织之间围绕援助的活动尚需加强协调。

国际组织对国际援助的参与，推动了国际社会对于国际援助有效性问题的关注与研究。联合国及其他国际组织在提供多边援助的同时，非常重视受援国的实际需求，通过评估受援国的社会经济条件，加强研究和调整，从而向受援国提供最有效的援助。2002 年在墨西哥蒙特雷举行的联合国发展融资峰会上，通过的《蒙特雷共识》中首次提出了“有效援助”的理念，认为受援国、援助国和国际组织应共同努力加强国际援助的有效性。2005 年，由经济合作与发展组织召开的有效援助高层论坛签署了《巴黎宣言》，61 个援助国、56 个受援国与 14 个国际组织共同提出了有效援助的 5 个原则和 12 项评估指标，从总体上对国际援助体系提出了新的要求。经济合作与发展组织负责对《巴黎宣言》执行情况的监督和评估。2008 年在加纳阿克拉召开的有效援助高层论坛上，通过了《阿克拉行动议程》，用“发展有效性”的概念替代“援助有效性”，以加速《巴黎宣言》的实施。2011 年在韩国釜山再度召开的有效援助高层论坛上，通过了《釜山宣言》，认为援助有效性是发展有效性的组成部分和必要条件，建立了实现发展有效性的框架。国际援助的有效性问题随着实践的演变越来越具有可操作性。

当然，国际多边援助在整个国际援助中的比例只占 30%左右，而且从事多边援助的国际组织数量较多，相互之间在职能上、资金上存在着竞争关系。那些受到西方援助国偏爱的国际组织，经费充足、援助能力强，其地位日益提高。那些援助政策保守、管理不善的国际组织，则面临筹资困难、地位削弱的困境。如何在援助资源有限的条件下，尽可能满足更多国家、更多领域的援助需求，是国际组织参与国际多边援助面临的严峻课题。

三、国际组织对区域经济一体化的推动作用

区域经济一体化是当前国际社会发展的重要趋势之一。作为国际关系行为主体的区域性国际组织和全球性国际组织，从不同角度对区域经济一体化产生了推动作用。区域性国际组织是区域经济一体化的载体，形形色色的区域性国际组织在追求一体化的进程中体现了不同区域的特性，反映出不同阶段的区域一体化程度，共同

推进区域一体化水平的提高，同时也极大丰富了区域一体化的相关理论。区域经济一体化是区域性国际组织的目标，通过区域性国际组织的活动，区域经济一体化的内涵得以具体表现出来，区域性国际组织为区域经济一体化的成长提供了广阔的空间，不同的区域性组织，使区域经济一体化有了不同的表现形式。

从区域经济一体化取得的效果来看，区域性国际组织的活动逐步突破民族国家之间的种种界限和障碍，在一定程度上助长了区域集团化的趋势。主权国家选择加入区域性国际组织的目的，是通过一体化内部的合作深化来实现经济的增长与发展，区域性国际组织内部不同程度地消除了贸易壁垒，改变了资源配置，影响了投资规模与流向，产生了“贸易创造”“贸易转移”的效应。而随着区域合作机制的建立，除了经济合作之外，区域合作的内涵扩展到环境、科技、教育、打击毒品交易、反对恐怖主义等方面，将国家间的竞争演化为区域性国际组织之间的竞争。在区域性国际组织推动一体化的进程中，组织内部相互依存关系密切，成员之间的沟通频繁，区域认同感强化，区域的整体实力和国际竞争力得到增强。区域经济一体化的高级阶段还出现了国家主权的让渡，区域性国际组织越来越多地行使成员国让渡的权力。从这个意义上来看，区域性国际组织作用的上升加速了国际关系集团化的趋势。由于不同区域性国际组织之间的实力存在差距，实力强大的区域性国际组织拥有对世界经济甚至国际关系的主导权，势必加剧国家间尤其是大国间围绕区域性国际组织展开的竞争。

在全球层面，表面上全球性国际组织的职能范围与区域经济一体化的诉求是不一致的，区域性国际组织力量的增长有可能削弱全球性国际组织的权威和吸引力。全球性国际经济组织以推进全球经济一体化为己任，而区域经济一体化则局限在某个特定区域内，两者之间存在一定的矛盾。但在实践中，全球性国际组织仍将区域经济一体化的发展视为全球经济一体化的组成部分。因为在开放的体制下，区域经济一体化的发展不会与经济全球化的大潮背道而驰，区域经济集团的出现不会隔绝国家间的相互依赖关系，不同区域性国际组织之间的竞争和对抗并不一定比国家之间的竞争和对抗更激烈。从关税及贸易总协定到世界贸易组织，都明确允许区域性经济一体化安排作为全球贸易制度的补充而存在，只要这些安排在促进区域内一体化的同时不对区域外的非成员形成新的壁垒。1996 年，世界贸易组织总理事会成立了区域贸易协定委员会，负责审查评估区域性贸易安排是否符合世界贸易组织规则，及其对全球多边贸易制度的影响。换言之，全球性国际经济组织鼓励开放的区域经济一体化的发展，期望通过对区域经济一体化的进展实施监督，实现全球经济一体化和区域经济一体化的相互制约、相互补充、相互促进。一体化是一个从局部到整体、由低级到高级不断拓展的过程，只要世界经济发展不平衡的规律存在，区域经济一体化就会存在。因此，尽管区域经济一体化客观上会给全球性国际组织的发展带来一定阻碍，但区域经济一体化的成果能够为更大范围的一体化积累经验，全球性国际组织的未来发展将最终受益于现阶段区域经济一体化打下的基础。

总之，区域经济一体化是一个静态和动态交织的过程，国际组织在这一过程中通过组织化、制度化的行动去反映一体化的静态成果，促进一体化水平的动态提高，全面推进了区域经济一体化各种组织形式的演变。但是，国际组织归根结底只是多边合力机构，虽然国家主权日益受到越来越多的挑战，但国家仍是国际社会最重要的行为主体。区域经济一体化的走向不能完全取决于国际组织机构自身的选择，而更多源于内部成员之间的矛盾和冲突。而且，随着一体化程度由低到高的加深，区域性国际组织内部对国家主权的侵蚀就越明显，如何在深化区域经济一体化过程中坚持对国家主权原则的尊重，是区域性国际组织需要应对的课题。

第三节 国际组织与社会发展

随着世界经济的增长及全球化、多极化趋势的发展，国际合作越来越普遍，成为国与国之间交往的重要方式，其中，国际组织作为一个良好的平台对推动国际交流、促进合作起到了重要作用。自第二次世界大战以来，人类除了渴望和平与安宁之外，也日益期盼远离奴役、不公正、贫困、资源衰竭与环境污染以及流行疾病传播，人们这种对社会进步与发展的向往促使国际组织不断发展与演变。在当今国际问题越发复杂多变的背景下，“全球治理”这一理念应运而生，推动国际组织在促进地区协调发展、生态环境保护、改善公共卫生等社会发展领域发挥着日益重要的作用。

一、国际组织与人权保护

人权是一个人所享有或应该享有的基本权利。唯有以人为本，人民安居乐业，社会才能稳定，国家才能向前发展，因此维护人民的合法权益与安定生活是十分重要的。自 17、18 世纪人权思想提出至今，其理论和实践经历了巨大的变化，内容和形式也更加多种多样。第二次世界大战前，只有个别国际组织参与了人权保护，例如 19 世纪 60 年代成立的红十字国际委员会为战争中的受害者提供了人道主义保护，1920 年成立的国际联盟为抵制奴隶制度、保护国际劳工等设立了相关的机构。

第二次世界大战后，人权问题越来越引起国际社会的广泛关注，以联合国为首的国际组织展开了人权方面的国际保护。1948 年 12 月 10 日，联合国大会通过了《世界人权宣言》，全面规定了人权的内容，为国际人权理念的发展奠定了基础。之后，12 月 10 日也被联合国设定为“国际人权日”，大量促进人权保护的活动相继展开，人权保护理念也得到普及，许多相关领域的条约和机制逐渐设立起来，如“国际人权宪章”、《防止及惩治灭绝种族罪公约》、《消除一切形式种族歧视国际公约》等，联大、经社理事会、国际劳工组织、联合国教科文组织、世卫组织、世界银行等机构也推动了人权事务的处理，形成了比较完善的人权保护体系。因此，联合国自成立以来在国际人权制度的形成和发展中发挥了主导作用，为民族的解放与人权的保护做出了突出贡献。21 世纪以来，在和平与发展的主题下，人权问题也更加得到联合国的重视，成为工作重点之一。

与此同时，地区性国际组织也逐渐参与到国际人权保护的行动中来，《欧洲人权公约》《美洲人权公约》《非洲人权和民族权宪章》等条约的制定提升了地区层次国际人权保护的权威性与有效性，日益引起亚洲等其他地区的重视。总之，随着时间的推移，人权问题在国际关系中的地位显著上升，为众多国际组织参与国际人权保护创造了有利条件，许多国际组织具有的公益性等特征也有助于传播人权保护的理念，其数量的增加和体系的发展为国际人权保护提供了越来越多的动力和支持。然而，由于非政府组织数量较多且状况不一，在人权保护的进程中依然存在一定程度的争议，需要各国予以关注并采取措施进一步改善。

二、国际组织与消除贫困

贫困问题是全球范围内普遍存在的，也是人类社会长期面临的重大问题。在经济和科技迅速发展的今天，人类创造了前所未有的财富，但无论经济水平程度如何，国家内部的贫困问题依然严重。从程度上划分，贫困可分为绝对贫困与相对贫困。绝对贫困是指难以满足最基本生存所必需条件的状况，主要存在于最不发达国家中；相对贫困是指与社会平均水平相比处于最低水平的生活状态，主要存在于发达国家内部。而贫困问题的加剧使一些国家长期处于动荡不安的状态——政局不稳、经济低迷、社会混乱、环境恶劣等，造成许多民族矛盾和宗教冲突，甚至会引发世界范围内的矛盾和对立，也滋生了恐怖主义等全球性问题，对世界经济的繁荣与稳定产生极大影响。因此，贫困问题越来越成为人们长期关注的话题。

针对贫困问题，国际组织也日益彰显其重要的作用。从 20 世纪 50 年代开始，联合国为消除贫困采取了一系列措施，也设立了许多相关机构，引起世界各国对贫困问题的重视，为消除贫困发挥了积极作用。1992 年 12 月 22 日，联合国大会决定将每年的 10 月 17 日设定为国际消除贫困日，旨在推动全世界共同努力，为消除贫困贡献力量。联合国也呼吁国际社会对最不发达国家实施援助。1971 年联合国大会正式把“最不发达国家”作为一种国家类别并制定了相关衡量标准，此后实施了一系列援助举措，坚持与贫困问题作斗争。同时，联合国也重视饥饿问题，在全球范围内采取积极行动。古语有云：“民以食为天。”饥荒问题是世界和平与安全面临的严峻挑战，尤其在非洲、亚洲部分地区十分严重。面对这样的情形，联合国粮农组织在 1981 年将每年的 10 月 16 日确立为世界粮食日，旨在呼吁大家重视粮食生产和安全问题，以便消灭饥荒。2002 年 10 月，联合国成立了扶贫工作组并规划行动方案，有效促进了人们消除贫困和饥饿目标的实现。

除此之外，联合国贸易和发展会议、世界银行、联合国开发计划署、亚太经合组织、世界贸易组织、国际货币基金组织等机构也在消除贫困方面展开了许多行动，为促进资金收集、粮食生产、改善食品卫生和营养、提升贸易环境等领域贡献出巨大的力量，有效推动了世界和平与发展的进程。因此，国际组织的发展有利于人们消除贫困，但这一问题具有长期性，世界各国各地区发展又具有不平衡性，我们要做好充足的准备，将贫困问题作为长期应对的挑战。

三、国际组织与环境保护

环境是全人类赖以生存和发展的外部空间和物质基础。20 世纪 90 年代后，气候变暖、臭氧层破坏、海洋污染、淡水匮乏、森林消失、土壤退化、沙漠化等环境问题早已突破国界，成为影响全人类生存的重大问题，不仅涉及世界经济与社会领域的各个部门，而且成为国际政治的焦点议题。国际社会对国际环境合作的认识，经历了一个不断深化的过程。主权国家是环境保护领域的重要力量，拥有治理环境的各种资源和权威，能够通过立法、行政、税收、贸易等多种手段从事环境保护。然而，世界上没有任何一个国家能够单独解决国际环境问题。这就决定了国际组织在应对环境问题的挑战中能够充当主导力量，将主权国家、非政府组织、企业、个人等主体的力量联合起来，为环境问题的解决提供根本途径。其中最为重要的是联合国系统内的相关机构，世界贸易组织则在推进贸易自由化的同时参与全球环境治理，而区域性国际组织和非政府组织的参与同样不可忽视。

联合国整个系统都以不同的方式参与环境保护工作，在主要机关中，联合国大会和经济社会理事会参与环境保护的活动最多。联合国大会是最权威的全球环境保护论坛，一方面为会员国提供了相互交流、寻求共识的机会，另一方面为全球环境保护设置议程，引导全球环境保护的发展方向。尽管联合国大会通过的决议、宣言、行动计划等并不具有法律约束力，但却能够在环境保护领域形成强大的道义和舆论压力，敦促会员国履行其保护环境的责任，为全球环境保护提供持久的动力。经社理事会是负责环境保护问题的主管机构，协助联合国大会的活动，协调联合国系统内各个机构围绕环境保护开展的活动，可以向联合国大会、环境保护的专门机构以及成员国提出有关环境保护的建议。

国际环境领域的全球治理自 20 世纪六七十年代以来无疑取得了重大进展，国际环境保护机制已经形成，但全球范围内环境的恶化趋势仍然在继续。究其原因，环境问题本身错综复杂，一些问题在科学上的不确定性和争议加剧了国际合作的难度，国际环境保护机制相对于日益严峻的各种环境问题而言具有滞后性。各国在环境问题上的利益差异，使得国际环境保护机制不能涵盖所有的环境问题领域，也造成现有的国际环境保护机制缺乏足够约束力，很难对各国履行环境保护的义务进行有效监督。全球性环境问题的解决与可持续发展的实现，要求世界各国从全人类生存和发展的高度克服自身的利益局限，共同推进全球环境治理机制的强化，而国际组织将在这一进程中占据举足轻重的地位。

四、国际组织与公共卫生问题

公共卫生问题是关系到一个国家、一个地区乃至全球范围内人民大众健康的公共事业，不仅影响个人安全与公共安全，而且危及国家安全和国际安全，在全球化时代已经上升为非传统安全领域的重要问题。为了应对流行性疾病对人类的共同威胁，国际社会的各种力量都携起手来加强国际合作，其中世卫组织发挥着重要的作用。世卫组织成立于 1948 年 4 月 7 日，是联合国的一个重要的专门机构，以提高世界人民的健康水平为宗旨。世卫组织自创建以来，在全球公共卫生领域发挥了指导和协调作用，取得了显著成就，不仅为全球公共卫生领域构筑了谈判、协调的统一平台，制订、实施了各类防治和消灭传染病的计划，而且引导了国际公共卫生领域统一规范的形成，并监督成员国履行其国际义务①。

除了世卫组织之外，联合国体系内参与全球公共卫生治理的专门机构和辅助机构还包括：世界银行、联合国教科文组织、国际民用航空组织、国际劳工组织、联合国粮农组织、联合国开发计划署等。在区域层面，区域性国际组织在公共卫生领域也能发挥重要作用。就地理因素来看，相邻的国家和地区之间交流来往最为密集，公共卫生问题在区域范围内很容易形成蔓延态势，区域性国际组织的合作与协调必不可少。欧盟在应对疯牛病、艾滋病、禽流感等问题上，显示了高度一致的立场和统一行动的能力。在东亚地区，近年流行性疾病频繁发生，除原有的疟疾、伤寒、霍乱等疫情出现增长，艾滋病、非典、禽流感等疾病的暴发给各国的经济、政治、外交也带来挑战。亚太经合组织于 2003 年首次把公共卫生合作议题列入日程，东盟在 2003 年后围绕非典、禽流感等疫情频繁召开会议，分享防治经验和技术。

此外，非政府组织的积极参与也是推动全球公共卫生合作不可或缺的力量。与政府间国际组织相比，非政府组织更加灵活、独立，专业性强，能够弥补公共卫生领域长期被忽视的问题。世卫组织在成立时就与国际护士理事会、国际残疾人康复会、国际麻风防治协会（ILA）等非政府组织建立了正式关系，给予非政府组织在道义上和技术信息上的支持，充分利用它们的人力、物力和财力。著名的无国界医生组织，致力于为遭受战乱、流行病和自然灾害的人们提供医疗援助。成立于 2000 年的比尔与梅琳达·盖茨基金会，是世界上最大的慈善基金会，致力于艾滋病、疟疾、肺结核等疾病的研究，尤其是向非洲、亚洲的发展中国家大量捐款用于疾病防治。

2019 年开始的新冠疫情，是百年来全球发生的最严重的传染病大流行，是人类历史上遭遇的传播速度最快、感染范围最广、防控难度最大的重大突发公共卫生事件。它再次彰显了各国与世卫组织、各相关国家、地区组织和非政府组织进行密切合作的必要性，也证明了共同构建人类卫生健康共同体是应对重大公共卫生危机的必由之路。

---

① 马卫华．WTO 与 WHO 关于公共卫生的法律规则．继续医学教育，2007（30）：5.

第四节　国际组织与国际法

国际法（或称“国际公法”），是指调整主权国家等国际法主体之间关系，具有一定法律拘束力的规范、规则和制度的总和。一方面，国际法的存在，为国际组织的形成和活动提供了法律前提；另一方面，国际组织，特别是联合国造法功能的发挥，使松散的国际法体系有可能进一步增强其有效性。国际组织制定国际行为准则，以各种基本文件的形式，为全球化发展制定法律、规则、制度。国际组织与国际法，两者相互影响，相互作用，相互促进，共同塑造着国际社会的新面貌。

一、国际组织的发展促进国际法的编纂

国际组织推进了法律概念的澄清和新的习惯法规则的确立，它将现有的国际法规则，尤其是习惯法规则，加以准确表述和条文化、系统化。国际组织通过发起和主持缔结各种国际公约或多边条约，设立专门国际组织，把一些还未或者已经明确的原则、规则、术语等进行系统性的编纂，以实现其宗旨以及更好地履行职能①。特别是第二次世界大战以后，作为当今最具权威性的国际组织，联合国极其重视国际法的编纂，国际法的编纂工作在联合国的主持下亦取得了重要的成果。这一点在《联合国宪章》中有所表现。《联合国宪章》第 13 条规定，联合国大会的职权之一便是发动研究，并作成建议，以促进政治上之国际合作，并提倡国际法之逐渐发展与编纂②。

此外，为了更好地制定现行法规和拟订新法规，联合国还先后成立了作为常设机构的国际法委员会和国际贸易法委员会，以发挥编纂国际法的职能。另外，还有一些根据联大决议成立的特别委员会或临时性机构也能发挥类似的职能，如 1948 年通过的《防止及惩治灭绝种族罪公约》就是在第六委员会（又称“法律委员会”）的工作基础上完成起草的，《国际法原则宣言》是由一个特别委员会草拟的。而由联合国专门机构负责制定的国际公约，以及在联合国主持下的一系列外交会议，如联合国曾先后三次召开的海洋法会议，对国际法和各类国际条约的编纂制定也起到了积极的推动作用。

二、国际组织的发展促进了国际组织法的逐步完善

第二次世界大战以后，随着国际组织的蓬勃发展，作为国际法的一个重要分

① 何顺善．论国际组织对国际法的影响．政治与法律，2008（3）：96.

② 联合国．联合国宪章．（2022－01－01）［2022－07－30］．https://www.un.org/zh/about-us/un-charter/chapter－4.

支，国际组织法逐渐发展壮大。国际组织法主要来源于国际组织通过的具有法律效力的条约和决议，内容涉及国际组织的创立、法律地位、内外活动等各种法律规则和制度。其中，国际组织赖以建立的条约是国际组织法的主要来源，其往往会规定该组织的宗旨原则、法律地位、组织结构和权力架构等。随着国际组织的发展，这些条约本身就构成了国际组织法的重要内容。尤其是全球性国际组织条约，往往涉及国际社会的一些普遍性的规则，随着国际组织的发展壮大，接受这种规则的成员国越来越多，就会使这些规则带有普遍的国际法效力。如《联合国宪章》第 2 条规定“本组织及其会员国”应遵行的各项原则时，特别规定：“本组织在维持国际和平及安全之必要范围内，应保证非联合国会员国遵行上述原则。”① 因此，作为联合国最基础的法律文件，《联合国宪章》虽然在形式上是国际组织的组织章程，只对会员国具有拘束力，但随着联合国会员国的不断增多，就实质来说，却成为一项对所有国家都具有普遍影响力的国际公约，自然成为当代国际法上最重要的文件之一。《联合国宪章》所记载的四大宗旨、七项原则及其相关规定，已经成为世界各国公认的国际法原则。其中一些带根本性的条款（如主权平等、和平解决国际争端、禁止使用武力、不干涉内政、民族自决等)，被认为具有“国际社会全体接受并公认为不许损抑”的强行法性质。

三、国际司法机构的判决促进了国际法的实施

在全球尚未出现一个集中的、明确的法律机构和立法程序之时，通常通过国际判例来解释说明相关法律规则。在相关国际司法机构出现以后，其对某些问题的判决成为对国际法最直接的实践。国际司法机构对国际法的解释与对国际问题的判决，是国际法不断完善的重要因素。以国际法院为例，作为《联合国宪章》规定的六大主要机构之一，是联合国系统内最主要的司法机关，也是唯一具有一般管辖权的普遍性国际法机构，其管辖权包括：对各国提交的法律争端做出判决，接受联合国大会、安理会、各专门机构的法律咨询并提出意见。需要强调的是，国际法院（ICJ）与常设仲裁法院（PCA）是两个独立的组织，常设仲裁法院是一个独立的仲裁机构，其职能是处理基于国际协议层面上的国家乃至私人之间的冲突。2016 年 7 月 12 日，常设仲裁法院对南海仲裁案做出非法无效的所谓最终裁决，对此，中方多次声明，对于菲律宾共和国阿基诺三世政府单方面提出的仲裁违背国际法，常设仲裁法院没有管辖权，中国不接受，不承认②。

---

① 联合国．联合国宪章．(2022-01-01) [2022-07-30]. https://www.un.org/zh/about-us/un-charter/chapter-1.

② 俄专家：中国有权拒绝任何南海仲裁结果．(2016-07-13) [2022-07-30]. http://www.xinhuanet.com/world/2016-07/13/c_129139884.htm.

四、国际组织促进国际法实施机制的发展

主权国家是国际法最主要的创立者和实施者，但由于国家往往出于其理性原则而强调自身利益忽视国际规则，对国际规则的遵循也是依靠自我遵循，并没有一个强有力的机制对此进行制约，国际法本身对国际社会成员的实际约束力不够强大，因而需要有力的监督制衡机制确保国际法全面平等地实施。而国际组织则有效促进了国际法实施机制的发展。国际组织创立的目的本身就包含着通过多边合作形式促进国际法实施的使命，参与国际法实施已成为国际组织的一项基本职能。如联合国的宗旨和原则之一在于促进国际合作，依国际法和平解决国际争端，并把协助联合国行动规定为成员国的义务。国际组织促进国际法实施机制的发展主要包括如下两种形式：

首先是集体安全机制。集体安全机制是指众多国家对国家安全和国际和平的集体相互保障。在集体安全机制下，侵略者进攻集体安全体系中任何一个国家即被视为侵犯所有国家①。在某种意义上说，一部国际法史就是国际法对战争态度的变迁史，是曾经用以解决国家间争端的武力手段从被视为合法到受到限制直至被禁止的演进史。防止和消除武装冲突、维护和平与安全，是以联合国为代表的政治性国际组织的重要职责。但是，集体安全机制并不禁止行使单独或集体自卫权，如《联合国宪章》还规定：联合国任何会员国受武力攻击时，在安全理事会采取必要办法，以维持国际和平及安全以前，本宪章不得认为禁止行使单独或集体自卫之自然权利。会员国因行使此项自卫权而采取之办法，应立向安全理事会报告，此项办法于任何方面不得影响该会按照本宪章随时采取其所认为必要行动之权责，以维持或恢复国际和平及安全②。

其次是多边条约实施中的监督制度。多边条约实施中的监督制度主要包括报告与通知制度、审议与核查制度、缔约国履约能力建设制度等方面。相当多的多边条约规定，缔约国应就本国如何履行条约义务及实施情况向相关国际组织或机构提交履约报告或通知。报告与通知制度已成为多边条约实施过程中最基本、最常见的一项制度。以联合国人权公约体系的报告与通知制度为例，依据人权公约的规定，缔约国在一定时间内向相关的条约监督机构提交报告，报告涉及本国在实施条约过程中所采取的措施、取得的进展以及遇到的困难等。条约机构一旦收到缔约国所提交的报告，则应在一定期限内对报告予以审查，并提出一般性意见和结论性意见，以促进缔约国进一步履行人权公约所规定的义务③。除报告与通知制度外，多边条约

---

① 李少军．国际政治概论．上海：上海人民出版社，2014：220.

② 联合国．联合国宪章．(2022-01-01) [2022-07-30]. https://www.un.org/zh/about-us/un-charter/chapter-7.

③ 马玉丽．联合国人权公约缔约国报告制度评析．武汉公安干部学院学报，2012 (2)：53.

还有审议和核查报告的职能，力图预防和消除缔约国的不履约现象。缔约国向条约机构按期提交报告之后，条约机构应在条约规定期限之内予以审查，并提出相关意见。缔约国履约能力建设制度是多边条约监督机制的第三个重要内容。为培养和提高缔约国履约能力，不少多边条约还设置了为有关缔约国提供资金支持、专业人员培训和技术培训的制度。

本章思考题

1. 国际组织是如何维护世界和平的？
2. 国际组织是如何促进经济发展的？
3. 国际组织是如何促进社会发展的？
4. 国际组织与国际法之间是什么关系？

第三章

国际职员概述

以联合国为代表的政府间国际组织秘书处的工作人员通常被称作“国际职员”①，他们是国际组织工作的具体实施者，其数量和来源的变化是国际组织发展的缩影。国际职员活跃于世界舞台上，在很多情况下其影响力甚至超过各国的普通外交官，因此，一国拥有的国际职员数量及质量在一定程度上也是该国国际影响力和国际贡献程度的体现，是国家软实力的重要内容。随着新兴经济体的崛起，来自发展中国家的国际职员正逐渐改变着国际组织的人员结构，体现了建立国际新秩序和国际关系民主化的要求②。

第一节　国际职员的类型

当今世界，国际组织随着信息技术的发展和全球化进程的加快而迅速扩张，涵盖了包括政治、经济、社会、教育、科学、文化、体育、卫生、环境、人口等众多关乎人类生存和发展的领域，已成为影响全球局势和人类社会的重要因素。特别是很多政府间国际组织体现了国家主权的让渡和行使，推动了国际合作的展开，其作用和影响是世界性的，在当今的国际政治中正发挥着日益重要的影响力，成为主权

① 国际职员最早被称为“国际公务员”，以区分属于国家公务员的各国外交官，不过随着第二次世界大战后联合国等国际组织的发展，大量的政府间国际组织工作人员属于一般事务人员，“国际职员”更为适合概括国际组织的所有工作人员。但在涉及人事制度、工作性质等方面上，联合国仍然会使用“国际公务员”一词，如本书第四章的国际公务员制度。因此，国际职员和国际公务员均可用于介绍政府间国际组织的工作人员，只是侧重点不同，特此说明。

② 牛仲君．人才彰显软实力．人民日报，2016-04-13（23）.

国家追求并实现国际利益的工具、国际合作的纽带、全球治理的主体以及国际法制定和发展的平台。而随着政府间国际组织的发展，必然带来机构的不断扩充及人员的扩大，从而导致国际职员这一独特的群体进入人们的视线。

一、国际职员/国际公务员的定义

通常意义上的国际职员，是指在政府间国际组织及其下属机构中任职、具有正式名额编制，并且符合现代公务员制度的一些基本要求的职员。从工作性质上来讲，国际职员也被称作"国际公务员"，以区别于属于国家公务员的各国外交官。但关于国际公务员的概念，无论是内涵还是外延都没有统一的说法，只有一些宽泛或局限的定义。如日本出版的《国际法辞典》将国际公务员定义为："国际公务员就是在联合国及其下属机构或专门机关工作的办事人员。"① 吴江编译的《国际公务员管理制度与职位分类标准》认为："国际公务员即联合国秘书处的工作人员。"② 苏联国际法学者克里缅科指出："国际公务员就是国际官员，通常指在国际组织秘书处供职的某国公民。"③法国国际法学者巴德旺先生认为："所谓国际公务员，是这样一些人，通过国际条约建立国际组织，并通过国际组织任命的方式，来为本组织的利益而行事，同时受国际组织管辖与保护。"④我国学者赵劲松则认为国际公务员是履职于国际组织，具有超国家的国际性和独立性，只对本国际组织负责，为实现本组织的宗旨而行事的公务员⑤。

通过这些定义可知，国际公务员一般是指为了国际社会共同的利益，独立于各国政府之外，在联合国秘书处、各附属机构和专门机构等政府间国际组织中任职，履行国际任务的国际职员。由于政府间国际组织往往是各国依国际法缔结国际协定而建立的，拥有独立的国际法律人格，能够自主地履行国际权利与义务，其工作人员一般兼具职员与外交官的双重特性，为国际组织的平稳发展提供了服务保障。为确保政府间国际组织工作的国际性和中立性，方便更好地履行国际合作职责，这些国际职员也随之享有政府间国际协定所规定的各种特权与豁免，成为满足国际合作工作需要的国际行政事务人员，某种程度上带有国际社会公职人员的性质，因此被称为"国际公务员"。

但在事实上，国际公务员有广义与狭义之分。广义上的国际公务员泛指在各类政府间国际组织及其下属机构工作的办事人员，既包括联合国、世界贸易组织等全球性的政府间国际组织，也包括欧盟、非盟等地区性的政府间国际组织。当然，欧

---

① 日本国际法学会．国际法辞典．北京：世界知识出版社，1985：485.

② 吴江．国际公务员管理制度与职位分类标准．深圳：海天出版社，1996：32－34.

③ 克里缅科．国际法词典．刘莎，陈森，马金文，译．北京：商务印书馆，1995：112.

④ Goel S L. International civil service：principles，practice and prospects. New Delhi：Sterling Pub. Private Ltd，1984：44.

⑤ 赵劲松．国际公务员与现代国际法的发展．时代法学，2008（5）：10.

盟、非盟等国际组织的工作人员也常被称为“欧盟公务员”“非盟公务员”等。狭义上的国际公务员特指在联合国机构系统中任职的工作人员，“他们以国际官员的身份进行工作，其职责具有超国家的性质”①。早在联合国创建之初，为了使各国际组织之间的人员流动更为容易，实现人才的有效管理及活用，联合国确立了共同制度（United Nations Common System），以此规范联合国系统下各国际组织的人事制度，制定国际职员统一的服务规章、入职手续、待遇制定等，从而逐渐发展成联合国系统下 30 多个国际组织采用的日益完善的国际公务员制度。从这个意义上来说，狭义上的国际公务员制度就专指联合国系统的共同制度，国际公务员往往就指联合国职员。

联合国机构庞大，是由大会、秘书处、安理会、经社理事会、托管理事会、国际法院等六大主要机关，十几个附属机关和国际劳工组织、联合国粮农组织、联合国教科文组织、世卫组织和国际货币基金组织等 15 个专门机构组成的十分庞大的体系。其管辖范围包括上至外层空间，下至海床洋底，政治、经济、社会、文化、教育、卫生等方方面面，无论是邮电、气象、贸易、金融等专门领域，还是普通人的衣食住行和生老病死，联合国的活动均有涉及，各国人民或多或少都同联合国有所联系。还需要指出的是：一般来说，国际公务员制度的发展深受西方国家文官制度的影响，通常为文职人员，其英文是“international civil servant”，也可直译为国际文职服务人员；而联合国维和行动中的军警力量虽为履行国际使命而由各国派遣，但是并不属于联合国管辖，仍由各国自行管辖，因而一般不认为其属于国际公务员，但是维和行动中的文职人员则属于国际公务员，他们由联合国统一招聘、管理和派遣，隶属于联合国的管辖范围内。

二、国际职员的类型

由于联合国机构庞大，工作内容多样，体制复杂多元，这就必然需要大量的国际职员为其服务。据统计，截至 2020 年 12 月底，联合国系统相关实体共有 79 605 名工作人员，其中秘书处有国际职员 36 827 人，主要分布在包括纽约、日内瓦、维也纳、内罗毕和曼谷等在内的世界各地的联合国办公机构②。如此众多的国际职员身份地位、工作性质必然有很大差异，因此通过分类来加以区分就变得十分必要。事实上，正是由于国际职员构成复杂，人数众多，联合国系统的国际职员可以根据不同的标准被归为不同类型。例如按照职务类别划分标准，可以将其分为一般辅助人员、专业业务人员、司级管理人员、领导级官员等四类；根据职类可分为专业及以上职类、外勤人员、一般事务及有关职类等三类；依照招聘属地标准，可分为全

① 金鹏．浅议国际公务员制度与国家公务员制度．法学评论，1988（3）：33.

② 联合国秘书长的报告 A/76/570. 秘书处的组成：工作人员情况统计．（2021－11－29）[2022－07－18]. https://documents-dds-ny.un.org/doc/UNDOC/GEN/N21/359/86/PDF/N2135986.pdf.

球招聘人员、当地招聘人员等两类；依据职位性质标准，可将其划分为按地域分配名额人员、不受地域分配限制名额人员等两类；按照工作地点可划分为总部工作人员和非总部工作人员等两类；依据聘用合同类型可将其划分为长期人员、定期人员和临时人员等三类。当然，还可从年龄、性别、国籍等做更多的分类，以从不同角度对国际公务员做出数量统计。通常，在介绍国际公务员时，像各国外交官分为大使、公使、参赞、一秘、二秘、三秘、随员那样，人们往往是按照其职位的高低来进行分类的，因为职位的高低决定了职员地位和福利待遇的多少。一般来说，按照职位类型，秘书长以下的联合国职员可划分为高级官员、专业类官员、一般事务类人员和本国专业干事、外勤事务人员等不同职等。

（1）高级官员

D级以上的高级官员（简称“不叙级人员”）存在两类：一类是国际组织的行政首长，如联合国首席行政首长（联合国秘书长）或联合国机构的首席负责人（如世界银行行长、国际货币基金组织总裁、国际劳工组织总干事等），此类人员由联合国大会或相应国际组织代表大会选举产生，其工作期限、工资待遇等均由全体大会审定并签订合同；另一类是行政首长任命的若干副手，如联合国秘书长任命的副秘书长、助理秘书长、特别代表等或联合国机构的首席负责人任命的副总干事、助理总干事、总干事代表或顾问等。

国际组织的行政首长一般都是通过选举产生的，是各国外交博弈的集中体现。例如联合国秘书长需要经安理会推荐并由联大任命，而在安理会推荐环节，由于否决权的存在，候选人除获得最多投票外，还必须获得五大常任理事国一致支持，这背后除了个人能力的因素外，也极大考验所属国外交资源的多寡，并受大国协调、地域平衡，甚至性别因素等的影响。特别是近年来的秘书长改选，很多人期望选出历史上首位女性秘书长。其他国际组织的竞争也同样复杂与激烈，如2006年来自中国香港的陈冯富珍女士竞选世界卫生组织总干事时，就是先凭借其出色的“施政纲领”陈述，从11名候选人中杀进五强，并在最后的淘汰式秘密投票中，经过4轮投票才击败其他候选人的，这背后除了她个人优秀的能力外，也离不开中国政府对她巨大的外交帮助和发展中国家的支持。

联合国秘书长有广泛的权力，可任命副秘书长、助理秘书长等高级工作人员以及各级特使和部队指挥官等。其中，特别代表或特使往往是受人尊敬的专家，由秘书长任命，在人权、冲突解决、建设和平与维持和平、冲突或紧急情况后恢复秩序等一系列关键问题上代表秘书长与有关政府进行高级别谈判。部队指挥官是部署在维和任务区的联合国维和部队的首长。另外，高级官员的任命往往还须根据大会各项决议或有关立法文件的具体要求而定，如内部监督事务厅等副秘书长由秘书长在与会员国协商并经大会批准后任命，秘书长特别代表和维持和平特派团部队指挥官的任命，秘书长在做出决定之前，也须会商安理会，这已经成为长期的惯例。

不叙级官员之下是D级官员，俗称司局级，包括D1（特等干事，principal officer）及D2（主任，director）两个级别。D级官员是联合国国际职员配置结构中的最高级别，要求具有15年以上的丰富工作经验，年龄一般要求在50岁以上，一般是国际组织各内设部门的负责人，相当于中国政府部门的司长、局长等职位。司局级职员大部分由国际组织行政首长任命，同时也存在部分形式上的参与竞聘。司长负责管理国际组织的一个部门，带领大家制订和执行办事处的工作方案，确定优先事项，分配资源以完成任务并及时交付工作成果。另外，P-6和P-7级别的高级专业人员通常担任高级顾问或专家，工资待遇也等同司局级，他们积累了多年的工作经验，能够为联合国的工作做出重要贡献。

（2）专业类官员

专业类官员统称“P级职员”（professional），被划分P-1至P-5等五个等级。根据国际人事委员会确定的限额，高级官员和专业类官员要在成员国内募集或聘任。专业类官员主要从事国际组织的各项具体业务工作，专业涉及面较宽。另外，经合组织（OECD）习惯按照A1～A7的级别来划分，A1～A5相当于P1～P5，A6和A7相当于D1和D2，而世贸组织则使用Grade1～Grade12来划分，其中Grade11和Grade12相当于D1和D2，Grade6～Grade10相当于P1～P5。专业及以上职类（P和D）的工作人员通常是国际征聘的，在联合国工作的过程中，他们将在不同的工作地点任职。联合国秘书处在全球所有工作地点一般都有专业职位空缺。联合国秘书处专业及以上职类所有工作人员数量见表3-1。

表3-1 截至2020年12月31日联合国秘书处专业及以上职类所有工作人员数量

专业及以上职类	部/厅	区域委员会	法庭	维持和平行动和特别政治任务及其他政治存在	共计
副秘书长	47	6	1	18	72
助理秘书长	42	—	1	37	80
D-2	143	5	—	39	187
D-1	420	59	1	135	615
P-5	1 342	151	14	405	1 912
P-4	3 018	252	49	904	4 223
P-3	3 021	274	87	1 195	4 577
P-2	979	120	54	169	1 322
P-1	14	2	—	—	16
口译员	262	138	12	—	412
审校	13	—	—	—	13
笔译员	121	3	1	—	125
总计	9 422	1 010	220	2 902	13 554

资料来源：联合国秘书长的报告A/76/570. 秘书处的组成：工作人员情况统计．(2021-11-29) [2022-07-18]. https://documents-dds-ny.un.org/doc/UNDOC/GEN/N21/359/86/PDF/N2135986.pdf.

专业及以上职类工作人员的应聘者首先必须拥有大学高级学位（硕士学位或同等学力），才能胜任专业和主任级别的职位。但通常情况下如果你有大学初级学位

（学士学位或同等学力），再加上符合条件的工作经验（一般至少两年），基本上就可以满足工作要求。某些职位如军人、民警、医务人员、会议服务人员的最低教育要求可能有不同的标准，在各自的职位空缺中会明确标注。部分需要专业学习经历的职位，如医生需要大学高级学位，则意味着仅仅有大学初级学位和相应的工作经验也无法满足要求。其他一些领域的职位（主要是语言职位）可能只需要大学初级学位。

专业及以上职类工作人员的应聘者还需要有与所申请工作相关的工作经验。特别是对于中级职位和高级职位来说，需要有逐步增加的工作经验，应聘者的相关工作经验越丰富，就越容易申请到高级别的职位。具体来说，P-1/P-2 至少要 2 年工作经验，P-3 至少要 5 年工作经验，P-4 至少要 7 年工作经验，P-5 至少要 10 年工作经验，P-6/D-1 和 P-7/D-2 至少要 15 年工作经验。当然，如果学历高，如硕士或博士，也可相应减少一些相关工作经验的要求。另外，专业及以上职类的工作通常需要较高的分析和沟通技能、扎实的专业知识储备和领导管理能力。通常情况下，这些职位需要分析、评估问题并在不同方案之间做出选择，还需要具有高水平的学习能力以了解国际组织的相关理论知识，这些知识既可以通过正规教育获得，但在某些专业领域也可以通过培训、自学或实践经验等其他方式获得。

（3）一般事务类人员

一般事务类人员统称“G 级职员”（general service），他们主要从该机构所在地的人员中录用。该类职位分为 G1 至 G7 七个等级，主要包括秘书、服务人员（司机、工匠等）和安全人员等工作职员，涉及行政、秘书、文书以及印刷、安保和房舍维修等专门技术职能。其中 G1 至 G3 级别处于最低地位，大多直接面向社会公众招聘，通过简单考试即可，语言表达能力类职员则有一定特殊要求。而 G5 至 G7 多为内部调动和升级。G 级职员如果希望转成 P 级职员，则需通过联合国内部举行的年度考试。一般事务人员开展的工作通常是程序性、业务性或技术性的，此类职业的工作范围涵盖了日常工作及各种复杂的任务，通过长期的工作经验积累和对组织程序、条例或项目的熟悉，掌握高水平的工作技能。工作级别越高，职责级别越高，职能也就越复杂。

在大多数城市，工匠、安保、教师、导游或讲解员等都被列在一般事务（general service，G）及有关职类下。但是，在纽约和日内瓦，由于工作人员数量众多，会把司机、电工、建筑管理和印刷人员等单独列入工匠（trades and crafts，TC）一类，把安保职位单独列入安保人员（security service，SS）一类，把导游或讲解员列入新闻助理（public information assistant，PIA）一类，把教师列入语文教员（language teacher，LT）一类，而不属于一般事务人员。由于一般事务类人员是从特定办事处所在地区当地征聘的，不限制国籍，因此这类工作人员通常不会在不同的工作地点之间进行调动。

一般事务类人员的工作经验应该与申请的工作相关，不同职位也可能有特定的要求，这些要求会在具体空缺的职位中有详细说明。对于中级和高级职位，也需要相应的工作经验，申请者获得的相关工作经验越多，就越容易申请到更高级别的职位。只有在符合条件的情况下通过特别竞争性考试，才能从一般事务及有关职类转到其他专业职类。具体来说，一般事务工作必须满足以下要求：高中文凭或同等学力；最低年龄为18岁；具备要求的与职位、级别相关的工作经验；语言要求取决于具体职位，大多数工作都要求精通英语或法语中的一种；具体的职位可能会列出一些额外的要求，需及时确认最新标准以确保符合相关职位的最低要求；通过全球通用测试（global general service test，GGST）和特定职位所需的任何专业测试。

（4）本国专业干事

本国专业干事（National Professional Officers，NPO/NO）通常在当地征聘，执行专业层面的职务。本国专业干事的资格与专业职类的资格相同，要求至少有大学初级学位。本国专业干事的工作只能在非总部工作地点求职。本国专业干事是其所服务国家的国民，其职务必须具有本国的背景，且需要有对本国语言、文化、机构和制度的工作经验和知识。这些职位包括人权干事、政治事务干事、法律干事、医务干事、儿童保护干事、人道主义事务干事、翻译和土木工程师等。本国专业干事分为A至D四级，级别越高，工作职责越重，需要的工作经验也越多。其中，A级至少要1～2年的工作经验，B级至少要2～3年的工作经验，C级至少要5年的工作经验，D级至少要7年工作经验。

（5）外勤事务人员

外勤事务人员（Field Service，FS）通常在全球进行招聘，是要求具有高中以上学历的专业技能人才，并向联合国外地特派团提供行政、技术、后勤和其他支持服务。外勤事务人员的有些职位可能需要技术或职业证书。外勤事务人员分为3至7等五级，级别越高，需要的工作经验也越多。随着获得更多的相关工作经验，可以逐步申请更高的职位。具体来说，FS-3最少要4年工作经验，FS-4最少要6年工作经验，FS-5最少要8年工作经验，FS-6最少要10年工作经验，FS-7最少要12年工作经验。如果申请人持有大学初级学位，有关工作经验要求的最少年数会减少：申请FS-6级别则至少要5年工作经验，申请FS-7级别则至少要7年工作经验。截至2020年12月31日联合国秘书处外勤事务、一般事务及有关职类所有工作人员数量见表3-2。

表3-2 截至2020年12月31日联合国秘书处外勤事务、一般事务及有关职类所有工作人员数量

职类/职等	部/厅	区域委员会	法庭	外地行动	共计
外勤事务人员					
FS-7	—	—	—	31	31
FS-6	2	—	1	428	431
FS-5	18	1	20	1 567	1 606
FS-4	9	—	40	1 267	1 316
FS-3	—	—	2	9	11
总计	29	1	63	3 302	3 395
一般事务及有关职类					

续表

职类/职等	部/厅	区域委员会	法庭	外地行动	共计
NPO-D	57	11	—	10	78
NPO-C	315	23	—	205	543
NPO-B	501	13	—	843	1 357
NPO-A	444	5	—	209	658
G-7	648	240	5	31	924
G-6	2 494	384	80	470	3 428
G-5	2 008	301	83	2 506	4 898
G-4	1 198	171	84	2 826	4 279
G-3	388	57	32	1 749	2 226
G-2	394	18	4	603	1 019
G-1	20	—	—	8	28
TC	84	—	—	—	84
SS	299	—	—	—	299
LT	32	—	—	—	32
PIA	25	—	—	—	25
总计	8 907	1 223	288	9 460	19 878

资料来源：联合国秘书长的报告 A/76/570. 秘书处的组成：工作人员情况统计．(2021-11-29)[2022-07-18]. https://documents-dds-ny. un. org/doc/UNDOC/GEN/N21/359/86/PDF/N2135986. pdf.

三、国际组织的非正式工作人员

1. 初级专业人员（JPO）方案

对于技能熟练、精力充沛、充满热情、渴望加入联合国的青年人来说，初级专业人员（Junior Professional Officer，JPO）方案（以前被称为“助理专家方案”）可能是适合的路线。JPO方案的主要目标是支持《2030年可持续发展议程》，并为年轻专业人员提供在联合国系统的多边国际合作中获得实际工作经验的机会。JPO的费用由捐助国承担，是根据联合国和捐助国之间的双边协议招募的。2023年4月，正在参与联合国JPO方案的国家有：澳大利亚、奥地利、巴林、中国、比利时、朝鲜、丹麦、埃及、爱沙尼亚、芬兰、法国、德国、匈牙利、冰岛、意大利、日本、哈萨克斯坦、科威特、列支敦士登、卢森堡、蒙古国、摩洛哥、荷兰、新西兰、挪威、波兰、卡塔尔、韩国、俄罗斯联邦、沙特阿拉伯、新加坡、南非、西班牙、瑞典、瑞士、阿拉伯联合酋长国、英国、美国①。

JPO方案的工作计划由捐助国赞助，一般会根据联合国机构的职位需要在捐助国公民中经考试择优选择，个别国家也有赞助其他国家国民的，赞助职位的数目每

① Department of Economic and Social Affairs Junior Professional Officer Programme. Partner Countries. New York: UN. (2023-04-01)[2023-04-18]. https://www. un. org/development/desa/jpo/donor-countries/#Bahrain.

年都有所不同，也因捐助国而异。最初任期为一年，如果得到捐助国的同意，在表现良好的基础上，可以延长。在担任JPO期间，不能竞聘工作所属国际组织的正式员工，但可以作为任何其他国际组织的外部候选人，申请另一个国际组织的同级职位。联合国秘书处初级专业人员方案所涉及的学科很多，具体包括：政治学、社会科学、法律、人权、项目管理、公共管理、经济事务、环境事务、性别平等事务。联合国系统各专门机构的JPO也可能需要其他专业的人员，具体需要捐助国在捐助方案下确定。

2. 志愿者项目

联合国志愿人员要求具有大学学位或高等教育以上文凭，掌握英语、法语、阿拉伯语或西班牙语的应用知识，能够接受6～12个月的短期工作，有去艰苦的地方服务的心理准备，有以具体行动为世界的和平与发展贡献力量的意愿等。联合国每年都会有8 000余名来自160多个国家的男女志愿者在约130个国家开展工作，这些有经验的志愿人员会至少工作6个月，以促进和平、应对灾害、增强社区能力并帮助人们建立可持续生计和持久发展。联合国志愿者的专业背景有数十种之多，要求具有良好的伙伴精神和团结精神，被鼓励具有创造性和企业家精神，并在其任务内外促进和平与发展的志愿精神。

联合国志愿者会与各国政府、联合国实体和民间社会结成伙伴关系，在社区的核心开展工作。联合国志愿者并不是一种职业（目前最多只能服务4年），但会拥有丰富的工作机会和经验，并提供巨大的个人回报。作为一名联合国志愿者可以享受如下基本待遇：从驻地到服务地的往返旅费；享受每月生活津贴、安家补贴；住房费用由项目或由用人单位承担；生命、健康和永久残疾保险；根据项目工作需要的出差旅费；国际志愿人员可携带配偶及子女，且另有生活津贴；年假及探亲假等。如有志成为联合国志愿人员，可访问联合国官网（www. unv. org）了解更多信息并注册个人信息，或直接访问联合国志愿人员组织的微博账号。

3. 实习计划（internship）

如果考虑进入外交和公共政策领域，在联合国实习则是理想的开始。实习的目的是让实习生对联合国的日常工作环境有一个直接的印象。实习生将有机会与杰出并鼓舞人心的专业人士和高级管理人员一起工作，成为联合国团队中的一员，将接触并参与高端会议，并为联合国的政策形成和工作实施做出贡献。联合国的实习生要求申请者是在学士课程的最后一年或正在攻读硕士或博士课程，以及学士、硕士或博士课程毕业后一年内，熟练掌握英语或法语，且不是联合国申请组织工作人员的子女或兄弟姐妹。

联合国实习不仅能够很快掌握国际职员所需要的各种技能，更重要的是可以搭建在国际组织中的人际关系，为今后进入国际组织创造良好的机会，是进入国际组织的重要通道。这是因为，有实习经验的人，可以通过朋友的介绍和推荐，在国际组织进行全球公开招聘之外，直接到相关招人的办事处去应聘，增加了被录用的概率。在国际组织实习就有了在国际组织工作的实际经验。国际组织都愿意招聘有工作经验的而不愿意要新手，实习也是一种经验，比完全没有经验要好得多。实习时如果努力工作，可以给同事和领导留下好印象。在联合国机构中每一个空位都有成百上千人申请，由需要那个职位的部门的领导从申请人中选出 3～5 名候选人进行面试，如果领导认识你，对你的工作有好评，他就会从众多的申请人中挑出你，列为面试候选人。在同等条件下，实习无疑是受聘的一条捷径。

联合国总部实习方案面向研究生，目的是促进参加者提高对世界面临的主要问题的认识，并帮助他们深入了解联合国如何努力寻找这些问题的解决办法。联合国秘书处的实习期至少两个月，最长可达 6 个月，一旦被录取，则必须在毕业前或毕业一年内开始实习。联合国预算没有编列经费用来支付实习人员费用。所有与旅行、保险、住宿和生活有关的费用必须由实习生或其赞助机构承担，但也有不少联合国专门和附属机构会给实习生一定的生活补助，如位于维也纳的国际原子能机构会给实习生每月 1 000 欧元的补助。除此之外，联合国将帮助实习生获得必要的签证，将安排和资助前往联合国实习地点的旅行，将负责在实习期间发生的事故或疾病所产生的费用（必须出示有效的全球医疗保险覆盖范围的证明）。实习生也必须谨慎工作并对实习期间获得的任何未公开的信息保密，不得发布基于这些信息的任何文件。实习期间，实习生也可以依据所在高等教育机构的实习学分政策获得相应学术学分。

除秘书处外，联合国专门机构如世卫组织也很重视实习生。实习分夏、冬两个季节：4 月至 10 月（12 月至 1 月报名）、11 月至次年 4 月（8 月至 9 月报名）。实习生需要在完成正式学业后最多 6 个月内申请，并可申请到该组织不同部门或项目中实习，世卫组织提供办公室、电脑等必要的办公设备，不收取任何费用，但食宿交通费和签证手续费等需要自理。实习生将在一位相关领域技术专家的指导下，被分配一个符合其能力和职权的工作项目。实习生的职权通常包含全部或部分下列职责：审查文本和进行文献调查；在目标领域开展网络调研和数据收集；整理数据与资料；参与工作技术与方针的开发升级；协助起草、设计与修订政策摘要、工具包、指南、手册、宣传单、报告，帮助组织研讨会、工作会议、大型集会和活动；参与进行中的部门工作等。

申请国际组织实习机会的方式一般分为两种：一种是通过目标组织的专业考试，进入人才储备库，获取候补机会；另一种是通过各方官网获取招聘信息自行申请，通过测试环节，获取实习机会。为此，申请国际组织实习，首先需要通过国际组织的实习网站（如联合国实习网站 https://careers.un.org/lbw/home.aspx）、教育部高校毕业生到国际组织实习任职信息服务平台（https://gj.ncss.cn）、国家留学网国际组织人才培养项目（https://www.csc.edu.cn/chuguo/s/1776）以及人社部国际组织人才信息服务平台（http://www.mohrss.gov.cn/SYrlzyhshbzb/rdzt/gjzzrcfw）等途径获取最新的国际组织实习招录信息。再根据相应的岗位介绍与要求找到适合自己的实习岗位，也可以根据有关要求提升自我，锻炼并提高自己的能力，为将来申请实习岗位做好充分的准备。

近年来，为了帮助中国学生申请国际组织实习，国家留学基金委设立了国际组织实习资助计划。学生可以通过自行联系渠道和合作项目两种方式申请国际组织实习。实习期限和资助期限一般为 3～12 个月。实习期限应根据拟实习单位正式邀请信中列明的实习时间确定。个人申报的资助期限应不超过实习期限（一般与实习期限一致）。实习结束前如获同一岗位延期，可向国家留学基金委申请延长资助一次，延期后总资助期限一般不超过 12 个月。同一人员如多次申请项目，累计资助期限一般不超过 24 个月。资助内容为一次往返国际旅费、资助期限内的奖学金和艰苦地区补贴。奖学金包括伙食费、住宿费、交通费、电话费、医疗保险费、交际费、一次性安置费、签证延长费、零用费等。通过与有关国际组织合作渠道和自行申请渠道录取的国际组织实习人员资助标准统一确定为 1 800 欧元/人/月、2 400 美元/人/月或 2 500 瑞士法郎/人/月①。对每月 15 日（含）前经受理单位推荐至国家留学基金委的申请人，国家留学基金委将于当月组织评审并公布录取结果；对每月 15 日后经受理单位推荐至国家留学基金委的申请人，国家留学基金委一般将于次月组织评审并公布录取结果。

4. 临时工作（temperary assistant，TA）

临时任用是用来填补为期不到一年的职位，以满足联合国季节性或高峰期的工作量和具体的短期需要。临时任用，包括初次任用和以后的任何延长任用，在任何特定时间不得超过 24 个月的总期限。只有在需要大量增援、与外地行动有关的业务需要以及允许执行任务期限有限的特别项目时，临时任用才可延长至一年以上。临时任用的工作人员在申请工作空缺时被视为外部候选人。临时职位招聘广告刊登在该机构的人才管理平台 inspira 网站上。有兴趣申请这些职位的申请人必须通过 inspira 网站填写并提交申请。招聘这些短期职位的广告中会提到这些职位的临时性质。

5. 咨询顾问（consultant）

联合国经常根据个别合同聘用专家作为顾问或个别承包商从事短期项目。顾问是某一特定领域公认的权威或专家，由本组织以咨询或顾问的身份聘用。顾问的职能注重结果，通常包括分析问题、指导讨论会或培训班、为各种会议编制文件或就其专门领域内的事项编写报告。个别承包商是由相关组织雇用，为执行一项特定的任务或工作提供专门知识、技能或知识，这些任务或工作的性质是短期的，可能涉及与工作人员类似的全职或兼职工作。

有相关经验的专家可以通过 inspira 网站在顾问名册上注册，并提供个人历史档案（personal history form，PHF），以便在有机会时可以被考虑。专家候选人还需要定期更新 PHF，因为 3 年以上没有更新个人资料的候选人往往不太容易被联系到。顾问派驻地点既可以是联合国的各总部地区，也可以是联合国在世界各地的任

① 国家留学基金委 . 2022 年国际组织实习项目选派管理办法 .（2022－02－24）[2022－08－16]. https://www.csc.edu.cn/article/2241.

何区域、国家或项目办事处。在顾问名册上登记的专家在有关机会出现时可随时被考虑，相关团队将通过入围的候选人的 PHF 中提供的电子邮件地址直接与他们联系。联合国也邀请已加入顾问名册的专家积极直接申请在 inspira 网站和国际组织网站上发布的顾问职位空缺。

第二节　国际组织的职位要求

一、国际组织的职位情况

国际职员是一批最有活力和理想的群体。你是否想对全球性问题解决有更大贡献，对国际社会有所作为；愿意为服务全世界这一更大的目标而无私奉献；始终怀有乐观、坚强的性格特质；是那种时时刻刻能在接到通知后，就立刻去任何地方旅行和工作的人；愿意在一种国际化的文化环境中工作，尊重并促进多种族人群合作发展，让多样化的团队发挥最大效能？如果你对以上问题的回答都是肯定的话，你就应该申请成为这支精英队伍的一员。世界期望联合国为各地复杂的问题提供解决方案，例如解决冲突、消除贫困、应对气候变化、捍卫人权等。相应地，联合国提供的职业类型也是多种多样的，如组织国际会议、实施合作项目、监督选举、解除童兵武装、协调人道主义救援等。

在现实中，由于国际组织工作的国际性特点，国际职员活跃于国际舞台之上，很容易成为国际关注的焦点，体现了国际组织的正义性与权威性，在很多情况下其影响力甚至超过各国的普通外交官，成为很多人终生向往的职业。而国际职员较高的福利待遇、稳定的工作状态及受世人尊重的社会地位，也使国际职员职业成为名副其实的“金饭碗”。另外，一国拥有的国际职员数量及质量一定程度上也是该国国际影响力和国际贡献程度的体现，是提升国家软实力的重要方式，因此很多国家会采取种种措施来增加本国国际职员的人数和地位，以影响国际组织的工作，增强本国的国际影响。

为了使各国际组织之间的人员流动更为容易，实现人才的有效管理及活用，联合国在 1945 年创建的同时就确立了联合国“共同制度”，以此规范国际职员的服务规章、入职手续、待遇制定等，从而使联合国系统下的各国际组织具有相同的人事制度。因此，联合国系统，包括秘书处、所属机构、各专门机构等，成为国际职员的主要任职机构，他们受国际组织行政负责人领导，为全体会员国服务。据统计，截至 2020 年 12 月底，联合国系统相关实体共有 79 605 名工作人员，其中秘书处有国际职员 36 827 人①。除秘书长直接任命的职位以外，联合国里其他任何职位都要

① 联合国秘书长的报告 A/76/570. 秘书处的组成：工作人员情况统计 .（2021－11－29）[2022－07－18]. https://documents-dds-ny.un.org/doc/UNDOC/GEN/N21/359/86/PDF/N2135986.pdf.

通过竞聘获得，这也意味着对联合国职员而言，竞争是最司空见惯的事情。其中，对应各国处级、局级干部的中高级国际职员，是国际组织运行的真正中坚，很大程度上决定着国际组织的工作内容和权力行使。根据联合国系统截至2019年的统计，在P级以上管理职位中，D2职位占2%，D1占5%，P5占17%，P4占32%的比例，总数可占到专业以上职位数量的一半以上。

关于国际职员的聘任原则，首先体现在《联合国宪章》第101条规定的“效率、才干、忠诚”这三项最高标准。然后还要根据地域分配和性别平等的原则进行公开选拔，竞争选取。具体来说，为了保证会员国工作人员地区的普及，联合国专门拿出了3 000多个P级以上的管理岗位（2020年共有3 129个岗位），按照会籍因素（职位总数40%）、会费因素（职位总数55%）和人口因素（职位总数5%），确定“理想数值”，再上下增减15%确定“适当幅度”。低于适当幅度下限的为“任职人数偏少”国家，当有职位空缺时，将优先选择无人任职和“任职人数偏少”的国家。如根据联合国秘书处2020年的统计，中国按照地区员额占有地区地位的职员只有95人，远低于237～321的“适当幅度”，就属于明显的“任职人数偏少”国家①。另外，联合国实行男女平等原则，促进实现男女职员（特别是高级官员）比例更加均衡，鼓励妇女应聘专业职位，在同等条件下优先考虑合格的女性候选人。

除会费因素对国际职员分配名额有影响外，职位分配还受很多其他因素影响。例如，有些会员国为了维护其现实的国家利益，增加本国公民在秘书处任职的份额或晋升他们的职务，在联合国进行职员的征聘、晋升、合同续期、任务分配时，其国家或政府高级领导人往往会亲自出面向秘书长游说，政府相关部门和常驻联合国代表团也会不遗余力地开展工作。这种大力游说甚至施压的做法在联合国是司空见惯的。同时，有些国家为了使本国人能够担任联合国的某些高级职位，会向联合国的管理人员暗示候选人如果能成功获得委任，联合国将得到大笔捐赠的款项。而在一些会员国捐助的项目运作上，捐助国也会经常对项目的地点、项目的人员雇用等问题“发号施令”，致使出现项目管理人员会特意雇用来自捐助国人员的现象。这种联合国会员国对人事制度的侵蚀就会造成富有国家的“过度代表”问题，给少数国家主导联合国开辟了道路。

另外，一国对某个职位“独占保留”也是联合国职位竞争的重要影响因素之一。自联合国成立时起，秘书处就遵循着这种不成文的做法，主管政治、维和、人事、财务、法律等关键部门的副秘书长的位置长期为美、英、法等大国所把持，因而形成了“某些职位是美国的”“某些职位是俄罗斯的”的现象。而一旦重要职位被某国人占据，则较容易安排该国人到其下属部门工作，长此以往就会导致很多关键部门被某一大国所把持。当然，随着第三世界崛起及国际组织国际性与民主化的

① 秘书长的报告A/76/570. 秘书处的组成：工作人员情况统计．(2021-11-29)[2022-07-18]. https://documents-dds-ny.un.org/doc/UNDOC/GEN/N21/359/86/PDF/N2135986.pdf.

发展，某国人扎堆某一部门的情况越来越少，但是大国调动外交资源抢占重要岗位的情况仍无法避免。

至于国际职员的聘任方法，主要分为政府借调和公开竞聘两种。政府借调的一般做法为一国将在本国政府部门任职的国家公务员向联合国推荐，如被推荐的当事人自己愿意被借调到联合国任职，联合国秘书处愿意接受这个借调人员，即在三方达成一致的情况下，此类人员与本国政府、联合国签订三方合同，合同期限是定期的，只要三方无异议，合同期满可续签，但不能自动延期。公开招聘则是遇有职位空缺或设立新职位时，一般提前予以公布并通知各成员国。在填补这些空缺时，努力做到从尽可能广泛的地域招聘人员，以便尽可能实现会员国在联合国任职人数的公平分配。根据联合国秘书处的统计，2019 年共有 4 133 人通过政府借调和公开招聘入职联合国秘书处①。

个人应聘需要履行报名手续，通过竞聘才能被录用。在联合国有一个统一的正式聘任程序，一般是本人申请，并提供个人的情况资料，如果相关部门觉得申请者的经历和专业与聘任职位比较吻合，就可以进入第二个程序——笔试和面试。面试由 3 人以上组成的挑选小组主持，面试的问题都是与聘任职位相关的内容。面试之后，挑选小组会写出结论，提交到招聘委员会，招聘委员会审查之后再推荐到机构主要负责人签署。对于中高级职位，候选人需要 7 年以上相关专业经验，还须具备大学本科及以上的学历，才有资格担任这些职位。现有空缺职位的资料可从联合国总部、世界各地的联合国新闻中心和联合国系统的其他办事处（例如开发计划署、难民专员办事处、儿童基金会）获取。此外，还可从各会员国外交部以及某些教育或专业机构（例如大学、专业协会）获取有关资料。为确定最优秀人选，有的国际组织还会采用第三方评定中心等市场化机构完成征聘。

二、国际组织的岗位要求

国际职员的职业路径主要分为两种：一种是一开始就在多个国际组织的基层工作，因为出色的表现、工作能力突出，一步一步被提拔到领导层，这一过程一般需要 15～25 年；另一种是在原国家相关机构担任要职，并具备国际组织相关的工作经历，在职期间，工作能力突出、成绩显著，受到一致的认可，逐渐被提拔到领导层地位。因此国际组织官员的一般性要求为：丰富的实际工作经验、突出的人际交往能力、快速融入当地文化的能力、独立决策能力、领导力等。但不同国际组织、不同岗位，因工作内容和环境的不同，职位要求也会有所不同。如以世界银行专家队伍为例，还特别强调国别金融的多样性、包容性特点，这与世界银行招聘原则相吻合，多样性有可能产生更大的工作效率和竞争优势，能够保证世界银行在经济领

---

① 联合国秘书长的报告 A/76/570. 秘书处的组成：工作人员情况统计．(2021-11-29)[2022-07-18]. https://documents-dds-ny.un.org/doc/UNDOC/GEN/N21/359/86/PDF/N2135986.pdf.

域方面以不同的视角及宽阔的视野来制定决策及分析问题①。

根据滕珺教授对 2012 年 3—8 月联合国系统 662 份招聘书的统计，联合国系统不同机构在招聘能力要求中的侧重点既有共性，又略有不同（见表 3 - 2）。除各机构均对“专业知识”“沟通交流”“组织计划”“管理能力”较为重视外，秘书处对“尊重多样性”“专业精神”“尽职尽责”等指标的强调程度高于附属机构和专门机构，附属机构对“个体专业知识”和“组织计划”的强调程度高于秘书处和专业机构，而专门机构对“组织专业知识”和“团队合作”的强调程度高于秘书处和附属机构（见表 3 - 3）②。这说明秘书处作为执行大会决议、维持联合国日常事务的机构，其工作人员的主要工作是代表国际组织与各国各地区的不同人士沟通，因此更需要具有“尊重多样性”“专业精神”“尽职尽责”等体现联合国价值观和多边工作的能力要求。而相较而言，附属机构的工作重点在于项目实施，对于“个体专业知识”和“组织计划”的要求更高，以保障项目的实施落实；专门机构的工作在于专门领域的合作，工作人员往往具有较强的个体专业知识，更多地需要通过团队合作，达成共识，实现组织的使命，因此对“组织专业知识”和“团队合作”的强调程度高于秘书处和附属机构。

表 3 - 3　联合国系统人才素质指标比重表

维度	指标	秘书处	附属机构	专门机构
价值观	正直	0.01	0.01	0.01
	尊重多样性	0.04	0.01	0.02
	专业精神	0.05	0.02	0.00
专业知识	个体专业知识	0.17	0.23	0.17
	组织专业知识	0.07	0.08	0.09
思维方式	目标明确	0.00	0.01	0.03
	客户第一	0.04	0.02	0.01
	团队合作	0.02	0.03	0.07
国际可迁移能力	沟通交流	0.21	0.16	0.20
	人际交往	0.03	0.04	0.04
	组织计划	0.12	0.16	0.11
	信息技术	0.02	0.02	0.03
	快速学习	0.00	0.02	0.01
	管理技能	0.16	0.15	0.14
人格特性	抗压能力	0.00	0.01	0.02
	积极主动	0.00	0.00	0.01
	尽职尽责	0.04	0.02	0.03
	开放灵活	0.02	0.01	0.02
	敏感细致	0.00	0.00	0.01

资料来源：滕珺．国际组织需要什么样的人．上海：上海教育出版社，2018：246.

① 张民．“国际组织人才培养和选送研究”成果报告．大学（研究版），2020（5）：87.

② 滕珺．国际组织需要什么样的人．上海：上海教育出版社，2018：245 - 248.

而对于不同职级人员来说，中级职员（P级）更需要具备的是“个体专业知识”“组织专业知识”“沟通交流”“组织计划”的能力，高级官员（D级及以上）则更强调“管理技能”“个体专业知识”“沟通交流”“组织计划”的能力；在工作上，中级职员要“开放灵活”“敏感细致”，具有“抗压能力”，高级官员则要“尽职尽责”①。这说明国际组织的中高级职员作为项目、会议的管理者和执行者，都要有良好的个人专业能力及与人沟通和项目管理能力，高级官员更强调责任心和管理技能，而中级职员则重视关系协调、承受压力等方面的能力。赵源依据联合国2016年212份专业以上职位招聘信息进行的统计也说明了同样的问题。职位层次越高，对社会角色、自我认知、个性特质三个维度的胜任力要求越高，入门职（G级）对这三部分的要求总占比仅有2%左右，对领导力、赋权等没有要求；中职（P级）对该部分的要求比较全面，也是三层职位中唯一对尊重多样性、创新力和忠诚有要求的职位；高职（D级及以上）在此部分，突出强调领导力和责任心②。

由此可见，国际组织职位在能力要求上具有一定的共同性，因为从事的大多为项目和会议管理等工作，要求工作人员具有良好的专业知识和沟通交流、组织计划能力，高级官员还需要有更强的责任心、领导力和决策能力。秘书处的工作以同成员国协调为主，服务对象复杂多样，强调“尊重多样性”“专业精神”“尽职尽责”等多边外交能力，而附属机构更重视个人专业知识与项目管理能力，专门机构则强调如何利用个人专业知识形成组织共识，突出组织专业知识和团队合作，这体现了不同国际组织工作和文化的特点，需要我们在人才培养和推送过程中有意识地加以区分。

第三节　国际公务员的素质要求

国际公务员虽然产生于20世纪初，发展于第一次世界大战后的国联时期，但直至1945年联合国成立后才逐渐建立起一套完整的国际公务员制度。《联合国宪章》明确规定了国际公务员“应以求达效率、才干及忠诚之最高标准为首要考虑”。为明确这一最高标准，联合国于1949年建立了国际公务员制度咨询委员会（1974年升级为联合国大会直属的国际公务员制度委员会），全面负责国际公务员聘用、管理、晋升等人力资源管理问题，用以协调联合国系统内共同的人事制度（称为“共同制度”）。1954年国际公务员制度咨询委员会颁布了《国际公务员行为标准》（先后于2001年和2013年修订），通过阐明构成国际公务员道德和为人处世基础的一些基本原则，为共同制度内各组织的工作人员提供了说明、解释和激励的标准。《国际公务员行为标准》加上《工作人员条例和细则》的具体规定，使国际组织日

---

① 滕珺．国际组织需要什么样的人．上海：上海教育出版社，2018：257－261.

② 赵源．国际公务员胜任素质研究．中国行政管理，2018（2）：141.

渐成型了一套行之有效的国际公务员制度，规定了国际职员的政治、业务和其他素质要求。

一、国际公务员的政治素质要求

1. 忠诚性

国际公务员作为特殊的公务员，其效忠对象不是各国的政府，而是对国际组织负责。《联合国宪章》第 100 条明确规定："秘书长及办事人员于执行职务时，不得请求或接受本组织以外任何政府或其他当局之训示，并应避免足以妨碍其国际官员地位之行动。"① 国际公务员在执行任务时，应当无视其国籍，无论在面对利益诱惑还是利益冲突时都要能够时刻保持其国际性与独立性，不得利用职务之便为本国牟利。作为国际公务员，很重要的一点是成为具有全球连带感和责任感的世界公民，要超越个人、家庭、所属团体、故乡及国家的限制，并在互相尊重个体及地域特殊性的同时，以世界性的规范要求和指导自己工作。也就是说，要从全世界的角度，从尊重多样性及为人类奉献的精神来实现自我价值。当然这并不是说国际公务员不能有任何的国家情感。雅克·莱莫恩说："合理的国家利益可以存在，但是必须能够促进世界的和平与繁荣，或是促进国际组织在迈向这些目标的过程中取得进步。"② 所以忠于组织是要求国际公务员在任何时候都能保持一种广泛的国际观和对国际社会的理解。

2. 独立性

国际公务员必须做到正直、公正、独立和谨慎，在一切情况下，都应以国际组织的利益为最高的考虑，独立履行职务，不受组织以外的因素的操控与影响。特别是对中高级职员来说，只有保持联合国公务员的独立性，联合国才能真正是为全人类谋福利的国际组织，而不至于沦为大国的政治工具。政治立场问题也是原则性的问题，必须要保持独立性。国际公务员的政治立场，指他们对国际社会的制度和意识形态的根本态度，他们必须时刻保持清醒的政治头脑和旗帜鲜明的态度，明辨是非，坚定立场。如曾作为联合国秘书长的安南，坚持事情的是非曲直，不作美国的政治傀儡，尽管美国一直想利用其超级大国的实力操纵联合国，拖欠会费，对安南吹毛求疵。安南就明确表明："我向来是独立自主的人，我认为自己是个自由人，是整个世界的秘书长，而不是某几个国家或民族的掌门人。"③ 但是，忠于组织并不是绝对的，如果刻板地忠于组织，有可能反会成为个别国家利益的代言者，受其控制。

---

① 联合国．联合国宪章．（2022－01－01）［2022－07－30］．https://www.un.org/zh/about-us/un-charter/chapter－15.

② Lemoine，Jacques. The international civil servant：an endangered species. Hague：Hague Law International，1995：44.

③ 王杏芳．联合国春秋．北京：当代世界出版社，1998：870.

3. 中立性

对于国际组织中高级职员来说，政治中立就是要求他们在从事国际组织的工作时，在从事行政管理和公共事务管理时，也最大限度地抑制自己的私人感情，以法律和客观事实为准则，以为世界人民谋利益为目标，尽职尽责做好天下人民的公仆。国际公务员中立的本质是一种行政式的中立，亦即是说，国际公务员本身应当作为联合国的手与足，而非联合国的大脑。这种中立并不是要求国际公务员在价值取向上与联合国相同，而是要求国际公务员将自身的价值取向与联合国的工作分开。如在公开发言时，国际公务员应当认为他们是以组织的名义发言，避免提及个人和表达个人观点。在国际公务员的实际工作当中，绝对的价值中立是难以做到的。虽然联合国明确规定了“国际公务员不是其本国的代表”，但“自己人多好办事”也确实是在联合国行政机构中客观存在的一个现象。事实上较为合理也较为常见的情况是，国际公务员处理这一关系时往往是在联合国规定所允许范围内最大化地满足本国的利益，大多数情况实际上并不会对联合国宏观上的公正造成影响。

二、国际公务员的业务素质要求

1. 专业技能与工作效率

熟悉业务，掌握专业知识是开展工作的前提条件，具有专业知识和技能是国际公务员在国际组织中立足的基本和保障。只有掌握了专业的知识，国际公务员才能尽快投入工作，并为问题的解决做出一定贡献。因此，对于国际职员来说，专业知识和技能是国际公务员参与工作，成功处理工作中遇到的困难，顺利完成工作的最大保障。这不仅仅是工作需要，更为重要的是国际公务员的专业知识和技术可以保障组织工作的专业性和独立性，使其尽可能地免受政治波动的影响[①]。另外，国际组织需面对纷繁复杂、难以解决的地区性或全球性难题，国际组织的每一个行动，往往牵涉多层次利益，这就要求国际公务员具有超乎常人的才干，一些重大国际突发事件，如战争、人道主义灾难、重大自然灾害等，都需要国际组织做出迅速、及时的反应，加之国际公务员毕竟数量有限且需应对的国际事务繁多，这就需要国际公务员具有较高的工作效率。

2. 丰富的实践经验

专业办案能力是指在充分理解、掌握本行业专业基本理论和领会上级领导要求的基础上，应用已有的知识和经验去解决实际工作任务的一种实践能力。国际公务员只有不断地提高业务，不断地积累丰富的实践经验，从而成为实战的老手，才能够解决关键、复杂的业务问题，出色圆满地处理好国际问题。特别是对于中高级职位来说，重点需要具备战略思维、组织管理和团队合作的能力。战略思维要求在思

---

① Xu Yi-Chong，Weller，Patrick. To be，but not to be seen：exploring the impact of international civil servants. Public Administration，2008：35－51.

维中能周到细致地考量如何激励下属形成共同愿望，明确整个组织运作过程中的国际、国别背景，了解国际政策和执行各组成部分的角色及相互利益关系，提出适合本组织长期发展的政策，以及潜在的各种可能出现的问题等。组织管理能力则需要根据工作任务的特点和需要，灵活地运用各种方法，选择适当的组织形式，科学分工，合理安排，设计精干有效的工作方法，把各种力量合理地组织和有效地协调起来，从而使其效能最大化。团队合作包括工作团体内的合作能力、工作团体间的合作能力及与客户合作的能力。对于国际职员来说，只有通过这些有效的合作，才能够更加出色地完成自己的工作。

3. 沟通交流和学习能力

语言能力在从事国际交往中一直是排在第一位的。联合国的工作环境和工作性质，要求国际公务员能够至少熟练掌握两门工作语言，包括听说读写四项能力。对于国际公务员来说，文件起草的工作很多，对于写作能力的要求更高。同时在更高层次上，还要掌握语言艺术。就是说不仅要外语水平过硬，还要懂得交流技巧，主要是指把握说话的分寸，什么时候该说，什么时候不该说，说的时候说些什么好，说的方式应该是怎样的，这些都要拿捏得当才行。另外，学习是另一个不可或缺的基础能力，在知识大爆炸的时代，处于国际组织这种各种先进思想交汇之处，不能及时地通过学习自我更新，是不可想象的。事实上，国际公务员不仅需要有学习能力，而且需要有快速学习的能力，即使工作在之前有所接触，也应该使自己的能力与时俱进，适应新的发展。若是首次接触的工作，更应该积极地向他人学习，尽快适应工作。具备学习能力，才能跟得上自己的职业发展，也能更好地实现自我发展。

三、国际公务员的其他素质要求

1. 人文关怀与尊重宽容

成为国际公务员的目的不在于谋取个人利益或维护国家利益，而在于增进人类福祉，这就需要具备跨国界的人文关怀，将道德观与使命感置于全人类范畴。这种崇高的人文关怀是国际公务员国际性与独立性产生的前提以及维持的保证之一。就国际公务员本身来说，国际组织是一个十分庞大的群体，其构成也是极为复杂的。同一个国际组织中的国际公务员可能来自不同的国家、大洲，可能是不同肤色、不同信仰的人。因此，国际公务员要具有一种平等和尊重的基本价值观。面对来自不同文化的人，国际公务员首先是要学会和来自不同文化的同事打交道，在这个过程中必须要学会做到宽容与尊重。

2. 健康体魄与国际视野

对于国际公务员来说，良好的身体素质是必不可少的，因其需要精力充沛，才能适应繁忙且复杂多变的工作。同时心理健康也很重要，没有较好的心理调适能力则难以胜任国际公务员的工作。特别是对于初到国际组织的人员，要学会调节自我，缓解心理压力，及时排除心理障碍。国际公务员的工作，环境多变，工作对象各异，只有具备广阔而与时俱进的国际视野，才能够跟得上时代的发展变化，才能处理好具体的问题。国际视野决定了一个人眼光的高度，而眼光的高度又会影响他行动的未来，因此需要具有大局观的战略意识。

3. 卓越的社交能力

国际公务员社会接触面广，必须能广泛建立工作联系，能与人和睦相处。充足及时地获取信息对于开展外事工作非常有利，而交友有利于使国际公务员的信息来源更加广泛，进一步扩大自己的信息网。同时，在处理事务时，所谓熟人好办事，良好的人际关系也有助于工作顺利有效率地开展，省却很多时间和不必要的麻烦。因此，国际公务员应注重广泛交友。另外，由于国际公务员所从事的工作基本是外交工作，所以他们同外交官一样，需要具备外交技巧来协调各方面复杂的关系，从而能协调各方利益，顺利开展工作。

4. 多元文化的适应

国际组织的工作职责、环境等都是国际性的，经常要在异国他乡与来自全世界的人交流合作，在这种情况下，国际公务员将面临挑战，即能否适应文化的多元化，包括语言文字、宗教信仰、思维习惯等近乎全方位的多元化。这就需要国际公务员尊重不同民族语言文化习俗和传统组成的多元结构，避免发生某一种文化不能接受的任何行为。因此，如何调整自己的心态适应环境，做到内心平静、不畏艰难，尽快适应国际组织的多元文化，使自己保持良好的工作和生活状态是至关重要的一个环节。国际公务员在以包容的心态，吸收借鉴他国优秀文化，取长补短的同时，还应积极发展本民族文化，在文化交流、借鉴的基础上，推出融汇多种文化特质的国际新文化。

本章思考题

1. 国际职员与外交官的异同有哪些？
2. 国际职员的主要类型有哪些？
3. 国际职员的不同岗位要求有哪些？
4. 国际职员的素质要求有哪些？

第四章

国际公务员制度

纽约的联合国大厦、日内瓦的万国宫、维也纳的联合国城、海牙的和平宫……每天出入这些国际组织驻地的工作人员通常被称作“国际公务员”，这一称谓既反映了他们从事国际公共事务，协调各国关系的工作性质，也体现了他们具有一定特权和豁免，类似国际“外交官”的身份。国际公务员工作是世界上最有挑战性的工作，因此，也就要求最优秀的人才加入。多样化的工作意味着国际公务员将在多元的文化团队中工作，他们来自不同的文化背景，有着多元的视角、丰富的经验、广阔的前景和多样的工作方法，并需要在其职业生涯中不断变化职位、部门、地理位置甚至是组织或工作领域。作为一名国际公务员，联合国要求国际公务员除了在所有与工作相关的事务中始终保持高效率、高能力，还应当始终坚持廉洁、公平、公正、诚实。为使所有的职员都能达到这一要求，经过几十年的不断发展完善，联合国逐渐形成了一套有国际组织特色的现代国际公务员制度。

第一节　国际公务员制度的发展

一、国际公务员的产生

正如本书第一章介绍，历史上最早的国际组织是在维也纳会议上创立的莱茵河委员会，其在国际组织发展史上具有标志性意义。虽然维也纳会议确立了国际河川自由通航的原则，但管理权应归沿岸国家，因此为确保莱茵河的国际管理，各国于1816年建立了最早的国际行政组织——莱茵河委员会。该委员会由莱茵河沿岸国家组成，有制定宪章管理莱茵河使用之权。委员会开会时，原则规定每一会员国有一个投票权，但在某些场合也会考虑到各国境内河流的长短以确定投票权的数量，例如选举总视察，普鲁士的投票权占总票数的 1/3，法国与荷兰各占 1/6，而巴登、赫斯、巴伐利亚、拿骚四国共占 1/3。莱茵河委员会成立后，沿岸过境税取消，航行无阻，深为沿岸国家所称许，很快为多瑙河沿岸国家所仿效，于是在 1856 年的巴黎会议上决定设立多瑙河欧洲委员会与多瑙河沿岸国委员会。其中的欧洲委员会由英国、法国、奥地利、普鲁士、奥斯曼帝国、俄罗斯帝国、撒丁王国 7 国组成，主掌河道工作，为期两年；沿岸国委员会由奥地利、奥斯曼帝国、巴伐利亚、乌腾堡四国和保加利亚、罗马尼亚、塞尔维亚 3 个自治公国组成，为管理多瑙河的常设机构。

维也纳会议之后，随着各国经济的不断发展，世界市场的形成，人们之间联系的加强，各国间交往也不断增多，某些功能领域的国际合作需求不断高涨，以国际性常设机构协调相互关系的要求日益迫切，国际法也开始由共处法向合作法迈进，相关的国际组织应运而生，直接导致了以国际行政联盟为代表的早期国际组织的出现。国际行政联盟也被称作“万国联盟”，是对 19 世纪出现的处理非政治性事务的国际行政组织或国际事务机构的综合称谓①。这些组织除莱茵河委员会和多瑙河委员会之外，还有国际电报联盟（1865 年）、万国邮政联盟（1874 年）、国际度量衡组织（1875 年）、国际保护工业产权联盟（1883 年）、国际保护文化艺术作品联盟（1886 年）、国际铁路货运联盟（1890 年）等。它们主要致力于各国在共同利益上的实际合作，包括经济、社会、科学、文化、卫生等广泛行政技术事项，涉及卫生、农业、关税、铁路、度量衡、商标、专利权、著作权等许多领域。

国际行政联盟是现代国际组织的先导，对国际组织的发展做出了有价值的贡献，其把作为决策的大会与执行机构的理事会分设成两个机关：前者由全体会员国组成，后者由被选出的少数会员国代表组成，在大会休会期间代表大会执行政策。国际行政联盟创立了常设机关——国际事务局，它成为联合国秘书处的最早的起源，如 1865 年建立的国际电报联盟和 1874 年建立的邮政总联盟，都设有“国际事务局”，负责处理本组织的全部行政事务。但当时的秘书机构还缺乏“整体机关”和“中立机关”的特征，其工作人员往往由某一个或几个国家的国民借调组成，缺少基本的国际性和独立性。因此这些职员仍属于国家公务员，并不具有真正的国际公务员的性质，但仍不失为国际秘书处的雏形②。它们甚至没有近乎成型的机构网，工作人员也从未被授予某种特别身份，它们也没有义务要从世界各地招募自己的工作人员，各工作人员之间彼此并不存在任何组织性的联系，可以说是传统国际会议机制的简单延伸。

真正现代意义上的国际公务员出现在 1905 年的国际农业协会，其产生与美国实业家大卫·卢宾的倡议与活动密不可分。作为美国连锁店的先驱者，卢宾在 19

① 李铁城．联合国的历程．北京：北京语言学院出版社，1993：7.

② 赵劲松．国际公务员制度刍议：以联合国为视角．甘肃社会科学，2005（6）：141.

世纪 80 年代转向农业经营后经常遇到各种困难，因此四处活动，想争取社会对农业的支持，但未获成功。他深深感到，现代经济中各业利益竞争激烈，由于农民未有效地组织起来，农业与工业、商业和财政相比，处于十分不利的地位。他认为，只有发起成立一个国际组织，才能有效地保护农民的利益。当时，他的这种设想在美国得不到领导人的支持，于是他转向欧洲，在英国和法国也同样遭到冷遇，后来到了意大利，终于得到了国王埃马努埃莱三世的支持和赞助，1905 年 6 月 7 日在意大利召开了一次国际会议，通过了建立国际农业协会的公约。当时意大利国王对国际农业协会的一大支持就是赋予其办事人员与各国外交官一样的特权，从而保障了该组织的国际性和独立性——这些办事人员虽然人数不多，但已经是现代意义上的国际公务员了。而国际农业协会也成为联合国粮农组织的前身，为纪念卢宾对国际农业合作的贡献，位于罗马的粮农组织图书馆被命名为大卫・卢宾图书馆。

二、国际公务员制度的形成

第一次世界大战后国际联盟的出现，把尚处于萌芽状态的国际公务员制度向前推进了一大步，一系列人事制度的出台使在其常设机构工作的职员真正具备了“国际公务员”的条件。作为一个综合性的国际组织，国际联盟是一次意义重大的尝试，它涉及政治、经济、军事、卫生、知识合作、难民救济以及社会生活的其他许多领域，是第一个全球性的国际合作机制。国际联盟设有大会、行政院、秘书处和国际常设法院四个主要机构，附设有国际劳工局及其他许多国际事务机构或委员会。从历史发展的角度来看，秘书处是国际联盟体制中最富于创新的部分，正如弗兰克・沃尔特斯在其所著《国际联盟史》中所说，“建立一个在结构上、精神上和人员上都具有国际性的秘书处，无疑是国际政治史上最重要的事件之一，不仅因为它本身重要，而且因为它无可争辩地证明向来深信不可能办到的事现在办到了”①。秘书处是国际联盟的事务机关，职员有秘书长、秘书以及办事员等。《盟约》第 5 条规定：（一）常设秘书处设于联盟所在地。秘书处设秘书长一人暨应需之秘书及职员。（二）第一任秘书长以附件所载之人员充之。嗣后，秘书长应由行政院得大会多数之核准委任之。（三）秘书处之秘书及职员由秘书长得行政院之核准委任之。（四）联盟之秘书长当然为大会及行政院之秘书长②。

国际公务员的本质在于人员构成的国际性及其承担的国际责任。简单来说，即其秘书处雇聘的职员应来自尽可能多的国家，且这些职员应忠诚于本组织而非其国籍所在国。之前的国际会议或国际机构的秘书处，其工作人员之所以不是国际公务员就是因为缺少这种国际性和中立性，一般不是由东道国提供人选，就是由与会各国临时指派的官员所组成。而在国际联盟中，秘书处变成了一个严格的机构，其职

① 陈鲁直．联合国秘书长和维持国际和平与安全．美国研究，1995（2）：25.

② 世界知识出版社．国际条约集：1917—1923．北京：世界知识出版社，1961：269.

员来自成员国，只对本组织负责，不再是国家公务员，必须只按照联盟的利益去完成任务，必须根据独立公正的公务员誓约进行工作，不得请求或接受国际联盟秘书处以外任何政府或其他当局之训示。为保证文职人员的国际性，国联坚持独自遴选，秘书处的秘书及工作人员都应由理事会批准，并由秘书长任命，而不是由他们本国政府任命。秘书处职员构成的国际性及其应承担的国际性责任，在《国际联盟职员守则》的第 1 条中得到强调：国际联盟秘书处职员具备专属的国际性特征，他们承担的责任也是国际性而非国家性的。然而在建立国联秘书处的早期提议中，中立性被认为是不可实现的，秘书处被认为需要由不同国家的九位秘书及其职员组成，在秘书长监督下履行其职责①。

国联首任秘书长埃里克·德拉蒙德曾担任英国外交大臣，他深受英国文官制度改革中提出的《诺斯考特与崔维元报告》影响，对报告中强调的"政治效率的提高，有赖于政治中立、能力胜任的公务人员"这一原则信赖有加。他认为"（国联）秘书处办事人员一旦应任，即不复为其本国的公仆，而成为国际联盟的公仆，其职责并非国家性质，而纯属国际性质"②，这一要求在 1930 年的《职员守则》中被详细解释为：秘书处职员不得寻求或接受任何国际联盟之外的政府或其他当局的指示。其对秘书处的说明，被普遍认为是秘书处专属国际性的经典阐述："根据条约的规定，秘书长拥有选择秘书处职员的权力，就像理事会拥有批准的权力一样。在秘书长提名、任命秘书处职员过程中，首先需要考虑的是确保提名人确是能够履行该职位职责的最佳人选；同时，也需要注意考虑从不同国家的官员中选择秘书处职员，但任何国家都不能在这个国际组织的职员分配上形成独占或垄断。我所强调的'国际性'，是因为秘书处的职员一旦被任命，他就不再是其所在国家的公务员而是效力于国际联盟的职员，他们的职责性质不是国家的而是国际的。"③ 国联公务员的这种国际性也较好地体现在常设国际法庭的法官选定上，法官人数由每成员国最多选择 4 名改为固定的 11 名（后来增加为 15 名），还增加 4 名后备法官。法官不再由各国自己选定，或者由几个国家协商共同选定，而是由国联大会和行政院选举产生。

在国联的报告中，除了重申英国文官制度中所规定的政治独立、道德忠诚原则外，为保证国际文职人员的才能是第一流的，也强调了应给予秘书处工作职员一个较为持久、稳定的工作职位，待遇要超常与优厚，以保证工作的连续性。1921 年《诺贝尔梅耶报告》的出台更是使这一精神得到了制度上的确立。报告认为国际公务员的选拔应以才干为根本标准，而非国家或政治势力的推荐，其人员应来自尽可能多的国家，以体现地域分布的广度。同时，为了增强其工作的稳定、安全性，以抵抗来自国家的政治压力，国际公务员职位应确保永久性。此外，因此前并无国际

---

① Dag Hammarskjold. The international civil servant in law and in fact. Lecture delivered to Congregation at Oxford University，1961：336 - 337.

② 李铁城．联合国里的中国人．北京：人民出版社，2004：3.

③ Dag Hammarskjold. The international civil servant in law and in fact. Lecture delivered to Congregation at Oxford University，1961：336 - 337.

性组织政策经验可供借鉴，为了帮助国际联盟吸引并保留最优秀的人才，报告建议以不低于最优国家薪金标准为国际公务员的薪酬标准（当时为英国国家公务员薪金标准，后来更改为美国标准），即所谓的诺贝尔梅耶原则，从而确立了国际公务员的高薪标准。但是应当看到，由于预算等限制，在国联秘书处成立的最初几年里，国际公务员的数量不足 200 人，且大多数来自西欧国家，从这一点来看，国际公务员的国际性原则并未得到充分的体现。但是，国际联盟时期国际公务员制度的设想与实践在联合国筹备委员会的工作中得到新的发展，埃里克·德拉蒙德秘书长设想的国际公务员制度，其基本原则最终被发展并载入《联合国宪章》。

第二次世界大战后联合国的建立，使国际公务员在数量和重要性上都大大地增加，随之形成的国际公务员制度也逐渐得到完善[①]。从国际组织发展史上看，国联继承和发展了 19 世纪国际行政组织发展的成果；联合国又继承和发展了国联的成果。尽管联合国是一个崭新的国际组织，不是旧国联的再现和翻版，但必须承认《联合国宪章》与《盟约》、联合国与国联的渊源相当密切。联合国的大会、安理会和秘书处与国联的大会、行政院和常设秘书处在形式、职能和性质等方面有不少相似与相同之处。《联合国宪章》根据国联积累的经验，对秘书处有着更为明确的规定，并将其列为联合国六个主要机构之一，与大会、安全理事会、经社理事会、托管理事会和国际法院并列，具有同等重要的地位。对于国际公务员独立性与国际职责的阐述，《联合国宪章》第 100 条几乎逐字照搬了《国联盟约》的条款“不得寻求或接受本组织以外任何政府或其他当局之训示”，这一条款是在旧金山会议中由四大国提出并一致同意的。国联的经验表明，只对国际组织负责的国际公务员运作才是可行并有效的，反之，以国家政治压力侵蚀国际组织的国际性是危险的，正如德意法西斯的行动一样。”[②]

由此可见，联合国的国际公务员制度起源于联合国前身国际联盟时期对于人事制度的构想。联合国的特殊身份使得在联合国工作的国际公务员的使命也不同于一国的国家公务员。联合国的办事人员从世界各国聘用，唯才是用，忠于联合国的职守，在秘书长领导下，专诚为国际社会服务，超然独立，不听命于任何政府或其他当局，亦不受其干涉，律己从公，唯联合国利益为重[③]。在国际公务员雇聘和服务条件要求上，《联合国宪章》规定“办事人员由秘书长依大会所定章程委派之；适当之办事人员应长期分配于经济及社会理事会、托管理事会，并于必要时，分配于联合国其他之机关。办事人员之雇用及其服务条件之决定，应以求达效率、才干及忠诚之最高标准为首要考虑。征聘办事人员时，于可能范围内，应充分注意地域上之普及。”[④]“于可能范围内，应充分注意地域上之普及”并非表示政治制度或意识形态的代表性，而

① 赵劲松．国际公务员制度刍议：以联合国为视角．甘肃社会科学，2005（6）：141.

② Dag Hammarskjold. The international civil servant in law and in fact. Lecture delivered to Congregation at Oxford University，1961：333.

③ 李铁城．联合国里的中国人．北京：人民出版社，2004：2.

④ 联合国．联合国宪章．（2022－01－01）［2022－07－30］. https://www.un.org/zh/about-us/un-charter/chapter－15.

是对国联秘书处时期秘书处职员组成国际性的发展，即尽可能地实现秘书处职员不同地理范围的代表性。“效率、才干及忠诚”为国际公务员雇聘之首要标准。

三、国际公务员制度的发展

联合国成立之后，为了不断规范和完善国际公务员制度，1949年，联合国决定成立国际公务员制度咨询委员会，由9名外界专家组成，商讨招聘、雇用准则以及薪酬津贴等人事规则，向行政协调委员会①提供建议。随后1952年，联合国的国际公务员制度咨询委员会第四次会议依照各专门机构行政首长的要求（行政协调委员会），审议国际公务员行为标准问题，认为此问题关系到国际组织能否顺利实现其宗旨。1954年，国际公务员制度咨询委员会编写《关于国际公务员行为标准的报告》，对国际公务员的行为准则做出具体规定，以帮助工作人员和各组织行政首长更好地了解《联合国宪章》和《工作人员条例和细则》对工作人员行为所规定的义务。到了20世纪70年代，由于联合国的人事制度日趋复杂，加之各国货币贬值，外汇汇率波动剧烈，在世界各地工作的国际公务员薪资津贴需要频繁调整。为了解决这些问题，规范联合国的各项人事制度，加强协调以确保国际公务员的合法权益，1975年联合国大会决定将国际公务员制度咨询委员会正式更名为“国际公务员制度委员会”，目的在于辅助联合国共同制度演进为单一且统一的国际公务员制度，从而将国联的这一做法向前推进了一大步。

国际公务员制度委员会是一个由联合国大会组建的独立的专家组织。它的主要目标是管理、协调联合国薪金、津贴和福利，以及共同制度内各国际组织中国际公务员的工作和服务，同时保证和提高国际公务员的工作水平和服务质量。委员会中15个专家各尽其能，各司其职，他们均由联合国大会指派，任期是4年，至于会期，全体会议是一年两次。只有主席和副主席是长期驻纽约办事处的，其他专家并不是常驻性质的。国际公务员制度委员会章程第1条规定：“委员会应对联合国和参加联合国共同制度并接受本章程的专门机构和其他国际组织执行其任务。迄今已有16个组织（国际劳工组织、联合国粮农组织、联合国教科文组织、国际民用航空组织、世卫组织、万国邮政联盟、国际电信联盟、世界气象组织、国际海事组织、世界知识产权组织、国际原子能机构、联合国工业发展组织、世界旅游组织、国际海底管理局、国际海洋法法庭和全面禁止核试验条约组织筹备委员会）接受了委员会章程，并与联合国秘书处一起参加了联合国薪金、津贴和福利共同制度。另外一个组织（国际农业发展基金会），虽未正式接受章程，但全面参加委员会的工作②。还需要指

---

① 联合国系统内实行共同制度的国际组织设立的机构，后改名为“行政首长协调理事会”。以联合国秘书长为主席，其他组织的行政首长为成员，每年召开两次会议，商讨行政部署及人事财务等问题的协调事宜。

② 联合国大会决议A/77/30. 国际公务员制度委员会2022年度报告.（2022-08-12）[2022-08-20]. https://documents-dds-ny.un.org/doc/UNDOC/GEN/N22/459/72/PDF/N2245972.pdf? OpenElement.

出的是，这个联合国薪金、津贴和福利共同制度的成员并不仅仅包含加入公务员制度委员会的组织，一定数量的国际组织也应用这个制度，只不过没有正式参加。而在某种程度上，国际公务员制度委员会的服务对象是所有联合国薪金、津贴和福利共同制度系统的成员。

随着秘书处的规模越来越大，工作人员从 1946 年的 1 546 人增加到 1986 年的 11 423 人，但机构重叠、人浮于事、铺张浪费、效率低下等问题越来越严重，引起会员国的不满①，因此联合国公务员制度的改革势在必行。1985 年 12 月，第 40 届联合国大会决定成立由 18 人组成的政府间高级别专家工作小组，研究联合国行政和财务改革问题，该小组最后提出的报告主要涉及秘书处的改革。1986 年第 41 届联合国大会根据该专家工作小组提交的报告，通过了第 41/213 号决议，决定联合国从 1987 年开始，进行为期 3 年的改革，主要目标是：(1) 改革机构设置，避免职能重叠；(2) 裁撤冗员，在 3 年内减员 15%；(3) 精简会议，限制会议文件的发放；(4) 改革预算程序，采取会员国协商一致办法确定预算的水平，增加预算的透明度②。20 世纪 90 年代初，加利担任联合国秘书长不久即对秘书处进行改组，裁减了一些高级职位，把决策过程集中在 8 个副秘书长管辖之下的总部 7 个关键部门。1995 年，加利又提出了秘书处改革的 6 点计划：减少联合国的官僚机构，将秘书处的职位再精简 135 个，将经常性预算降到零水平；成立内部监督服务办公室，加强对财务等内部各项工作的监督和检查；加强内部司法程序，应对滥用权力的情况；改善联合国财政状况，克服财政危机；改善联合国经济和社会部门的活动，加强对发展努力的协调③。

冷战结束以后，国际关系格局发生了深刻的变化，经济全球化和国际社会无政府状态之间的矛盾进一步加剧，这就给联合国的工作带来了更多的挑战。因此，一个高效廉洁的秘书处对于联合国来说更是必不可少的。为了应对这一形势的变化，秘书处也进行了一些改革，目的是使本组织的工作方案重点更明确、规划和预算编制制度更简单，并能够提供更好的服务。例如，1997 年启动了秘书处结构改革一揽子计划；2001 年修订了 1954 年的《国际公务员行为标准》，详细列举了国际公务员的 50 条行为标准；2002 年采取了管理和技术性改进措施；等等。2005 年 3 月，联合国秘书长安南在提交的名为《大自由：实现人人共享的发展、安全和人权》(以下简称《大自由》) 的改革报告中，也提及了联合国秘书处的改革方案，明确提出了对联合国工作人员的要求，即：(1) 适应 21 世纪新的实质性挑战；(2) 具有管理复杂的全球性业务的实力；(3) 承担责任。同时，采取措施调整秘书处的结构，保证达到《联合国宪章》第 101 条第 3 款规定的“效率、才干及忠诚之最高标准”，以及“在征聘办事人员时充分注意地域上之普及”，并确保男女工作人员

---

① 李铁城．世纪之交的联合国．北京：人民出版社，2002：326.
② 张海滨．联合国改革：渐进还是激进．国际政治研究，2005 (3)：46.
③ 李铁城．世纪之交的联合国．北京：人民出版社，2002：245.

之间的合理平衡①。这些表明国际公务员制度在联合国改革的大环境中不断完善和发展。

在专家工作小组及《大自由》改革报告出台后，各国领导人于2005年世界首脑会议上又要求提出几份具有划时代意义的报告。第一份报告于2006年3月提出"着力改革联合国：构建一个更强有力的世界性组织"。这份报告勾勒出之后3至5年秘书处管理改革的宏大愿景。2006年下半年，又有3份报告出台，对这一愿景做了详细论述，这3份报告是：关于"全面审查治理和监督情况"的报告、"联合国内部司法系统重新设计小组"的报告，以及"联合国全系统一致性问题高级别小组"的审查报告。这3份报告都对具有关键重要性的管理程序和结构提出了影响深远的建议，为联合国的工作开辟出全新的途径。也是在2006年7月，由外部司法专家组成的重新设计小组提交了联合国内部司法系统审查报告。重新设计小组认为，现有的内部司法系统"不合时宜，运作不良，效力低下，缺乏独立性"，所以建议设计一个全新的司法系统，要使它"具有专业水平，具有独立性，实行分权制"。秘书长对这一报告表示欢迎，在同工作人员密切协商，并且计算出所提议的新系统所需的经费总额之后，于2007年向联大世界首脑会议第一次续会提交了对这一报告的回应。

近年来，面对复杂的国际合作事务，联合国更是进一步加强了对国际公务员的管理，建立了一套以问责制为基础的廉政制度，通过确保责任到位、各司其职，从而做到有章可循，堵住政策漏洞，使整个联合国系统接受会员国和服务对象的360度问责，以维护国际组织的权威和提高效率。问责制涉及从方案规划、预算制定、执行监测、审计审查、评价方法等一系列内容，并设有专门的业务转型和问责制司，实行成果管理制和企业风险管理制两种办法。例如在规划和预算方面，联合国遵循严格的监管框架，包括大量的报告要求，并由方案和协调委员会、行政和预算问题咨询委员会以及审计委员会进行监督。在系统监测和执行层面，联合国通过公共部门会计准则和企业资源管理系统（"团结"系统）的使用，通过统一标准化的管理，使管理人员和会员国具备提供实时信息（包括战略业绩指标）的业务能力，不仅有助于行政决策，而且有助于系统监测。在审计审查方面，联合国系统实行内外监督并行的方法，会定期选取不固定的部门、企业和会员国进行相同内容的审计，以最大化地杜绝腐败。在业绩管理方面，联合国在给管理人员制定一致评价框架的基础上，会通过业绩指标的完成情况来考核管理人员；对于高级管理人员，还会通过加强契约的方式，管理目标和业绩计量的合规情况，以预防腐败欺诈、有效实施权力下放制度。在风险管控方面，联合国通过企业风险管理和内部控制框架方法的实施，指定企业风险所有人，对全秘书处进行风险评估，以应对欺诈等风险。正是通过这一系列问责制度的实施，确保了联合国的工作能够在统一标准化的流程下，全程实施监测审查，公开透明地运作，从而抑制腐败的滋生。

为了更好地实施问责制，联合国也完善了相应的机构建设。联合国大会下设的审

---

① 赵劲松．联合国与国际公务员法律制度的发展．外交评论（外交学院学报），2006（4）：2.

计委员会负责审计联合国项目；联合检查组负责审查贯穿各领域的问题，以提高联合国系统的运作效率；秘书处下设的内部监督事务厅主要通过内部审计、检查、评价和调查服务以加强内部监督；高管业绩委员会负责加强高级管理人员的契约，以预防欺诈、有效实施权力下放制度；独立审计咨询委员会负责协助大会履行监督职责，包括监督内部监督事务厅的工作结果，并处理风险管理和内部控制问题；管理战略、政策及合规保障部负责方案规划、预算、人力资源、招聘、采购等事宜，能够利用名为“团结”的企业资源规划系统，对整个秘书处所有财务、供应链和采购、信息和通信技术、人力资源管理等活动进行实时监控、评价和绩效管理。除此之外，近年来，联合国还通过开展一系列人力资源管理改革，从机制和职能上预防腐败、提高工作效率。

事实上，任何组织和国家体系都或多或少存在一定的局限性，联合国作为一个国际性的综合组织也不例外。联合国本来是为了处理第二次世界大战后的国际合作事务而创建的，以维护国际和平为己任，然而随着历史的发展，受国际组织内部及国际环境变化等一些客观因素影响，其制度开始暴露出越来越多的问题：政治上，联合国是一个多边主义机构，近年来却被“单边主义”所干扰；经济上，南北差距进一步扩大；组织上，秘书处从机构设立、人员配备到行政管理，已不适应时代的变化（腐败丑闻）；机制上，特别是冷战之后，联合国面临许多矛盾，否决权有可能被滥用，既有种族、领土这样的传统矛盾，也有环境、贩毒、人口买卖、妇女平等、儿童健康、艾滋病等诸多非传统矛盾，需要联合国具有新的思维和应对能力。因此各国领导人认识到，有必要继续推进联合国正在进行的改革，以提高联合国在各国开展的工作的有效性和一致性，做出更好的业绩，以期进一步加强联合国业务活动的管理和协调，使其为实现国际商定的发展目标（包括千年发展目标、可持续发展议程）做出更加有效的贡献。而这一改革工作的主要挑战所在，就是发展、人道主义援助和环境等三个领域，同时也要考虑到两性平等、可持续发展和人权等跨领域的问题。这一切工作的基础都要求联合国有一套行之有效的廉洁高效的国际公务员制度。

第二节　国际公务员的法律规范

一、《联合国宪章》的有关规定

联合国的建立开创了国际组织发展的新阶段，是国际组织发展历程中的一个高峰。联合国的诞生和《联合国宪章》的制定是现代国际关系史上的一件大事，也是二战后规划和平体制的一项重大成就，它反映了各国民众的和平愿望。从现实政治看，联合国是大国在国际事务中发挥主导作用的产物，又是中小国家积极合作与配合的结果①。《联合国宪章》作为联合国组织的总章程，除序言和结语外，共分 19

① 张贵洪．国际组织与国际关系．杭州：浙江大学出版社，2004：44.

章111条，其开宗明义的第一句话是："我联合国人民同兹决心欲免后世再遭令人类两度身历惨不堪言之战祸"①，表明联合国创立的首要目标是维持国际和平及安全。联合国的宗旨是：（一）维持国际和平及安全；并为此目的：采取有效集体办法，以防止且消除对于和平之威胁，制止侵略行为或其他和平之破坏；并以和平方法且依正义及国际法之原则，调整或解决足以破坏和平之国际争端或情势。（二）发展国际间以尊重人民平等权利及自决原则为根据之友好关系，并采取其他适当办法，以增强普遍和平。（三）促成国际合作，以解决国际间属于经济、社会、文化及人类福利性质之国际问题，且不分种族、性别、语言或宗教，增进并激励对于全体人类之人权及基本自由之尊重。（四）构成一协调各国行动之中心，以达成上述共同目的。

为了维护国际和平并确保联合国的顺利发展，《联合国宪章》第二条还规定了联合国机制中国家应该遵循的权利和义务，即包含七项原则的行为准则。即：（1）会员国主权平等。联合国的所有会员国都是平等的，联合国大会实行的"一国一票"制正是这一原则在程序和制度上的体现。（2）善意履行宪章义务。会员国所享有的权益必须与其所履行的义务相联系，而任何国际义务都只有在依据国家主权原则、自愿承担的情况下，才具有国际法上的约束力。（3）和平解决国际争端。和平方法，一般包括谈判、调查、调停、和解、仲裁、司法解决、利用区域协定等。（4）不使用武力。这是联合国对国际联盟盟约和国际法非战公约中"不从事战争"承诺的重申。（5）集体协作。当出现国际和平与安全面临威胁或出现侵略行为，联合国安理会决定采取制裁或军事行动的时候，各国应该依据特别协定，为联合国的行动提供所需要的军队、协助及便利，包括越境权。（6）确保非会员国遵行宪章。（7）不干涉别国内政。这一原则给联合国的管辖范围划出了一个界限。这些原则使联合国能够成为国际交往的协调者，确保其成为国际合作的中心。

事实上，《联合国宪章》不仅确立了联合国的宗旨、原则和组织机构设置，维护世界和平与安全的基本原则和方法，更重要的是规定了联合国职员尤其是联合国秘书长的责任、权利和义务等。这些内容主要包含在《联合国宪章》第十五章关于秘书处的规定中，具体摘录如下：

第九十七条

秘书处置秘书长一人及本组织所需之办事人员若干人。秘书长应由大会经安全理事会之推荐委派之。秘书长为本组织之行政首长。

第九十八条

秘书长在大会、安全理事会、经济及社会理事会，及托管理事会之一切会议，应以秘书长资格行使职务，并应执行各该机关所托付之其他职务。秘书长应向大会提送关于本组织工作之常年报告。

---

① 联合国．联合国宪章．(2022-01-01) [2022-07-30]. https://www.un.org/zh/about-us/un-charter/chapter-1.

第九十九条

秘书长得将其所认为可能威胁国际和平及安全之任何事件，提请安全理事会注意。

第一百条

一、秘书长及办事人员于执行职务时，不得请求或接受本组织以外任何政府或其他当局之训示，并应避免足以妨碍其国际官员地位之行动。秘书长及办事人员专对本组织负责。

二、联合国各会员国承诺尊重秘书长及办事人员责任之专属国际性，决不影响其责任之履行。

第一百零一条

一、办事人员由秘书长依大会所定章程委派之。

二、适当之办事人员应长期分配于经济及社会理事会、托管理事会，并于必要时，分配于联合国其他之机关。此项办事人员构成秘书处之一部。

三、办事人员之雇用及其服务条件之决定，应以求达效率、才干及忠诚之最高标准为首要考虑。征聘办事人员时，于可能范围内，应充分注意地域上之普及①。

由此可见，《联合国宪章》首先赋予了秘书长管理秘书处的权力，确定了秘书长为联合国最高行政长官，秘书长有委派秘书处办事人员及维护国际和平的权力。但是，《联合国宪章》毕竟只是规定了秘书长和国际公务员的大的方针和标准，很多规定是不清晰的。例如在秘书处的组成及国际公务员的标准上，只是对任职资格提出了“应以求达效率、才干及忠诚之最高标准为首要考虑”，没有具体的制度规定，而在选拔方式上也只要求注意地域上的普及，其他的均没有规定②。因此，在联合国的发展过程中，必然需要有更具体的规章制度来规范国际公务员的工作，以使国际组织的各项活动做到有法可依，这主要是通过《国际公务员行为标准》和《联合国特权与豁免公约》来实现的。

二、《国际公务员行为标准》

国际公务员虽然产生于20世纪初，发展于第一次世界大战后的国联时期，但直到1945年联合国成立后，才逐渐建立起一套完整的国际公务员制度体系。先是在1949年，联合国成立了国际公务员制度咨询委员会，该委员会于1954年颁布了《国际公务员行为标准》(Standards of Conduct 1954)，初步规定了国际公务员的具

① 联合国．联合国宪章．(2022-01-01) [2022-07-30]. https://www.un.org/zh/about-us/un-charter/chapter-15.

② 联合国．联合国宪章．(2022-01-01) [2022-07-30]. https://www.un.org/zh/about-us/un-charter/chapter-15.

体聘用方法和执行标准，成为半个多世纪以来指导国际公务员的重要文件。1974年，国际公务员制度咨询委员会升级为“国际公务员制度委员会”，全面负责国际公务员聘用、管理、晋升等人力资源管理问题。冷战结束以后，为了满足变化后世界的需要，国际公务员制度委员会在2001年决定通过经修订的《国际公务员行为标准》（以下简称《行为标准》），并建议联合国大会以及其他参与组织的立法机关予以采纳。联合国大会第56/244号决议对新的《行为标准》表示欢迎，通过了该标准的修订。之后的2009年，国际公务员制度委员会在第六十九届会议上，请秘书处与各组织及工作人员联合会合作，开展对《行为标准》的审查，以确保这些标准符合各组织的需要，并确定可能需要更新的方面。经过几年的努力，国际公务员制度委员会修订了之前的《行为标准》，自2013年1月1日起实施经修订的《行为标准》。

《行为标准》主要是为了反映国际公务员的最理想行为标准和举止。因此，这些标准通过阐明构成国际公务员道德，和为人处世基础的一些基本原则，为共同制度各组织的工作人员提供了说明、解释和激励的标准。《行为标准》指出，联合国及其附属和专门机构，体现了世界人民的最崇高的愿望，其宗旨在于使子孙后代免受战乱，并且使人们充满尊严、自由地生活。国际公务员制度的存在，就是为了将这些理想目标在人类现实世界中实现，是《联合国宪章》中规定的“效率、才干及忠诚”这三大最高标准的具体体现，它参照了西方国家的公共行政模式，体现了国际公务员制度的才能、公平、公正、独立、正直、谨慎等主要原则。具体来说，《行为标准》和《工作人员条例和细则》所涉及的国际公务员规定如下：

1. 指导原则。国际公务员行动的指导原则与联合国组织遵奉的价值是一致的，包括尊重最基本人权，社会公平正义，人格尊严价值，尊重个体之间、大小国家之间的平等权利等。国际组织职员只有信守这些理念，才能使其忠诚并捍卫所在国际组织的价值，才能自觉将组织利益置于个人利益之上的地位，才能保证以负责任的态度使用其所属组织的资源。除了《联合国宪章》中所载明的“效率、才干及忠诚”之外，《行为标准》还要求国际公务员具有诚实、真实、公正和廉洁等品格，要具有宽容、谅解、节制和不歧视的品质，以实现对组织的忠诚和公正性、独立性。

国际公务员的效忠对象不是各国的政府，而是对国际组织负责。国际公务员就职后，其职责将是秉持中立公正立场，不再听命于任何国家，而完全服从国际组织，一旦接受任命，他们将发誓履行他们的职责并遵循相关国际组织的行为准则。他们必须听命于该国际组织首长的指令和服从其权威，按国际组织首长的分配从事相关工作。为此联合国职员在被录取的同时，要在秘书长或其授权的代表作证下进行如下宣誓：“我郑重声明并承诺：本着忠诚谨慎、正心诚意执行联合国国际公务员的职务；律己从公，只为联合国的利益着想；在执行职务时，决不寻求或接受任何政府或本组织以外任何当局的指示。我还郑重声明并承诺：履行《工作人员条例和细则》规定我应尽的义务。”

2. 工作原则。国际公务员在日常工作过程中，应当努力营造一种和谐、融洽、积极向上的工作氛围。尤其是就管理人员而言，其身处领导职位，有责任和义务在相互尊重的基础上构建一个和睦的工作环境。国际公务员必须遵循所收到的与其职务有关的指示，如果有任何违反行为规则、影响其履行使命的变化或国际职员完整形象的情况出现，必须及时书面通报国际组织的首长。如若他们发现上级某项指示与《联合国宪章》或任何其他章程、理事机构决定或管理细则和条例存在不符的疑问，应当先征求主管人员的意见。国际公务员不得滥用权力，或以冒犯、羞辱或恐吓他人或使其难堪的方式使用自己的权力。另外，国际公务员必须避免出现以任何形式或类别的骚扰行为，因为任何骚扰行为都是对人类尊严的挑战和蔑视。当然，国际公务员有权拥有不受各种形式骚扰的工作环境。最后，当秘书长及其办事人员履行职能时，不得请求或接受本组织以外任何政府或其他当局的训示，并应避免足以妨碍其国际官员地位的行为。秘书长及办事人员只能对本组织负责。

此外，在涉密问题上，国际公务员不能利用其所处职务便利，利用未公开的组织资料谋取个人私利，同时在离职后应当继续履行相关的保密义务。工作人员对所有公务事项应行使最大的酌处权。除在履行职责过程中或经国际组织相关部门领导授权外，他们不得将因其官方职务而获知但未公开的任何资料送交任何个人、政府或其他实体。除非得到书面批准，他们在任何时候都不得将这些信息用于私人利益，也不得根据这些信息公开发表任何信息。这条规定，也适用于各种机密信息，国际公务员有责任按程序处理保密信息的保管、发布或披露。专利、归属和利益，包括所有版权、专利和任何物质性产品和发明，只要由国际组织任何成员在任职期内得到的，应当归属于国际组织，这些权益、所有权或利益都不能归个人占有。

3. 个人行为。国际公务员就任后，须无条件向国际组织首长提供与工作职位相关的任何信息，旨在让首长了解其胜任相关工作的实际情况。国际公务员首先需要谨慎处理有关个人利益的问题。如果国际公务员的个人利益妨碍其履行公务，或令人质疑国际公务员身份所需的正直、独立和公正品质时，则可能发生利益冲突。利益冲突现象可产生自国际公务员个人或家庭同第三方、个体、受益者或其他机构的交往。如果确实出现利益冲突或出现可能的利益冲突，就应以最符合组织利益的方式披露、处理和解决所涉冲突。国际公务员不应公开表达个人的不满或批评其所在国际组织。

例如，在进行职业外的活动时，国际公务员必须遵守下列规定：(a) 国际公务员未经国际组织事先核准，不得从事任何连续或经常的外部职业或雇用。(b) 仅持有商业公司的股票或持有商业实体的其他类似的股份，不构成《工作人员条例和细则》中所指的财务利益，除非该等持股构成对相关商业公司或实体的实质性控制。(c) 除在正常公务过程中，并经国际组织相关领导事先核准外，工作人员不得做出下列任何一项与国际组织宗旨、活动或利益有关的行为：通过电视、电台或其他媒体发表声明；接受演讲；参加电影、照片、戏剧、广播或电视制作；提供文章、书籍或其他资料供出版。

在处理具体利益冲突方面的相关规定如下：(a) 工作人员不应使自己或其家属直接或间接地从与国际组织做生意的某一实体的联系中受益；(b) 工作人员应避免

让其公共职责与私人利益之间出现冲突。对于任何可能使他们处于冲突的情况，他们应退出参与审议的程序，并不得参加任何可能妨碍其履行公务和责任的活动。(c) 私人利益不限于财务收益或对工作人员产生直接个人收益的利益，如果这些利益可以合理地认为可能损害工作人员履行其公务和责任。(d) 工作人员必须查明和披露可能与其公务相冲突或似乎相冲突的任何利益。一旦工作人员发现或怀疑有利益冲突，他或她必须以书面形式向他或她的主管和主任，以及人事司司长披露有关细节，司长将向内部审计员提供一份披露的副本。以这种方式披露的任何信息都应被视为机密。(e) 涉及处理职员投资事务的委员会的管理人员，或直接访问需要采购或对投资信息特别敏感账户的任何管理工作人员，应特别警惕潜在利益冲突，在行使自己的职责时，需要按照上面段落报告此类潜在的利益冲突。

为了维护国际公务员制度的形象的正当性和权威性，国际公务员未经国际组织行政首长批准，不允许私自接受组织以外的任何荣誉、勋章、馈赠、薪酬、好处或超出标价的经济利益，不应在任职联合国系统组织之前、期间或之后，接受政府或任何其他主体给予的相关利益。只有在例外情况下，并在这种接受与国际组织相关条例的条款和作为国际公务员的地位不相抵触的情况下，才可予以批准。具体条款有如下细则：(1) 不接受外部来源的任何荣誉、装饰、恩惠、礼物或报酬。(a) 工作人员未经批准，不得接受外来的任何荣誉、装饰、恩惠、礼物或报酬。(b) 如果荣誉、勋章、优待、礼物或报酬来自某一政府，则不得批准，但任用前获得的国军勋章除外。(c) 如果荣誉、勋章、优待、礼物或报酬来自非政府来源，只有在例外情况下，并在这种接受不违反《工作人员条例和细则》的条款，和个人作为国际公务员的地位的情况下，才可予以核准。(2) 上述规定，将不妨碍核准接受：学术奖项；偿还其他核准活动的旅费和生活费用；纪念性或荣誉性质的象征，如卷轴和奖杯。

4. 处理好各方面关系。在处理与政府的关系上，国际公务员绝对不被允许为了达到个人目的（自己或他人升迁，改变对己地位不利的决定等），而游说或寻求政府代表或立法机构成员给予支持。国际公务员应当明确其既不是本国在本组织内的政府代表，也不是所在组织与本国政府的联络员。但是，全体国际公务员都担负明确的义务，就是与各国政府维持尽可能良好的关系，避免任何可能损害这种关系的行为产生。例如，他们不应对某国内部政策或事务试图进行干预，更不允许通过个体或群体性的批评方式，使某一国家政府名誉遭受损害。国际公务员都有责任和义务充当所在组织的形象宣传员，推动普通公众进一步了解组织的基本情况及理念，为国际组织工作的开展创造更加有利的环境。

国际公务员应当视自己为所属组织的代言者，避免提出个人想法和观点，任何情况下都不得利用媒体来谋取私利，表达个人不满，擅自透露信息或企图影响其所属组织的决策。国际公务员应避免采取任何可能对其中立地位或该地位所要求的正直、独立性和公正性产生不利影响的公开声明。虽然不指望他们放弃其民族感情或其政治和宗教信仰，但他们应始终牢记因其国际性的地位而应采取的谨慎和机智。他们不应参与任何商业经济利益，如果他们的参与使得国际组织所促进的利益出现关切或疑问，或可能获得额外的好处，将予以回避。任何国际职员如果是以其国际公务员身份，参与处理一些可能涉及他自己相关经济利益的商业机构的任何事项时，应立即向国际组织领导报告该利益的性质和数额。

三、国际公务员的特权与豁免

国际组织是国际政治经济发展到一定阶段的产物，是国家间进行多边合作的一种法律形态。为了更好地实现国际组织的基本运转，履行成员国赋予的使命，其工作人员往往需要拥有基于职能需要的特权与豁免。国际组织要实现其目标，首先需要保证组织能够具有一定独立性和自主性，因而需要确保国际组织不受任何成员国干预，为此就需要国际组织被赋予豁免于任何成员国的国内管辖和相应的执行措施，即相应的特权与豁免权。当然，由于国际组织种类繁多、性质不一，一般拥有特权与豁免的也只限于政府间国际组织。

国际公务员的本质特征是其国际性和独立性，没有这一最根本的特点，就没有国际公务员可言。因此，国际公务员在工作中以联合国宗旨为第一要义，具有超国家的国际性，与之相对，由各成员国派遣到国际组织的代表是国家外交官，是国家公务员，直接受命于本国政府，在国际组织中代表本国的意志，并为本国利益服务。现实中，各个国际组织都对其组织内的国际公务员性质做出过明确规定，同时要求各成员国尊重其职员的国际性和独立性。国际公务员不得寻求或接受任何政府或国际组织以外的任何其他当局的指示，也不得从事与履行其职务要求并不相称的活动，特别是不能从事影响其国际地位或这种地位所要求的独立性的活动①。如联合国《工作人员条例和细则》1.1（f）规定：联合国根据《联合国宪章》第一百零五条享受的特权和豁免，是为本组织的利益而授予工作人员。享受此项特权和豁免的工作人员不得借此而不遵守所在国的法律法规，也不得借此而不履行私人义务。特权和豁免的适用发生问题时，工作人员应将问题立即报告秘书长，只有秘书长可以按照有关文书决定此项特权和豁免是否存在，是否应该放弃②。

国际组织的特权和豁免是按照国际组织基本文件、国际条约或有关协定，为使国际组织及其人员在东道国能够有效地执行职务，而由东道国给予的特别权利和优惠待遇的总称。与此同时，豁免也是一种特权，是特权的主要的并且最重要的部分，实践中两者往往交织在一起，将两者并提也是一种习惯性说法③。以联合国为例，1947 年 6 月 26 日，联合国秘书长和美国国务卿签订了有关处理联合国总部的特权及豁免的协定，该协定于 1947 年 11 月 21 日生效。根据总部协定，联合国有

---

① 赵劲松．略谈国际公务员的特权与豁免制度．武汉科技大学学报，2009（4）：21.

② 联合国．工作人员条例和细则 1.1（f）．（2021－01－24）［2022－06－18］．http://www.un.org/chinese/staff/rule/4.htm.

③ 周忠海．国际法．北京：中国政法大学出版社，2013：87.

权就总部辖区制定必要的管理规则；总部地址享有一定的特权与豁免；总部地址归联合国所有，是国际领土；联合国或专门机构的首席代表以及该协定第 15 节所列人员，无论住在会址内或会址外，均应在美国境内享有在美外交使节同等的特权及豁免①。所以只要是联合国各机构代表和出席联合国各类会议的成员国代表，或是联合国官员和执行相关任务的专家，均享有相应特权与豁免，而秘书长、各副秘书长、专门机构的行政首长及其他高级官员还应享有与各国外交官同样的特权、豁免以及便利。

目前，涉及联合国国际公务员特权与豁免的制度已经相对成熟。依据《联合国特权和豁免公约》第 5 条和《联合国专门机构特权和豁免公约》第 6 条、第 7 条之规定，国际公务员所享有的特权和豁免的主要内容包括：(1) 其以公务身份发表的正式或非正式的言论，以及其实施的所有行为均豁免法律程序；(2) 其从联合国所获薪酬无需纳税；(3) 豁免国民服役的义务；(4) 国际公务员本人及其配偶和受扶养亲属，不受移民限制和外侨登记限制；(5) 联合国驻相关国家使馆的一定级别的国际公务员，拥有外汇便利权；(6) 国际危机爆发时，其本人、配偶及其受扶养人享有和外交使节相同的遣送返国便利；(7) 其首次到任驻在国使馆时，可以在免纳关税情况下运入家具和相关用品。另外，秘书长和各助理秘书长及其他高级官员本人、配偶、未成年子女，都拥有同外交使节、其配偶和未成年子女一样的特权、豁免、免除和便利。

联合国的国际公务员在行使其特权和豁免的时候，主要通过持有联合国通行证来实现。联合国通行证（United Nations Laissez-Passer）是联合国和各专门机构依据《联合国特权和豁免公约》和《联合国专门机构特权和豁免公约》的相关规定，向本机构职员颁发的具有护照效力的联合国工作成员国际公务旅行的身份证明文件，通常被称为“联合国护照”。持有人享有《维也纳外交关系公约》赋予进行国际公务活动时外交人员的所有豁免和特权，一般联合国及相关机构都会建立一套很严格的制度来管理和颁发联合国护照，在联合国工作的顾问、专家或按临时合同工作的人员，都不能持有联合国护照。

联合国工作人员，只有长期合同并由国际招聘的职员，才能获得联合国护照，当地雇员通常不能得到联合国护照。另外，有些国家也会对联合国护照持有人采取不同的规定，例如美国就对许多国家的联合国护照不承认，在这些国家的国际职员出差美国申请签证时，只承认原有国家颁发的护照，而不能用联合国护照。中国也不承认中国籍国际职员持有的联合国护照。中国籍国际职员回国出差等，必须使用中国护照。联合国护照一般只有半年或一年的有效期限，可以根据实际的国际旅行情况要求延期。但离开工作岗位时，必须交回护照，管理非常严格。任何丢失联合国护照的事件，都是重大安全事故，将会由联合国安全部门进行独立的调查和处理。任何联合国护照持有职员在国际旅行时，都必须同时携带本国的护照，一些国

① 梁西．国际组织法．武汉：武汉大学出版社，2001：111.

家也会要求同时审查两本护照的有效性。

联合国通行证分为红皮、蓝皮两种，分别相当于外交护照和公务护照。红皮通行证颁发给秘书长、副秘书长和助理秘书长，联合国 D－2 级以下相当于局办公室主任和驻外国新闻处主任的职员；蓝色通行证颁发给联合国和各专门机构的一般职员，有时也会颁发给作为联合国形象大使的一些名人，以表彰他们对联合国做出的贡献。通行证内请求页内容为“联合国秘书长请各国有关机关给予持证人职位所享有的礼遇、便利、特权和豁免，并妥为照料，遇事协助，以便利其行程和职务的执行”。通行证为联合国所专有，除经联合国或各国政府主管官员外，不允许擅自涂改、增订、盖印或批注，一经涂改，证件无效。通行证若遗失或毁坏，持证人应当将相关事实情况汇报至总务厅购置和交通处，经后者调查属实后，重新给持证人补发。

一般来讲，外交特权与豁免体现了一国对他国主权的尊重，是不能放弃的。根据《维也纳外交关系公约》的规定，外交特权本质上属于外交代表所代表的国家，不属于其个人，因而外交代表不能单方面宣布放弃外交豁免，只能由派遣国宣布放弃，而且必须明示宣布放弃。但是，国际组织职员的特权和豁免可以通过最高行政长官来宣布放弃，如《联合国特权和豁免公约》第 20 节之规定“特权和豁免是为联合国的利益而给予职员，并非为关系个人本身的私人利益而给予他们。秘书长于认为任何职员的豁免足以妨碍司法的进行，而抛弃豁免并不损害联合国的利益时，有权利和责任抛弃该项豁免。安全理事会有权为秘书长抛弃豁免。联合国有义务与会员国主管当局合作，确保其职员遵守东道国的法律规章，防止任何滥用特权与豁免情势的发生”①。因此，国际社会和相关国家赋予国际组织的豁免和特权，是为了国际组织的利益而给予的。享有这些特权和豁免的工作人员，没有理由不履行其私人义务，或不遵守法律和警察条例。在任何情况下出现这些个人特权和豁免冲突的情况，工作人员应立即向国际组织报告，而国际组织也应酌情与相关国家或机构协商，决定是否放弃这些特权和豁免。

联合国对 2003 年“石油换食品计划”失职者的处理验证了这一规定。2005 年 8 月初石油换食品计划独立调查委员会发表了一份中期报告，报告要求安南秘书长同意执法部门对报告中的两名当事人塞万和雅科夫列夫提请的调查和起诉要求，两位国际公务员塞万和雅科夫列夫皆有过失，塞万收取总计 14.718 4 万美元的回扣，雅科夫列夫收受的回扣更是高达 95 万美元，前者因涉嫌受贿和合谋诈骗被美国联邦法庭起诉，而后者于 2005 年 8 月 8 日向联邦调查局（FBI）特工自首，对索贿、欺诈和洗钱等三项罪名供认不讳②。因此委员会要求秘书长取消他们的外交豁免权，以便进行刑事起诉。随后，安南秘书长采取行动取消了雅科夫列夫的外交豁免权，联合国内部事务监督厅和南纽约地区法院进行了联系，说他们已经发现了雅科

① 中国政府已于 1979 年 9 月 11 日向联合国秘书长交存加入书，同时声明对《联合国特权和豁免公约》第 8 条第 30 节持有保留。该公约于 1979 年 9 月 11 日对中国生效。

② 联合国高官自首换“怜悯”．武汉晨报，2005－08－10（4）.

夫列夫刑事犯罪的证据，并和法院共享这些证据。至于塞万，联合国内部对他的调查结束后，规定他不能再拥有国际组织人员持有的G-4签证，这也就是说，他在返回美国接受刑事起诉时，必须持有其他类型的签证。另外，2006年8月31日印度籍联合国官员巴赫尔因涉嫌采购弊案被联合国内部监督事务厅正式指控行为失检，并从当天开始被联合国停薪停职。随后，安南收到了美国有关当局要求联合国取消巴赫尔不受驻在国法律处理的外交豁免权的请求，2006年11月安南取消了巴赫尔的外交豁免权。从这些联合国官员腐败案的处理中可以发现，为了维护国际组织的声誉，联合国采取了放弃豁免的方式，毕竟其特权与豁免是建立在职务需要的基础之上，而国际公务员的涉案行为已经不在职务需要的范围之内了。

第三节　国际公务员的薪金福利

总的来说，联合国工作人员的工资待遇还是十分优厚的。具体来看，联合国职员的待遇大致可分为工资、养老保障、休假和其他补助等，并且这其中的每一项都有完善的规章制度加以说明规范，工作人员的利益得到充分保障。国际公务员的薪金福利由基本薪金、补助两部分构成。薪水又分为不叙级与固定级别两类。不叙级薪水指少数高级官员的薪水不在工资标准一览表里，如联合国秘书长和各专门机构的行政负责人等，而固定级别则包括除去高级官员的其他各类职员，他们的工资实行联合国规定的统一年薪标准制。一般来说，级别越高，工资越高。同级别内又分为若干层阶，层阶高则工资高。在一般情况下，职员工作满12个月，并被评定为合格后工资即提高一个层阶；高级别和低级别高层阶的职员则需要工作期满两年，工资水平才能提高一个层阶；当升迁至同级别最高层阶后，则停止加薪①。

一、基本工资

在国际公务员制度中需要一定的报酬分配政策，以求遏制或避免因报酬政策各异而造成恶性竞争局面。国际公务员的基本工资适用于国际职员通用的底薪表（见表4-1），对于同级别的国际公务员来说，无论在世界各地的任何地方工作，底薪都是一样的。薪资表依据诺贝尔梅耶原则和弗莱明原则制定，以保证国际公务员获得尽量优厚的工资待遇。专业人员以上职类工作人员的薪资和其他雇用条件是依据诺贝尔梅耶原则，参照薪资最高国家的公务员制度所适用的薪金和雇用条件来决定的。联合国成立以来一直采用美国联邦公务员制度作为比较国公务员制度（见表4-2）。而弗莱明原则是用来确定一般事务人员和其他就地征聘职类工作人员服务条件的基础。按照弗莱明原则，一般事务人员的雇用条件是根据目前当地最佳的条件。

① 宋允孚．做国际公务员：求职、任职、升职的经验分享．北京：中国人民大学出版社，2011：35-39.

表 4-1 列有年薪毛额和扣除工作人员薪金税后相应净额的专业及以上职类拟议薪级表（2023 年 1 月 1 日生效）

单位：美元

职等		一	二	三	四	五	六	七	八	九	十	十一	十二	十三
副秘书长	毛额	212 632												
	净额	155 837												
助理秘书长	毛额	193 080												
	净额	142 933												
D-2	毛额	154 212	157 747	161 282	164 820	168 359	171 895	175 429	178 968	182 503	186 038			
	净额	117 280	119 613	121 946	124 281	126 617	128 951	131 283	133 619	135 952	138 285			
D-1	毛额	137 890	140 817	143 750	146 680	149 599	152 683	155 789	158 889	161 998	165 102	168 206	171 308	174 415
	净额	106 023	108 072	110 125	112 176	114 219	116 271	118 321	120 367	122 419	124 467	126 516	128 563	130 614
P-5	毛额	118 901	121 393	123 886	126 373	128 866	131 353	133 847	136 336	138 827	141 316	143 809	146 294	148 790
	净额	92 731	94 475	96 220	97 961	99 706	101 447	103 193	104 935	106 679	108 421	110 166	111 906	113 653
P-4	毛额	97 139	99 353	101 701	104 104	106 507	108 910	111 317	113 720	116 123	118 523	120 931	123 329	125 733
	净额	77 326	79 008	80 691	82 373	84 055	85 737	87 422	89 104	90 786	92 466	94 152	95 830	97 513
P-3	毛额	79 764	81 813	83 863	85 909	87 961	90 008	92 057	94 108	96 155	98 203	100 279	102 501	104 727
	净额	64 121	65 678	67 236	68 791	70 350	71 906	73 463	75 022	76 578	78 134	79 695	81 251	82 809
P-2	毛额	61 680	63 512	65 343	67 175	69 011	70 845	72 680	74 507	76 341	78 172	80 005	81 842	83 672
	净额	50 377	51 769	53 161	54 553	55 948	57 342	58 737	60 125	61 519	62 911	64 304	65 700	67 091
P-1	毛额	47 471	48 896	50 349	51 905	53 459	55 017	56 570	58 128	59 682	61 239	62 793	64 347	65 904
	净额	39 401	40 584	41 765	42 948	44 129	45 313	46 493	47 677	48 858	50 042	51 223	52 404	53 587

注：在同一职等内，每提升一个职档所需时间通常为一年。每个职等内阴影部分所示各职档则需在先前一个职档任满两年。

资料来源：联合国大会决议 A/77/30. 国际公务员制度委员会 2022 年度报告 .（2022-08-12）[2022-08-20]. https://documents-dds-ny.un.org/doc/UNDOC/GEN/N22/459/72/PDF/N2245972.pdf? OpenElement.

表 4-2 纽约联合国专业及以上职类职员与美国华盛顿特区对应职等职员的平均薪酬净额比较（2022 日历年的比值）

职等	薪酬净额（美元）		联合国/美国比率（美国华盛顿特区=100）	生活费差数调整后的联合国/美国比率	计算整体比率时使用的加权数
	联合国	美国			
P-1	74 232	60 615	0.6	108.5	0.6
P-2	96 050	75 914	11.0	112.0	11.0
P-3	123 192	96 892	30.3	112.6	30.3
P-4	148 112	115 226	33.3	113.8	33.3
P-5	175 615	131 969	17.7	117.9	17.7
D-1	198 639	151 992	5.4	115.8	5.4
D-2	216 204	188 523	1.7	101.6	1.7
纽约/华盛顿特区生活费差数调整前的加权平均比率					128.5
纽约/华盛顿特区生活费比率					112.9
生活费差数调整后的加权平均比率					113.9

资料来源：联合国大会决议 A/77/30. 国际公务员制度委员会 2022 年度报告．(2022-08-12)[2022-08-20]. https://documents-dds-ny.un.org/doc/UNDOC/GEN/N22/459/72/PDF/N2245972.pdf? OpenElement.

二、地区津贴和扶养人津贴

联合国共同制度各参加组织的总部所在地遍及全世界：日内瓦、伦敦、马德里、蒙特利尔、纽约、巴黎、罗马和维也纳等，而各地的物价水平各不相同，为了确保各地的生活水准能够维持在与纽约的相同水平，联合国采取了通过确定各地的地区生活系数后，再支付地区调整津贴的方式，来确保无论在世界任何地方工作，都能获得实际上大致一样的收入。地区调整工资是以各地的生活费及物价变动为基础，通过各城市算出的每月工作地点差价调整数（post adjustment）及基本工资来确定（基本工资的 1%×工作地点差价调整数）。工作地点差价调整数等级是以一定时期纽约的生活费指数为基准，根据每一工作地点的个别差价调整数指数所反映的生活费而定，等级用乘数点表示。如 2021 年 2 月纽约的地点差价调整数为 69.3，则在纽约工作的国际公务员可以领取基本工资 69.3%的地区津贴。联合国在主要城市的工作地点差价调整数见表 4-3。

表 4-3 主要城市的工作地点差价调整数（2022 年 11 月）

伦敦	59.1	东京	51.0	香港	112.7
内罗毕	42.1	亚的斯亚贝巴	55.6	北京	76.6
日内瓦	75.6	巴黎	47.1	罗马	24.5
曼谷	41.1	维也纳	39.9	纽约	73.8

资料来源：ICSC/CIRC/PAC/575. Consolidated Post Adjustment Circular. (2022-11-15)[2022-11-20]. https://icsc.un.org/Home/GetDataFile/7342.

国际公务员除了基本工资及地区津贴之外，还有一个较为固定的工资收入就是扶养人津贴，共同构成了国际公务员工资收入的三大部分。对于已婚职员而言，他们除了基本工资之外还有扶养配偶的补贴，前提是该配偶没有工作或者收入低于联合国的最低工资（G1 级别），金额为国际职员收入的 6%。另外，如果联合国公务员有未成年的子女，那么这名职员还可以享受子女补贴。此外如若未婚职员供养着不能自食其力的父母，可以申请对其中一人予以补助，享受二级受扶养人津贴。子女津贴每半年审查一次，以美元为单位计算，数额全球统一，反映 8 个主要总部工作地点以 P－4 职等第六职档的收入（含配偶津贴）为参考计算的子女相关减税额和社会法定支付额。数值按审查前 12 个月的平均汇率换算成美元，并按这些工作地点的工作人员数加权。自 2023 年 1 月 1 日起，子女津贴数额为每年 3 322 美元，残疾子女津贴数额为每年 6 645 美元，二级受扶养人津贴数额是子女津贴的 35%，为 1 163 美元①。

三、 教育补助金

为了使工作人员有效进行工作，各组织必须提供必要支助，以便家属不会遭受外派地点不利后果的影响，从而导致了教育补助金的发放。事实上，补助教育费用的办法是联合国薪金和津贴制度中历史最久的特点之一，可追溯到 1946 年。但是，联合国成立之初只有 51 个创始会员国，主要是经济发达国家，工作人员集中在几个主要工作地点，而如今的情况与当初不同，工作人员来自 180 多个经济形态各不相同的国家，许多工作人员必须比以前更容易调动，再加之具有双重公民身份家庭的增加，补助金的概念也必须满足时代发展的需要。因此，当今的教育补助金成为国际工作人员整套报酬办法中的一项基本项目，也是吸引和挽留工作人员的一个重要手段。这种补助金属于离国服务的性质，只支付给国际征聘的工作人员，不包括居住在本国的国民，它已被视为给予离国服务人员的一部分补助，以支付他们的子女因移居国外而需要的一些教育费用。

联合国规定，教育补助金是在母国之外工作的国际职员，其子女在 25 岁及取得最初学位之前，上学及其他教育活动的费用。领取教育补助金的资格要求为：工作人员在本组织就职，其子女在初等或以上程度的教育机构全时求学。如果子女在学年开始时年满 5 岁或以上，或在学年开始 3 个月内年满 5 岁，其教育将被视为“初等”教育。在特殊情况下，对于那些根据法律规定要求较早开始正规教育的教育机构，可以接受较低的年龄下限，教育补助金必须要提供有学校证明的入学收据和学校账单。近年来考虑到联合国的财政困难和公平的原则，从 2014 年开始采取阶梯递减的方式报销教育补助金，如寄宿也可以报销 5 300 美元的寄宿费用。教育补助金递减报销比率见表 4－4。

---

① 联合国大会决议 A/77/30. 国际公务员制度委员会 2022 年度报告.（2022－08－12）[2022－08－20]. https://documents-dds-ny.un.org/doc/UNDOC/GEN/N22/459/72/PDF/N2245972.pdf? OpenElement.

表 4-4 教育补助金递减报销比率表（2022 年）

申请数额档次（美元）	报销比率（百分比）
0～13 300	86
13 301～20 000	81
20 001～26 700	76
26 701～33 400	71
33 401～40 000	66
40 001～46 700	61
46 701 及以上	—

注：一笔总付寄宿费为 5 300 美元。

资料来源：联合国大会决议 A/76/30. 国际公务员制度委员会 2021 年度报告．（2021-09-13）[2022-08-20]. https://documents-dds-ny.un.org/doc/UNDOC/GEN/N21/251/30/PDF/N2125130.pdf? OpenElement.

四、社会保险与养老保险

联合国设立完整的养老保险和医疗保险等社会保险制度。一般按个人基本工资的 10%扣除，用作社会保险费用。联合国设立专门机构来管理养老保险事务，该机构为每位职员设立一个社会保险账号，每年向职员提供一份养老保险对账单，支付办法根据职员情况和支付周期来定，并且呈现出三种主要支付办法，即中途退出联合国、正常退休后的按月支付和一次性支付三种。此外，联合国还委托保险公司为所属职员承担统一的医疗保险，一般是大家统一加入，可以选择一人、两人或三人以上三种保险形式中的一种。医疗保险政策不强制职员都加入，如许多职员所享受的本国医疗保险待遇明显高于联合国所提供的，因而其选择不加入。医疗保险对所有的疾病都实行保险，甚至包括拔牙、配眼镜等。一般看病的程序是先选一个自己喜欢的私人医生，然后持私人医生的处方到药店买药，每隔四五个月报销一次，报销比例是 80%。国际公务员除了每年加入与秘书处有合作关系的保险公司的医疗、牙科保险外，工作 10 年以上者还可加入联合国职员专项健康保险，有资格领取退休金的人员，也有资格加入退休后健康保险制度。秘书处以外的国际组织，健康保险制度各不相同，由于合作的保险公司不一样，各工作地区也各不相同。而健康保险的缴纳一般为本人及国际组织各付一半。

养老制度算得上是联合国社会保障制度的核心。根据《工作人员条例和细则》，联合国工作人员可以按照相关规定参加联合国职员共同养老基金。这个基金是 1949 年根据联大决议成立的，后管理范围扩大至包括联合国在内的 20 多个国际组织，旨在解决联合国职员的养老问题。《工作人员条例和细则》规定，国际公务员在拥有 6 个月以上的工作合同或者工作满 6 个月时会自动加入联合国职员共同养老基金。而职员一旦成为基金成员，他和他的雇主联合国都要向该基金做贡献，但雇主的贡献是雇员的两倍。职员在退休或离职时，便可以从这个基金中获取补助，补助的数额由几个基本因素决定：参加养老金的年数和职员最后 36 个月的平均工资。但是退休或离职前在联合国工作不满 5 年的人只能把自己向基金缴纳的部分提出，而不能享受联合国所贡献的那部分。公务员退休后的养老金就是按照所缴数额来计算的。工作超过 5 年者即有资格领取退休金。具体金额为退休基础额（根据退休前 3 年的平均工资算出）×领取比率（根据工作时间长短算出）。退休金的领取比例工作最初 5 年为每年 1.5%，之后的 5 年每年 1.75%，10 年以上为每年 2%。比如工作 30 年的国际职员，养老金就是其退休前 3 年的平均工资再乘以 0.562 5 的领取比率（5×1.5%+5×1.75%+20×2%）。

五、安保疏散津贴

安保疏散津贴旨在帮助冲抵工作人员及其有资格的受扶养人因从任职地点疏散而增加的直接开支。负责安保和安全的副秘书长一旦正式宣布从工作地点疏散（指让工作人员和/或其合格家庭成员离开工作地点国家到另一国家的指定安全区），国际征聘工作人员及其合格家庭成员就要疏散到获得批准的地点。批准从工作地点疏散即需支付安保疏散津贴。对于个人贵重物品，国际组织将根据每个组织制定的行政准则对留在工作地点的个人物品的遗失和损坏进行赔偿。应提醒工作人员向被指定负责管理本组织具体事项的官员提交一份分项列出贵重个人物品的清单，在个人物品发生遗失或损坏时，联合国赔偿委员会将据此确定赔偿额。2012 年以来安保疏散津贴的每日数额为：每位工作人员每天 200 美元，每位合格家庭成员每天 100 美元，最多可达 30 天。30 天后，数额减少 25%，分别减至 150 美元和 75 美元，最长期限为 6 个月，之后通常或取消疏散，或指定该工作地点为不带家属工作地点①。

由联合国出资前往并在工作地点安家的工作人员以及工作地点通过国际征聘任职的工作人员，为有资格获得安保疏散津贴和安保疏散旅费的国际征聘工作人员。如果工作人员在安保疏散时不在工作地点，他或她通常有权获得支付至预定返回工作地点那一天（即在获准的回籍假、年假、病假或公务出差到期时）的安保疏散津贴。如果工作人员在疏散后未马上与其合格家庭成员团聚（例如被派去出差），他或她有权获得安保疏散津贴，但只在实际抵达休回籍假地点或另一地点之日方可获得这一津贴。在疏散到批准地点的期间，工作人员将继续领取净额基本工资以及适用于任职地点的工作地点差价调整数、流动和艰苦条件津贴和任职地点房租补贴以及（工作人员和每位合格家庭成员的）安保疏散津贴。

负责安保和安全的副秘书长正式宣布工作地点要疏散时，有权下令让国际征聘工作人员及其合格家庭成员疏散到一个批准的地点。如果从工作地点到本国的旅费

---

① 联合国大会决议 A/68/30. 国际公务员制度委员会 2013 年度报告.（2013-08-20）[2022-08-20]. https://documents-dds-ny.un.org/doc/UNDOC/GEN/N13/432/38/PDF/N1343238.pdf? OpenElement.

低于到批准地点的旅费，可批准直接前往本国，只要从后勤角度出发可以这样做。安保疏散旅费根据负责安保和安全的副秘书长批准的地点来计算。工作人员可选择前往：(a) 负责安保和安全的副秘书长批准的地点；(b) 休回籍假的国家；(c) 自己选择的国家。如果工作人员和/或合格家庭成员选择前往休回籍假国家或自己选择的国家，而不是批准的地点，旅费可以报销数额为前往批准地点的那一部分，或可以按回籍假福利办理。在驻留原籍国期间仍为疏散期的那一段时间，将按规定的数额向工作人员和每一个合格家庭成员支付安保疏散津贴。

六、其他主要福利

假期。临时任用人员，享有每月一天半的年假（18 天），可结转最多 18 个工作日年假，定期或连续任用人员，享有每月两天半的年假（30 天），可结转最多 60 个工作日年假。工作人员生育，享有总共 16 个星期的育儿假。连续工作不满 3 年的定期任用人员，每年最多 65 个工作日的全薪病假和 65 个工作日的半薪病假。连续任用或连续工作 3 年以上的工作人员，每四年内最多有 195 个工作日的全薪病假和 195 个工作日的半薪病假。

回籍假。符合条件的国际征聘工作人员，有权按秘书长确定的条件定期返回本国一次，费用由联合国负担，具体规定如下：（一）定期或连续任用工作人员应合格工作满一定时间，其本人连同合格家庭成员才可享受回籍假；（二）在被国际公务员制度委员会归为 D 类或 E 类、但未列入休养框架的工作地点任职的临时任用工作人员应合格工作满一定时间，仅其本人才可享受回籍假。在联合国任职期间住在本国的工作人员，或所属工作地点就在本国的工作人员，无回籍假资格。为此目的使用的假期从工作人员的积存年假中扣除。

工作人员流动奖金。向至少有 2 次派任到 A 至 E 类工作地点的工作人员支付流动奖金，在 H 类地点不支付。按职等和派任次数划分档次、数额范围：最低每年 6 700 美元，支付给有 2～3 次派任的 P－1 至 P－3 职等工作人员；最高 15 075 美元，支付给有 7 次及以上派任的 D－1 及以上职等工作人员。流动奖金的数额见表 4－5。

表 4－5　流动奖金的数额　　单位：美元

派任次数	第 1 组 （P－1 至 P－3）	第 2 组 （P－4 至 P－5）	第 3 组 （D－1 及以上）
2～3	6 700	8 375	10 050
4～6	8 375	10 469	12 563
7 及以上	10 050	12 563	15 075

资料来源：联合国大会决议 A/74/30. 国际公务员制度委员会 2019 年度报告．(2019－08－28) [2022－08－20]. https://documents-dds-ny.un.org/doc/UNDOC/GEN/N19/264/49/PDF/N1926449.pdf? OpenElement.

艰苦条件津贴。是为奖励在条件艰苦的工作场所工作的国际职员发放的薪金补贴。艰苦程度一般按照 H 为发达国家，发展中国家为 A—E（E 为最艰苦）的级别来设定。B 级以下即可领取该项补贴，具体金额依据工作场所的艰苦程度、职员级别、是否有扶养人等情况来确定。联合国大会 2022 年决议通过的订正艰苦条件津贴项下年度应支付数额见表 4-6。

表 4-6　订正艰苦条件津贴项下年度应支付数额（2023 年 1 月 1 日生效）　单位：美元

工作地点艰苦条件类别	第 1 组（P-1 至 P-3）	第 2 组（P-4 至 P-5）	第 3 组（D-1 及以上）
A	—	—	—
B	6 110	7 330	8 560
C	11 010	13 440	15 890
D	14 670	17 130	19 550
E	18 340	22 000	24 460

资料来源：联合国大会决议 A/77/30. 国际公务员制度委员会 2022 年度报告．(2022-08-12)[2022-08-20]. https://documents-dds-ny.un.org/doc/UNDOC/GEN/N22/459/72/PDF/N2245972.pdf? OpenElement.

不带家属服务津贴。有受扶养人的工作人员每年将获得 19 800 美元的津贴，而其他工作人员每年将获得 7 500 美元的津贴。

异地调动整套办法。（1）异地调动旅费：提供给工作人员和有资格的随行家属，按最直接且成本效益最高的路线支付。（2）异地调动托运费：（a）组织负责管理全部搬运，最多可达按家庭人口确定的体积（单身工作人员为标准的 20 英尺集装箱；有家属的工作人员为 40 英尺集装箱）；（b）工作人员负责管理全部搬运，组织给予报销；（c）支付给工作人员一笔总付款，为规定体积物品实际装运费的 70%；（d）组织根据以往装运费的 70%设定一笔总付款，不超过 18 000 美元。（3）安置费（原称“派任津贴”）：一次总付部分为 1 个月的薪金，每日生活津贴部分为向工作人员支付 30 天的当地每日生活津贴，向每名合格随行家庭成员支付 15 天的每日生活津贴。

危险津贴。是为必须在条件非常危险的地点工作的国际和当地征聘工作人员发放的特别津贴，所涉情况包括：（1）在所处工作地点，联合国工作人员因与联合国共同制度某一组织有关联或受雇于该组织而成为持续不断的直接袭击的明确目标，或在工作地点的房地成为持续不断的直接袭击的明确目标，从而对工作人员和各项活动构成紧迫持久的威胁；（2）在所处工作地点，联合国工作人员或房地极有可能在战争或现行武装冲突中受到连带损害。危险津贴的发放期限通常最多为连续 3 个月。当认为危险情况已减弱时，即可停止适用危险津贴。自 2021 年 1 月 1 日起，国际征聘工作人员的危险津贴数额为每月 1 645 美元；当地征聘工作人员每月危险津贴数额为 2019 年生效的最新一般事务人员薪级表中点净额除以 12 后适用 30%的比率。

服务终了补助金。服务终了补助金是支付给合同框架规定的定期任用期至少满 5 年后离开国际组织的工作人员。符合条件的工作人员将根据其服务年数对应的费率领取一笔总付款（费率表见表 4-7）。不得向下列人员支付服务终了补助金：（1）选择在离职时立即领取退休福利的工作人员；（2）因服务不令人满意或因纪律原因离职的工作人员；（3）调往共同制度另一组织的工作人员；（4）在完成短期或长期借调任务后返回共同制度另一组织的工作人员；（5）晋升或接受不同职类职位的工作人员。

表 4-7　服务终了补助金领取费率表

已完成服务年数	基薪净额的月数
5	1.25
6	1.5
7	2.5
8	3.5
9	4.5
10	4.75
11	5
12	5.25
13	5.5
14	5.75
15 及以上	6

资料来源：联合国大会决议 A/73/30. 国际公务员制度委员会 2018 年度报告．（2018-08-13）[2022-08-20]. https://documents-dds-ny.un.org/doc/UNDOC/GEN/N18/258/64/pdf/N1825864.pdf? OpenElement.

本章参考题

1. 国际公务员制度是如何形成和发展的？
2. 国际公务员主要有哪些行为标准？
3. 如何看待国际公务员的特权与豁免？
4. 国际公务员的主要薪金福利有哪些？

第五章

国际组织的考试制度

国际组织的运行在很大程度上受国际职员左右，他们不仅决定着国际组织的项目管理和人员招聘，也在很大程度上影响着国际组织的决策制定，是国际组织真正的中坚力量。除最高级的政治任命官员外，国际职位大多通过考试选拔产生，只有熟悉和掌握国际组织的考试选拔流程和考核内容，才能做到心中有数、有的放矢，提高竞聘成功率。

第一节　国际组织工作竞聘流程

一、国际组织工作的申请流程

1. 创建工作申请

联合国秘书处的所有职位空缺均在联合国职业门户网站上公布。当申请者申请一份工作时，必须先在联合国在线招聘系统 inspira 中提交申请。inspira 申请表是一份在线简历，专门供联合国使用，可以在其中填入申请者的教育、能力、成就和专业经验等信息。申请书是用来评估申请者是否适合这份工作的，这是一种通过讲述自身经历故事，来证明申请者是这份工作最佳人选的申请方式。如果想申请多份工作，申请者可以在网上招聘系统更新和更改信息，然后再提交新的申请。

2. 了解工作要求

确保找到了尽可能多的关于这份工作的信息，并且只申请那些适合自己长处和愿望的工作。

3. 准备简历

简历是申请者在申请联合国工作时必须填写的一份求职信，是个人介绍。简历的目的是描述申请者的经历、资格和能力，并以此判断是否与所申请的职位相匹配。申请者应该把填写求职信看作一个机会，通过强调是这个职位的最佳人选来使自己从其他求职者中脱颖而出。求职信内容应该简短，三到四段，并且尽可能针对所申请的职位，把重点放在个人情况中与应聘职位最相关的部分。

4. 申请技巧

首先，要简洁。申请者对语言的高效使用是非常重要的，需要使内容尽量有价值，要用清晰有力的措辞来表达工作的需求，提供篇幅短小、容易理解的信息，要尽量使用行为动词，避免被动语态和陈词滥调。

其次，要充分陈述个人经历。联合国需要知道申请者已经取得了什么成就，才能知道其能为联合国做些什么，不要含糊不清。特别是在个人成就部分，要把注意力集中在已经完成和取得了什么，而不是每天都做了什么。要诚实，充分利用已有经验与夸大或伪造经验是有区别的。

最后，要具体。如果申请的职位不止一个，那么就需要相应地定制个人申请。inspira 系统允许对个人信息进行更新，这样就可以针对特定的职位定制个人申请。同样的方法也适用于求职信，定制求职信是展示自己已清楚地阅读和了解了该职位空缺的最简单方式。

5. 申请过程

（1）寻找空缺职位

可以使用 inspira 网站上的搜索引擎搜索联合国的职位空缺。大多数职位空缺是针对某一办事处和工作地点的某一特定职位，但也有所谓的一般职位空缺，用来编制名册，即员额库，供整个国际组织挑选候选人。一般职位空缺由以下文本确认："此职位空缺是用于名册目的。"通常情况下，外地任务的职位在招聘广告中都是一般职位空缺，可以在下面的"了解花名册管理"一节中了解更多关于花名册的信息。这两类职位的申请过程都是一样的，无论是特定的职位还是一般的职位，如果想收到新发布工作的电子邮件通知，必须先登录个人账户。

（2）创建概要文件并准备申请

联合国的职位申请包括个人简介部分和一份包含求职信的申请表，所有这些都应在 inspira 网站上在线准备（不接受简历附件）。当在线填写信息时，应该确保在退出页面之前在每个部分之后单击"保存"。还要注意的是，在无任何操作的 60 分钟后，表格申请会显示"超时"。

为了准备申请，必须先在 inspira 网站注册。在注册之后，系统会显示欢迎进入个人职业主页，在这里可以填写和管理个人资料、申请表和所有与申请相关的信息。首先，应该创建一个用户配置文件。个人资料包括姓名、国籍、联系方式和婚姻状况，可以随时修改，比如更新电话号码或家庭状况，这些信息会自动更新到已经提交的所有工作申请上。

在注册并完善个人资料后，可以创建一个或多个工作申请。申请表包含了个人的教育背景，现在和过去的工作、经历、技能等信息。通过单击“创建申请草案”，可以开始准备申请表格，而不必立即申请工作。输入数据后，单击“保存”即可保存数据，无须提交。也可以准备、访问、编辑和保存一个或多个完整或部分完成的申请表格，而无须立即申请工作。

一旦确定了一个感兴趣的职位空缺，建议更新申请，突出自己与申请职位相关的重要事实。准确地完成并更新所有信息也是很重要的，因为这是评估自己是否适合某个空缺职位的基础。在准备好了申请表，确定了想申请的职位之后，才能在求职信和附加信息部分填写求职信。

（3）提交职位申请

如果想在填写完申请表后申请特定的工作，可以单击“添加工作到申请”。根据申请的职位不同，招聘系统会提出一系列的问题，包括是/否、对/错或多项选择题。同样，根据职位的不同，可能会收到一份技能清单，并被要求对这些技能进行自我评估，给出对所列技能的熟练程度，回答将被用于评估候选人资格。

完成职位申请后，单击“提交”后提交申请。联合国不接受简历作为附件，简历既不能作为完整的网上申请的替代文件，也不能作为补充文件。如果需要任何额外的信息或文件，将被要求在申请过程中提交。如果已经成功提交了工作申请，会立即收到一封电子邮件的自动确认。还要注意的是，一旦提交了申请，就不能针对特定的职位空缺进行更改。个人准备的每一份申请、申请的职位空缺列表，以及申请状态，都显示在个人的“职业主页”（My Career Tools）页面中，可以在职业主页中找到。个人提交的所有申请都会列在申请页面下，并注明相应的状态：“已申请”“考虑中”“已登记”等。

（4）申请评估

每个申请都将根据经验、教育和技能进行初步评估。只有当确定申请者满足大部分或全部要求时，才会联系个人进行下一步评估，即基于知识的测试或其他类型的模拟练习。如果确定申请者不符合或只满足某一职位的部分要求时，将在适当的时候告知申请者不适合该职位。在这种情况下，申请者不用灰心丧气，而应该再申请其他自己认为能胜任的职位。

（5）评估练习

评估练习可以是书面考试，也可以是任何其他类型的模拟练习或案例研究。这些评估活动是在严格保密的情况下进行的，联合国会事先通知申请者评估的时间、类型和时间长度。如果根据评估的结果，申请者被列入了基本能力面试的候选名单，就会得到相应的通知。如果没有入围以能力为基础的面试，申请者也将在适当的时间被通知。但请注意，在整个申请过程中，个别候选人的通信类型和频率可能会有所不同。

（6）基本能力面试

面试可以通过电话、视频会议或面对面的方式进行。联合国会提前通知申请者面试的时间、方式和/或地点，以及面试小组成员的姓名。在面试过程中，联合国会更多地了解与申请者在工作中的成功表现直接相关的技能、性格和行为。

（7）聘用通知

联合国会根据各评估阶段的结果，推荐一批合格的候选人进行甄选。然后由工作人员和管理人员代表组成的独立审查机构对任何建议进行评估，以确保正确地遵循适用的程序。在审查机构通过推荐的候选人后，部门主管通常会对一个人做出选择决定，如果有几个职位空缺，则会对相应数量的空缺做出选择。

如果申请者被选为该职位的候选人，将被通知。如果只是空缺职位推荐的候选人之一，但没有被选中，申请者也将被列入空缺职位职等和职类类似职务的后备人员花名册，以供将来可能的选择。作为后备花名册成员，当有与申请者所登记的职位、级别、类别和工作类别相同的新职位空缺发布时，联合国将通知申请者。如果申请者不在推荐的候选人名单中，联合国也会相应地通知。

名单是已经通过申请程序审查为可行候选人并准备立即予以挑选的一组候选人。如果申请者已经被告知进入了候选人名单，无论是基于一个特定的还是通用职位空缺的推荐，都有可能被选中，而不需要经历整个申请过程。一旦申请者被列入名单，联合国将定期通过电子邮件与其联系，以确认申请者对即将到来的职位空缺继续感兴趣。当然申请者也可以选择暂时搁置或永久退出名单候选人资格。即使被列入上面的名单，如果认为自己完全合格，仍可以积极申请新的职位。建议注册“职位提醒”，或定期搜索 inspira 网站上的其他职位空缺。

联合国任命必须经过全方位的学历和任职调查。如果是正在考虑的候选人，联合国会对申请者进行背景调查，并通知个人。关于学历，只有拥有官方认可的大学或机构的学历才有资格申请。教育机构的认可资格是通过参考资料核实程序来核实的。至于雇佣证明，如果申请者在申请表格中表明不同意与现在的雇主联络，会在真正被选中并确认申请者对某一职位有兴趣后，才会与该雇主联络。如果申请者被选中加入名册，除非真正被告知即将被选中，否则不会与当前雇主进行背景调查。

二、国际组织的考试类型

1. 青年专业人员（YPP）考试

联合国青年专业人员计划是一项招募有才华的、高素质的专业人员进入联合国秘书处从事国际公务员工作的计划，主要针对 P1～P3 级工作人员，它包括入学考试过程和在联合国开始职业生涯后的职业发展。根据联合国的需要，YPP 考试向参与国国民开放，每年在不同的学科领域举行一次，参与国的名单每年都不一样，每年联合国中没有代表或代表性较弱的国家都会被邀请参加“联合国青年专业人员方案”。申请期通常在每年 6 月开始。

需要指出的是，并不是所有的联合国年青专业人员都通过 YPP 考试来选拔。具体情况如下：开发计划署、儿童基金会、人口基金等机构，本来不属于秘书处，不在选拔对象之内；难民事务高级专员办事处虽属秘书处，但人事任免权已经让渡给了秘书长，也不在选拔对象之内；环境规划署虽属秘书处，但是其由通过竞争考试选拔的人数非常少；贸易和发展会议、人权事务高级专员办事处等机构中，自愿认捐经费产生的职位，也不一定由联合国竞争考试来选拔决定。但是对于有些职位，比如维和事务部、安全理事会等，其高级别的职位一般都需要有相关的军事、警察等工作经验，而一般人很难获得这些工作经验，如果特别想去这些部门工作，最好通过青年专业人员考试或国家竞争考试进入联合国，避开相关领域工作经验的限制。

YPP 考试的资格要求如下：

国籍：联合国会员国公民

教育：至少持有与考试相关的大学初级学位（学士学位或同等学力）

年龄：考试当年不超过 32 岁

语言：英语或法语流利

申请的程序和进程：

（1）确认个人资格

在联合国官方网站的 YPP 主页上仔细了解基本的申请标准。

（2）了解空缺职位

YPP 申请期通常在每年 6 月开始。

每个考试领域的职位空缺可通过 inspira 或联合国招聘门户网站查询，如 2022 年的考试包括 2 个职类：法律事务，信息、图书馆和知识管理。

仔细阅读以确定自己是否符合要求。

（3）准备一份申请

在申请之前，请观看 YPP 申请指南视频。

通过登录并点击页面顶部的“手册”链接，可以在 inspira 找到联合国的一般“申请人指南”。

（4）申请评估

申请人将接受筛选，以确定是否符合基本资格要求（即国籍、年龄、教育程度、语言）。如果来自同一个国家的超过 40 名申请者有资格参加某一考试领域的考试，这些申请人将根据完成的最高教育水平、联合国官方语言知识和相关工作经验进行筛选和排名。如果考试分为两个阶段，那么每个国家/每个考试地区可以邀请 60 名考生参加第一阶段考试，每个国家/每个考试地区最多可以邀请 40 名考生参加第二阶段考试。所有申请人将会在筛选后，获知申请结果。

申请人一定要保证申请的准确性和完整性，一定要按照网站规定的以下步骤来审查职位空缺并准备申请，因为许多潜在的申请者由于不完整或不准确的申请而没有通过筛选阶段。以下是一些重要且实用的申请信息：

（1）仔细回答筛选问题。目的是验证资格，并帮助自动筛选应用程序。

（2）申请人应在“国籍国家”一栏填写国籍，以供 YPP 考虑。“出生时的国籍”和“其他国籍”不被考虑为申请“YPP”资格，应按自己的护照拥有国报名。

（3）记得附上政府签发的带有照片的身份证，并列出国籍。

（4）从下拉菜单中选择最能反映个人教育背景的主要课程和研究领域选项。如果在菜单选项中没有找到准确的学位名称，请在“附加评论”下解释任何差异。不要在这两个字段中选择“Other”。“专业化”领域的各种证书在最初的筛选过程中将不会被考虑，但可以在后面的面试阶段，或提供其他研究领域证明时提供。记得附上获得的学位文件。

（5）虽然工作经验不是YPP的资格要求，但根据每个国家的申请者数量，相关的工作经验可以用来对候选人进行排名。

（6）请简明扼要地描述个人的工作经历。

应聘者必须精通英语或法语的四个方面（说、读、听、写）。如果申请者在这四个方面的任何一个不“流利”，就不符合资格，因为即使申请者通过网上筛选，到面试时肯定也会被淘汰。一般认为的起码标准是：中国大学英语六级（专业八级）及以上，雅思7分（满分9分）及以上，新版托福90分（120分制）及以上才能自称流利，否则面试这一关肯定很难通过。

YPP预估时间线（以6月开放申请为例）：

下面提供了从开始到结束的考试步骤和一般时间框架的概述：

（1）申请时间（6—7月）

了解职位空缺和招聘岗位；

在inspira. un. org上创建并提交申请。

（2）申请筛选（8—10月）

根据资格标准评估申请；

考生被通知资格及获召集参加考试。

（3）评估过程（11月—次年3月）

在线考试；

阅卷；

核实考试成绩。

（4）面试和结果（次年4—6月）

通知考生笔试成绩；

面试；

通知综合成绩。

如果通过测试，候选人将被列入名册，并在被需要时入职联合国。

YPP考试的笔试时长约4.5小时，由两阶段组成：第一阶段（约2小时），内容通常为多选题，包括一般试题（general questions）和专业试题（specialised questions）。其中，一般试题用于评估在国际组织工作所需的各种重要能力，专业试题用于评估与考试职类相关的专业领域知识和能力。第二阶段（约2～2.5小时），内容为开放式结构化专业问题。部分问题必须用英语或法语作答，部分问题可以用联合国六种官方语言中的任一种作答。

在 YPP 考试过程中取得成功的人将被列入用来填补适当空缺的名册。当整个联合国秘书处有相关空缺时，可从名册中选出候选人。该名册用于填补职位的有效期为 3 年。但重要的是要明白在花名册上的位置并不保证一定录用。从花名册中选出的候选人开始在联合国的职业生涯时将获得为期 2 年的固定期限合同。其中，P－1 级别适用于拥有学士学位但没有工作经验的候选人，P－2 级别为持有学士学位及两年工作经验者，或持有硕士学位但无工作经验者。两年后，在表现令人满意的情况下，可获续签合约。

青年方案任用的工作人员预计至少在该职位任职 2 年，然后才考虑任命到另一个职位。联合国秘书处各办事处可提供职位，包括但不限于亚的斯亚贝巴、曼谷、贝鲁特、日内瓦、内罗毕、纽约、圣地亚哥、维也纳等地。被成功录用的候选人必须服从任何联合国工作地点或外勤行动的职位。初级专业人员至少在第一个职位任期 2 年内被邀请参加管理重新分配计划（management reassignment program，MRP)，一年一次，将被邀请选择感兴趣的其他职位，以便可以被重新分配到另一个职位，通常是在不同的部门和/或工作地点。MRP 的目标是为员工提供新的机会，使其职业多样化和发展，获得新的技能，并为其职业发展创造坚实的基础。

2. 全球通用一般事务人员测试（GGST）

GGST 是为了遴选一般事务人员而进行的测试。GGST 于 2014 年 7 月在联合国总部启动，不久后被引入其他办事处。GGST 最初只提供英语版本，其后根据不同职位的语言要求，还提供了法语和西班牙语版本。GGST 是一种基于计算机的考试，通过发布与工作有关的情景和任务，评估申请人的核心能力，如沟通、规划和组织能力。GGST 考试的三个部分是：言语推理、数字推理和情境判断。言语推理部分考查考生有效地进行书面交流的能力，数字推理部分考查考生有效地处理数字数据的能力，情境判断部分考查考生依据联合国核心价值观有效工作的能力。

有意加入联合国一般事务职类工作的申请人，应首先在网站上申请职位，一旦申请经过审查且符合要求，将参加在申请地组织的一般事务考试。有关测试的更多信息，可以与联合国驻纽约办事处联系（电子邮箱地址：ggst@un.org)，或与驻日内瓦、维也纳、内罗毕、圣地亚哥、曼谷、贝鲁特、亚的斯亚贝巴、阿鲁沙、海牙等地的办事处及联合国新闻中心、联合国开发计划署办事处等联系。

3. 安全员测试

安全员测试是针对初级安保人员的考试。候选人必须符合以下条件，才有资格担任初级安保人员：

（1）申请时年龄在 22～35 岁之间；

（2）高中文凭；

（3）身体状况极佳；

（4）具有 2 年以上民警工作经验或 3 年以上军警工作经验（持有刑事司法学位并有不少于 18 个月安全领域工作经验的申请者也符合条件）；

（5）通过联合国安全员测试。

更多实时的信息，特别是关于考试和考试地点的信息，也可以同联合国在纽约、日内瓦、维也纳、内罗毕、圣地亚哥、曼谷、贝鲁特、亚的斯亚贝巴、阿鲁沙、海牙的办事处或与联合国新闻中心、联合国开发计划署办事处等联系。

三、国际职员录用考核评审标准

国际组织作为一个职场，各人事部门相互之间一直在互相流通，每年各相关专业间，都会有不少收费性年会或拓展培训会议，以确保国际职员录用会有一个考核评审的普遍标准。负责笔试和面试的人员，大多是国际组织的老人或专家，很多国际职员都会参加不少本组织的招聘工作。国际组织的笔试重点是专业能力和思维能力，目的主要是选出几个最终入围面试名单的优秀人员，真正的录用将会由面试来决定，所以面试是最受考验的部分。面试一般从五个方面进行评估：学历、经历、专业能力、个性和理念品德。因此，应聘者绝对不应临时抱佛脚，应该在决定竞聘国际职员时，就开始做各种准备，包括学历、经历都要懂得“包装”，或准确地讲，注意与国际接轨。对自己的能力、个性和理念，要知道如何回答才能更充分地展示，且最重要的是做好预案。一般来说，具体的考核标准如下：

1. 个人能力方面（包含学历和工作经历，一般会占评审分数的50%）

学历和教育程度是国际组织评估应聘者的基本尺度（一般会占评审分数的20%左右）。目前，受过相关专业的高等教育，往往是最基础的要求。一般工作人员，秘书和助理需要本科学历，专业职位一般均需硕士及以上学位，领导职务更会要求博士或相当博士学历的教育经历。在多数国际组织都会有工作语言要求，重视受过多种语言培训和非正式教育的应聘者，很多国际职员都会准备二到三门语言的证书，对申请的职位工作相关的培训和技能也很重要，必须在面试时充分说明和解释。

工作经历（一般会占评审分数的30%左右）。应试国际职员评估，非常看重工作经历，如果有国际组织工作过的经历更有优势。一般会有一个比较不成文的等级观念，在专业领域工作15年以上，就是高级别人才；在专业领域工作10年以上，就可以申请专业领导岗位P4和P5的位置；而一般的专业岗位，均会要求在国际组织、政府部门或跨国公司工作5年以上。在国际组织面试时，工作变动多，并不一定会被国际组织做不好的判断，可以从提升自己能力和追求工作挑战方面进行解释，一般3年左右换一个单位，属于正常情况，再短可能会被误解为工作不胜任，被人炒了鱿鱼。

2. 专业能力（一般会占评审分数的30%）

想去国际组织，一定要重视专业经历包装，最好有过国际组织、跨国公司、政府部门的相同专业工作经历，当然如果在一些知名且特别专业的私营企业工作也较有竞争力。专业经历最好有推荐人和可核实的领导帮助背书，一定要写清楚自己曾经担任过的职务，特别是曾经担任过的领导职务、专业职务、辅助服务职务等，要比较明确，最好有具体的项目和工作量表述，并且在个人简历中，较准确地写全自己曾做过的重要工作，不要省略可以证明自己有组织或研究能力的内容。

3. 个性、理想和工作志向（一般会占评审分数的20%）

主要是指自己的钻研能力和知识面，通过一些对考官问题的回答，竞聘者需要能够比较巧妙地展示自己这方面的能力。另外，对自己的工作效率、适应能力、胜任能力必须清楚陈述，如果能恰到好处地表示，自己不仅善于工作，而且兴趣广泛、多才多艺，将让考官更相信竞聘者有较强工作能力。其中，个性方面，一般会占评审分数的10%，主要是看个人形象、性格、口才、处事态度、自信、成熟度、容忍度、适应性、团队精神和可塑性。而理想和工作志向，则一般会占评审分数的10%，会重点在提问中了解竞聘者可能的工作态度和动机、接受挑战工作可能、个人奋斗目标、职业设计考虑等。

四、笔试与面试

除了相对规范的针对青年专业官员的 YPP 考试，国际组织的笔试一般是 1.5 或 3 个小时左右，1～3 个题目，主要是考专业的文笔和思维能力，以确认考生将来能否胜任所申请职位的工作。国际组织笔试的逻辑是，任何录用的人员，必须立即能够胜任该工作，较少会考虑这个申请者可能的胜任潜力，因为有许多候选人可以胜任该职位。因此，建议每个考生做些考前准备，如预测一下自己申请的职位最可能被问到的重要问题，就一些工作领域中面临的挑战和存在争论的重要问题准备回答提纲，以节约时间和保证答题质量，避免答题时挂一漏万。目前，多数国际组织采用的是远程会议系统进行笔试和面试，大多采用 SONRU 系统（一种笔试和面试都通过录像来进行的系统，比直接面对面考试难度更大，考官可以反复观看应试人的表现和回答质量），也有国际组织用 SKYPE 或其他线上会议实时软件系统。

面试不同于笔试，能参加面试就表明应聘者基本能力上符合工作要求，面试只是从几个候选人中选择最合适的一人。目前，国际组织的面试都有较为正规和公正的机制，以保证能够吸收到各式各样的顶尖人才，为联合国和各个国际组织所自豪。正如一些国际组织工作人员所讲的那样，国际组织招聘制度可能会遗漏某个人才，但绝对不会招聘一个庸才。在国际组织招聘面试的过程中，应聘者经常会被问到各式各样的问题，如何答复往往是根据考官的个人感觉，没有哪个回答更正确，就看如何巧妙地回答，更能让考官满意并得到高分。毕竟每次面试的结果，都是从 3～8 人中找出最合适的应聘者。

面试是国际组织录取候选人的最后一关，一般会从众多候选人中最后选定 3～8 人进入面试短名单。面试官根据各国际组织的习惯，多数是 3 人以上，多的时候是 5 人以上。每个面试官会问 1～2 个问题，并追问 1～2 个相关的后续问题，时间一般是 45 分钟左右，目前大多采用远程系统。为了公平，有时即便有个别候选人就在国际组织内部，也会一视同仁，用视频来进行。被面试的候选人一定要知道，面试是矮子里面挑高个的道理，只要是表现比其他候选人强，胜算就会增加。如果能知道其他人的劣势情况，那就把自己的优势更好地发挥，优胜把握就会相对地更大一些。

由于国际组织最大的价值是其工作人员的素质。为了确保最优秀的人才加入国际组织团队，多数国际组织都采用了基本能力面试程序。基本能力面试也被称为“行为面试”或“基础标准的面试”。这样的面试基于这样一种理念：过去的行为和经验是未来表现的最佳指标。换句话说，经历描述了有关于个人的基本信息：天赋、技能、能力、知识和处理各种情况的实际经验。国际组织使用最多的面试问题可以说是非常规范的，一般都是常态性的问题：譬如讲述一个工作中超出领导预期的经历或事例；请举一个运用专长解决工作中遇到的难题的例子；请给出一个在同一时间内面临多个工作要求的事例以及是怎么处理的。因此建议考生预测一下自己申请的职位专业领域最可能考到的重要问题，预先做好充分准备，更好地展示自己，以顺利通过面试。

第二节 “全球胜任力”模型

一、全球胜任力

国际组织作为各国人民交流与合作的平台，具有很强的国际性与多元化特点。国际组织的工作人员来自不同的国家，具有不同的背景和经历，自然会出现不同的文化和价值观碰撞，这既是国际组织发展的优势财富，也是其顺利运行的重要挑战。如何将各国精英汇聚其中，并能在多元文化的基础上提高效率，确保国际组织职能的履行，就成了国际组织人力建设的核心内容。第二次世界大战以来，随着联合国等国际组织的发展，国际职员数量的增多，各个国际组织开始加强人力资源管理，尝试探索符合国际组织需求，适应全球合作发展的任职履职标准。经过几十年的发展，以联合国为代表的国际组织逐渐以“全球胜任力”为基础，形成了一套相对完善的国际组织核心能力框架，作为聘用职员，进行工作表现评估和绩效考核的重要指标。虽然国际组织的数量众多，类型多样，但是在运行方式和人力资源管理上，与其他领域的国际组织和跨国公司有众多相似之处。

从全球化发展的角度讲，国际组织的工作人员首先要具备“全球人才”的能力要求。随着全球化的深入发展，在跨国公司和国际组织中工作的人员，必然要面对不同语言、文化和价值观的挑战，因此适应全球化发展的“全球人才”概念应运而生。按照日本文部省的定义，全球人才是指在全球化发展的世界中，面对不同背景的同事和客户，能够超越历史、文化、价值观的差异，站在对方的立场上相互理解，并提取彼此的优势，产生新价值的人才。全球人才首先要具备语言交流和理解不同文化的能力，以及主体性・积极性、挑战精神、协调性・灵活性、责任感・使命感等素质，还要有广博的学识、精深的专业知识、发现问题解决问题的能力、团队协作意识、领导力、社会责任等，并可按照能力要求分成不同的层次水平①。全球人才更多是从适应全球化发展的角度强调跨国交流能力，既重视尊重多元文化下的语言交流能力，也提出了知识、技能、管理、责任等素质要求。

从多元性工作的角度讲，国际组织工作需要具备“全球胜任力”。这一概念最早是由美国国际教育交流学会于1988年提出的，并逐渐发展成以批判性思维和问题解决、沟通技能、合作技能、创造力和创新技能（简称“4C”）为核心的21世纪技能②。2018年，经合组织发表了题为《PISA全球素养框架》的报告，较为系统地提出了“全球胜任力框架”。该报告认为全球胜任力可分为知识、认知技能、社会技能和态度、价值等四个维度，是指在尊重人性尊严的前提下，个人拥有从多元角度对地区、全球和跨文化议题的分析能力，他人观点和世界观的理解欣赏能力，与不同文化背景的人进行开放、得体和有效互动的能力，以及为集体福祉和可持续发展采取行动的能力③。根据经合组织的界定，全球胜任力就是一种更好地胜任全球范围内多种职务，适应全球生存和发展的能力或素养，强调世界的包容性与可持续发展，不仅重视对全球性问题和多元文化的理解和行动能力，也强调对人性和文化多样性的尊重，要求形成对不同文化背景的人的尊重和全球化思维，鼓励跨文化的敏感性、尊重和赞赏等。

由于国际组织是加强国际合作、解决全球性问题的多边平台，恰恰需要各级工作人员都具有全球胜任力，因此十分重视将全球胜任力作为任职履职的能力标准，成为招聘和考核的主要指标。2010年，联合国人力资源管理厅（OHRM）发布的《联合国能力开发——实用指南》（*UN competency development—a practical guide*）（以下简称《实用指南》）一书，就以全球胜任力为基础，归纳出国际公务员应该具备的3项核心价值观、8项核心能力和6项核心管理能力（见表5-1），并拟定了具体的、可操作性的衡量和评价指标，成为联合国聘用职员、帮助职员发展、促进组织文化发展等方面的重要评估依据。

表5-1　联合国胜任能力框架表

核心价值观	核心能力			核心管理能力	
正直	沟通能力	团队精神	规划组织	战略视野	领导力
专业精神	责任心	用户导向	创新能力	赋权增能	绩效管理
尊重多样性	技术意识	持续学习		建立信任	判断决策

资料来源：United Nations office of Human Resources Management. UN competency development—a practical guide. New York：United Nations，2010：5-8.

---

① 日本文部省．グローバル人材の育成について．(2012-02-14)［2022-07-18］. https://www.mext.go.jp/b_menu/shingi/chukyo/chukyo3/047/siryo/__icsFiles/afieldfile/2012/02/14/1316067_01.pdf.

② Education ACO. Educating for global competence：America's passport to the future. Washington：Education ACO，1998：17.

③ OECD. PISA. Preparing our youth for an inclusive and sustainable world. The OECD PISA global competence framework，2018：7-11.

《实用指南》旨在帮助国际公务员了解如何开发、提升联合国看重的能力，也为有志加入联合国的人士指明了努力方向。《实用指南》指出，核心价值观、核心能力、核心管理能力构成了联合国核心能力的框架，它们集技能、品性和行为于一体，为一个人的成功奠定了基础。处于管理岗位的国际公务员还需要具备核心管理能力。此外，核心价值观、核心能力以及核心管理能力是培训的内容，更是招聘录用、年度考核、提拔晋升的依据。由此可见，全球胜任力是国际组织求职和工作的基础，是国际职员任职履职必须具备的素质能力，也是开展人才选拔、相关培训和推送服务的重要指标。《实用指南》为每一项核心价值观和核心能力确定了衡量和评估践行情况的总的行为特征描述，包括积极行为特征描述及消极行为特征描述。此外，对工作人员按照三个不同的级别（即一般工作人员、中低级管理人员、高级管理人员）提出了不同的要求，为他们制定了有差异的衡量践行核心价值观、核心能力的四档行为特征描述，即出色、合格、待改进、不尽如人意。下面将分别针对此 17 项胜任力能力逐项分析。

二、三大核心价值观

1. 正直（integrety）

"正直"涵盖了"诚实""真实""公正""不可腐败性"等含义。国际组织需要的是公平、公正、诚实、可信赖的人，他们要勇于创新、积极主动、灵活应变。正直就是始终以无私、公正和诚实的态度行事。这是国际职员在日常工作中必须践行的价值观。正直是员工职业精神的支柱，也是工作效率的支柱。国际组织需要有活力的和适应力强的人，工作不受个人利益、外部压力影响，不滥用权力和授权，站稳维护国际组织的立场，坚决抵制非专业或不道德行为。正直是保证正确决策的基础，是国际公务员日常工作及生活中必须遵循的首要原则。国际组织对正直的具体要求包括：国际组织中的国际公务员，不得主动寻求、接受其他组织的支持；律己从公；只为联合国的利益着想，超越国籍限制，站稳立场；国际组织中的国际公务员保持中立，当成员国之间意见存在分歧，不一致时，国际公务员不可以偏袒任何一方，要具有超然的态度，也不能偏袒自己的祖国，要严格保持中立；国际组织中的国际公务员可以保留自己的政治观点、宗教信仰和投票权等，但不能参与一些政治活动如不能进行演说、发表文章或公开支持某一政党，不能在任何国家出任政治类公职，不拉赞助，不发动请愿书，不签名；没有明确地规定国际组织中的国际公务员不可以参与党派，但规定不能参与在某一国属于非法的政党；要求国际组织中的国际公务员廉洁奉公，即要求国际公务员廉洁不贪，忠诚履行公职，一心为公；要求国际组织中的国际公务员具有组织性、纪律性；要保持国际组织的工作效率，就要求国际组织中的国际公务员遵守国际组织中的规章制度，具有组织性、纪律性，能够严格遵守上下级间请示、汇报等制度，但组织性、纪律性也不意味着一味地服从，在下级与上级意见不一致时，下级可以将意见记录在案以供日后讨论，但当时要遵守上级指示执行。

2. 专业精神（professionalism）

联合国人力资源管理办公室为“专业精神”下的定义是：专注、自觉、有效地在规定的时间内完成工作，做出成绩。国际公务员有责任以最高效率为国际社会服务。为此，国际公务员必须具备自己专业领域的专门知识和能力，在任何情况下都能以最佳状态和坚定的毅力自豪地工作，充分发挥最大的潜力。国际组织的专业性就是职业精神，就是敬业、认真、高效地按时完成工作并取得成果。在工作中始终体现的是专业能力，在任何情况下都要展现出最好的工作面貌、最大的工作专注度和自豪感。工作不带个人情绪，认真、有效、按时完成本职任务，体现克服困难，迎难而上精神。关于专业精神核心价值的基本要求在于：具有公共信息和传播领域等方面的知识；具有在特定政治现状、公众态度和地方条件下解决问题的能力；具有设想、设计和落实重大宣传活动的能力；具有对来自不同渠道互相矛盾的信息进行快速、综合分析的能力；具有使用外交手段处理特定受众敏感问题及培养有效关系的能力；具有简明扼要撰写各类书面材料的能力；具有向不同听众演讲的能力；对工作和业绩感到自豪，展现出专业才干；自觉有效兑现承诺，遵守时限，完成任务；动机纯正，不掺杂个人考虑；遇到困难和挑战时，沉着应对；遇到紧张和压力时，保持平静；考虑问题有性别意识，确保男女平等参与各项工作。

3. 尊重多样性（respect for diversity）

多样性是国际组织的一个突出标志，是国际组织的主要特征之一，在国际组织中职员的多样性是国际组织得以处理多种复杂任务的基础。优秀的国际公务员应当尊重彼此的差异并从中学习，依靠多样性找到更多应对工作难题的创造性方法。与不同背景、宗教和国家的同事愉快合作，尊重和重视所有同事，男女平等，日常工作中理性对待不同观点，不带偏见，不歧视任何个人或团体，就是尊重多样性。国际公务员必须学会互相尊重，互相包容，共同开拓创造，应对挑战和复杂问题。根据这条核心价值观，所有国际公务员必须尊重和包容不同背景及持有不同观点的人士，并能与他们进行有效合作。国际组织的工作人员来自不同的国家，具有不同的背景和经历，把不同的文化和经验带进了国际组织，联合国把这一特点看成优势和财富，并为有一支多元化的队伍感到自豪。但是，多元文化的队伍也带来特殊的挑战。在一个国家的文化里可以接受的风俗习惯，也许会冒犯来自另一个国家的工作人员。为了有效开展工作，国际组织必须要求职员尊重他国风俗习惯，必须能够与来自不同背景的人进行有效合作，能够以尊重的心态公平、平等地对待男女同事，能够尊重并理解不同的意见，并随时审视自己的想法，消除成见，不歧视任何个人或群体。国际公务员必须学会互相尊重，互相包容，共同开拓创造，应对挑战和复杂问题。

三、八项核心能力

1. 沟通能力（communication）

国际组织工作人员都必须具备较好的沟通能力，特别是从事宣传、对外合作的人员，需要发挥对外的影响力，更是要求严格，因为他们需要经常向外界通报情况，准备各种沟通文件，需要到外面去做演讲，与别人谈判，参加辩论和讨论会，需要应询提供咨询意见和起草各种信函。在国际组织，良好的沟通主要体现在三个方面：内容、方式和姿态，职员不仅仅要求以书面或口头的方式有效地传播信息内容，还包括在各种情况下做出合适的沟通方式，对沟通对象接受度有正确和良好的判断，调整好语调和口气，使信息被他人充分理解和接受。有效的沟通包括倾听他人声音和适当地进行回应。在这里，写作、倾听、善问、对话时应人用语、谈话的口气和姿态、交流亲和力都非常重要。国际公务员必须能够清晰和有效地进行口头和书面的表达，倾听别人的意见，正确解读他人的想法，做出正确的反应，对复杂的问题能够要求澄清，并对双方沟通表现出兴趣，特别是要使用适合听众的语言、语调、风格和形式进行沟通，要愿意主动分享信息和介绍情况。在国际组织内部工作中，沟通能力也同等重要，这是团队合作的基础。

2. 团队精神（teamwork）

国际公务员往往在一个团队里工作，除自己胜任自己职责的能力外，还需要支持同事的工作，需要为团队做出的任何决定及最后的结果共同承担责任，需要鼓励其他同事努力做贡献，需要与其他部门或工作单位的同事进行合作，在一个团队里共同建设团队文化、团队行为准则等。在国际组织工作，团队合作至关重要，团队由职员与管理领导组成共同体，有共同目标，愿意共同承担责任，更重要的是他们通过相互学习、磨合、调整和创新，形成高效合作团体，解决困难，共享荣辱，作为团队成员，国际职员应当尊重他人的想法和专业知识，并主动向他人学习。团队事务优于个人，必须愿意与他人共同完成任务，真诚待人，尊重和遵循团队决定，承担共同后果。为实现国际组织的共同目标，需要与同事通力合作，真心重视别人的想法和专业知识，愿意向别人学习，主动征求他人意见，把团队的目标置于个人利益之上，在任务中与团队成员达成一致，即使与自己意见不一致，也支持和执行团队最后的决定。另外，还需要与其他部门或工作单位的同事进行合作，鼓励其他同事为团队做贡献，团队取得成绩，能够共享，出了问题，共同担责，在一个团队里共同建设团队文化、团队行为准则等。

3. 规划组织（planning and organizing）

国际组织是非常讲究程序的机构，每个部门和办公室都制订了本部门的工作计划，包括必须完成的工作以及该部门的工作目标。工作人员必须确定工作事务的优先顺序，并在适时情况下进行调整，有效地利用时间和资源。此外，在规划和安排工作时还应将意外情况考虑在内。根据目标设定方案，确定优先事项，预见困难，留有余地，保证时效，为了完成这些目标，国际组织通常会采用项目的方式来进行工作。国际组织工作人员都需要具备周全的工作计划和为此进行有效组织安排的能力，它是联合国所有工作人员都必须具备的一项能力。管理人员则不仅需要制定自己的目标和措施，还要帮助下属确定目标和措施。制订工作计划，必然涉及设定轻重缓急事项的能力，为适应变化而可能对工作或项目优先次序进行调整的能力，规划并有效使用时间和资源的能力，制订详细项目计划的能力，根据计划掌握进度的能力，高效率、高质量地完成任务的能力等。每一个工作人员每年都要进行绩效考核，包括每年年初制订工作计划、期中回顾、期末评估。工作计划涵盖当年要实现的目标、准备采取的措施和检验目标成功与否的标准等。管理人员更需要制定自己的目标和措施，还要帮助下属确定他们配合国际组织目标而制订的工作计划，其中包括设定轻重缓急事项、规划并有效使用时间和资源、制订工作实施方案，同时，在工作过程中，随时根据计划掌握工作进度，高效、高质量地完成任务。

4. 责任心（accountability）

国际公务员必须遵循国际组织的所有规章制度以及行为准则，按时保质完成各项任务，并对完成任务的成本和预算负责，对共同完成任务的同事负责，对本领域或本单位的工作水准负责；能够承担所有的责任，兑现承诺，确保所有的工作符合组织的规章制度，为本人或本部门的任何工作漏洞承担责任。联合国每一位工作人员都必须具备“责任心”这一品质。根据这项核心能力，工作人员必须首先了解国际组织的要求，遵守联合国所有的规章制度，牢记联合国及有关各方的利益，不断改进工作，提高工作质量和水准，特别是必须按时高质量地完成任务，有担当精神，积极主动发现工作中存在的缺陷与不足，并努力克服和改正。在为解决特定问题而规划的大型项目中，国际公务员必须为自己的行为承担责任，在履行承诺时，必须将国际组织的组织条例和细则、方案受益者和相关会员国等各方需求考虑在内。敢于负责和接受任务，按时完成，出现差错勇于承担责任是国际公务员的基本要求。

5. 用户导向（client orientation）

国际组织的工作离不开向组织内外的各类用户提供各项服务，包括会议服务、项目管理和支持、咨询服务或提供指导意见等，同时也离不开对各种各样的伙伴关系的培育。对于国际组织的工作人员来说，用户就是各种各样的服务对象，包括直接的服务对象和间接的服务对象，甚至包括工作流程上的下游同事。要获得用户的信任和尊重，与他们建立并保持有效的伙伴关系，清楚他们的需求，并采取合适的措施来满足他们的需求，随时关注用户的内部及外部情况，了解进展，预测问题，向用户通报项目的进展和困难点，按时交付产品和服务。“用户”的范围很广，国际组织的所有工作人员都需要服务各种“用户”，他们都必须具备这项核心能力。根据“用户导向”这项核心能力，工作人员就应从广义上来理解用户，把为所有用户服务放在第一位，倾听并满足用户的需求，在信任和尊重的基础上与他们建立有效的关系，确保重视用户，并为用户带来改变。因此，国际职员要有服务意识，把服务的对象放在第一位，以确保他们觉得自己被重视。在信任和尊重的基础上与他人建立良好的关系，应当倾听他们的需求，并为他们找到合适的解决方案。这就是服务意识，一切为客户着想，时刻设身处地为对方解决困难，时刻让客户知道国际组织承担任务的执行情况。

6. 创新能力（creativity）

在国际组织工作，常常需要制订新方案、启动新服务、提出新理念或新的解决方案。国际组织非常愿意吸收有创造力的人才，承认和鼓励职员的广泛兴趣，培养职员的敏锐洞察力和创新思维能力，要求职员根据新情况改进或调整原有方案或服务项目，不受现有想法和传统方法的束缚，用新颖的想法来参与制订组织结构、体系或战略，并愿意承担相关的风险。若没有创新精神，就无法履行这样的职责。在国际组织中，要积极努力地改进工作项目和服务水平，重视新的想法，遇事善于调整方法，接受新思维，不拘泥于传统做法。国际组织这种欢迎创新的态度，能使其不断地寻找新的解决问题的方案，以更好地完成国际社会交给国际组织的各种艰巨任务。

7. 技术意识（technological awareness）

科技迅猛发展使得我们很难跟上技术变革的步伐，但国际组织会不断提供培训和支持，为其职员提供学习科学技术的机会。同时，国际组织也会对职员在本领域技术发展方面有要求，要他们承认和不断学习新技术，能有自觉性和主动性，始终跑在时代的前面。国际组织工作的涉及面十分广泛，自然需要依靠日新月异的信息技术、庞大的技术队伍以及工作人员的技术意识来支撑其工作。国际组织很多工作涉及技术，特别是信息技术，有的关键任务必须使用新技术、新硬件和软件才能完成，需要有人对新技术、新硬件和软件进行调查和评估，也需要有人能够应用新技术、新硬件和软件。另外，国际组织都有一个庞大的行政系统来支撑其工作，这就需要使用更新的和更先进的办公系统及办公程序。一方面，国际组织需要对成员国负责，始终追求成果、效率和效益，依靠技术支撑不断变革，不断改进。另一方面，技术发展日新月异，要支撑国际组织的各项工作，支持国际组织的改革创新，就需要不断跟踪新技术的发展，不断学习新技术，不断提升技术意识。所有这些都说明，技术意识对在联合国工作的国际公务员来说是极为重要的。

8. 持续学习（commitment to continuous learning）

国际组织处于各领域的前沿，在维护国际和平与稳定方面需要应对各种各样的新情况，在经济和社会发展方面，更是引领全世界的前进方向。它的各项工作要求工作人员提供与时俱进的专家意见及专业知识，从而采纳新办法，解决新问题。只有不断学习新的知识，才能不断提高自己的水平，在国际组织中不断进步。时代在进步，事物在发展，问题和挑战不断以新的面孔呈现，肩负三大使命的联合国必须适应变化，推动进步。这要靠国际公务员不断学习，与时俱进，这也是联合国把它列为八项核心能力之一的原因。联合国特别重视弘扬和鼓励“不断学习的精神”。国际组织会提供许多高质量的讲习班和方案促进职员的专业学习和发展。各个国际组织都始终致力于一个不断学习的进程，并鼓励职员紧跟专业领域的最新趋势，不断探索、自我更新。这就要求职员能专注业务和秉承学习精神，坚持关注本工作领域的新进展，向同事学习，善于反省。

四、六项核心管理能力

1. 战略视野（vision）

国际公务员需要对本组织如何开展工作和完成任务有一个远景规划。了解组织发展的方向可以为工作提供清晰的思路，明确日常工作与国际组织首要目标和各具体目标之间的关系，激发职员们对未来的向往。管理人员要起模范带头作用，亲力亲为又善于授权，具有战略思维，从容处理难题，勇于承担责任。管理人员，不论什么级别，都必须具有战略视野或战略头脑，不仅自己要时刻牢记使命和宏伟目标，而且能将使命和目标传递给下属，使所有工作人员明确前进方向，看到自己每天的工作与国际组织的总体战略构想之间的关联，对未来充满憧憬和希望。这样才能使自己从日常事务的管理者上升为有远见、有战略视野的领导者。这个战略视野主要集中在与国际组织的总的目标相一致，并且能够充分利用机会，规避风险，领导并团结部门的全体同事共同完成部门的核心任务。所有管理人员，包括中低级管理人员和高级管理人员，都应该具有战略视野。正如杰克·韦尔奇与苏茜·韦尔奇在《如何成为一名领导者?》一书中所指出的："领导者必须保证使人们具有战略视野，而且能够身体力行，让战略视野成为自己工作、生活中不可缺少的东西。领导者必须为团队确定长期目标，并使其成为有血有肉的东西。"一个人的战略视野以及一个部门的战略构想，必须与国际组织的总目标一致，必须能够充分利用机会，规避风险，领导并团结部门的全体工作人员共同完成部门的核心任务。国际组织要履行其使命，它的所有管理人员必须具有战略视野，制订远景规划，明确前进方向。

2. 领导力（leadership）

国际组织领导力主要指这么几个方面：判断问题和决策的能力（包括确定战略目标）；组织能力和建章立制；鼓励和动员部属努力工作；监督和调整工作任务；处理矛盾和危机等。我们每天都会听到关于各种优秀领导人的信息，有些领导人很伟大，富有人格魅力，智慧且果断，还有一些领导人会激励部属把工作做得更好。实际上，领导力就是看能否团结周围同事，为达到领导者的目标去努力工作，最终实现最初确定的目标。在国际组织中，优秀的领导人是职员们的榜样。他们会在做出行动前认真倾听他人意见、反复考量，在关键时刻做出决定推动变革，培养良好的人际关系以获得广泛的支持，从而获得成功。联合国要履行宏伟而艰巨的使命，必须有强有力的领导。所以，联合国要求所有管理人员学会倾听，与同事建立建设性和健康的关系，赢得广泛支持，起模范表率作用，引导并推动变革，带领工作人员一起完成神圣的历史使命。管理人员需要为自己的下属及团队制定战略目标，管理和监督执行，解决团队内部及团队之间的矛盾和面临的挑战，引领变革，有时候还需要代表自己的团队或部门，甚至代表所在的国际组织，履行职责。国际组织非常强调管理人员要有领导能力。

3. 赋权增能（empowering others）

国际组织要履行使命，完成任务，不能只靠管理人员，还要靠所有的工作人员共同努力。因此，有管理职能的领导必须善于调动每一个工作人员的积极性，发挥团队作用，鼓励所有工作人员努力工作；同时，注意合理分配工作任务，为他们制订合适的工作目标，还要积极协调部门内和其他单位的各项工作。对下属十分信赖是管理者成功的关键。一个好的管理者会委派责任，明确预期目标，发挥出每个人的优势和专长。授权下属，承担责任和任务，让他们有足够自主的权力完成工作，及时鼓励和评估工作，欣赏下属的建议和贡献，让下属在确定任务时一起出谋划策。赋权增能是管理人员的一项基本能力、基本职责。一个好的管理人员，必须知道什么样的工作任务需要亲力亲为，什么工作可以分派给下属；必须了解每一个工作人员的专门知识、能力和长处；必须知道如何下放权责，如何让下属明白工作要求；必须尊重并珍视每一个工作人员的意见。获得下属的信任是管理人员成功的重要保证，给下属赋权增能是管理人员必备的能力。

4. 绩效管理（managing performance）

绩效管理，是联合国管理人员的首要职责。要进行绩效管理，管理人员必须首先根据国际组织战略和目标要求，构建合理的团队结构；设计具有科学性的制度保障和可操作性的任务分工；优化业务流程和确保互相配合，特别是要进行评估和指导。联合国采取多种手段进行绩效管理，包括正式的绩效评估以及非正式的有关绩效问题的讨论。正式的绩效评估，与我国机关里进行的一年一度的考核类似，但要求得更具体、内容更充实、频率更高。联合国工作人员的绩效评估报告，包括年初的工作计划（说明一年之中计划达到哪几项目标、达标的措施以及检验达标的标准）、期中的回顾（检查时间过半的达标情况）、期末的总结（检查年初制定的每一项目标的落实情况、联合国工作人员必须具备的三项核心价值观以及八项核心能力的具体表现）三个阶段的工作。在这三个阶段中，管理人员都必须与下属当面沟通，共同制订工作计划，包括商量下属的职业发展计划、学习目标、如何提高完成本职工作的能力等。因此，绩效讨论是一个持续的过程，绩效评估和面对面的讨论都是双向的，管理人员与下属之间有一个接受与不接受、建议与反馈的过程。

此外，绩效管理，说到底是为了激励团队成员，解决工作表现欠佳问题，取得最佳绩效。联合国举办各种绩效管理的培训课程，内容涵盖“解决管理问题”“如何处理有难度的管理案子”等。管理人员必须首先定义哪些表现或行为属于表现欠佳，及时发现值得警觉的苗头，分析和确定问题的根源，制订解决方案，提出改进措施，帮助下属改进工作表现。绩效管理的培训课程非常具体、实用。培训课程会讲授如何通过问题来具体确定并分析下属绩效不佳的问题，如他们是否能够按时完成任务。管理人员不管处于什么级别，都需要管理工作人员和团队，最终确保出成果。在这个过程中，必须建立上下级的报告体系，并给下级压担子、派任务，根据任务情况及要求合理使用人力资源，定期开会总结工作，并根据具体指标来监测工作表现和项目进展，评估下属的表现，通过正式或非正式的方式向下属反馈评估情况，辅导或指导下属的工作，帮助下属制订并支持他们的个人发展计划。只有这样，才能确保在自己领导下的工作人员取得最佳的工作成绩，确保整个团队出色地完成所有任务。

5. 建立信任（building trust）

国际组织的工作需要团队合作。当团队的领导者信任你的时候，他会给予你一定的自主权，并使你因作为团队的一员而感到自豪。优秀的管理者乐于接受他人的意见，并落实到行动中，给予团队应有的信任。团队成员不仅可以畅所欲言，成员们的观点也会得到重视，从而创造出理想的工作环境。好的领导者，往往善于在自己的部门建立民主的工作氛围，广开言路，透明不搞小动作，信任下属并善于做出表扬。没有下属、团队及各方面的信任，管理人员就无法有效管理团队，无法顺利分派工作任务，无法与部门内外进行谈判及沟通联络。只有创造当下属发表意见、采取行动时，无须担心不良后果的良好工作氛围，下属对领导高度信任，对领导决定可以预测，且领导管理和运作时高度透明，没有潜规则，对下属工作成绩有恰如其分的赞赏时，下属才能对团队达成一致的事情坚定支持，正确处理所有敏感或需要保密的工作，也就能建立起上下级和团队间的信任。

6. 判断决策（judgment/decision making）

客观判断和果断决策是优秀管理人员的一个品质，管理人员的判断和决策可能影响到自己所领导的团队和下属，甚至可能影响到国际组织的根本目标。所以，管理人员在决策前，必须收集足够的信息，能客观地对事态进行判断，判定复杂矛盾中的主要矛盾和矛盾的主要方面，全面分析问题，对问题后果进行预期，并在执行中根据实际情况调整方案，当出现不利情况时有果断的决策能力，以便提出深思熟虑的决策，解决复杂的问题，或提出替代措施和行动方案。为了大局，管理人员有时又不得不做出艰难的抉择和取舍。正因为如此，在高级职员的领导力标准中，国际组织大多要求候选人具有良好的判断力和决策能力，并明确指出，领导人不应主观地、用简单和一概而论的观念看问题，决定不能不合逻辑，不能用直觉进行判断和决策，解决问题不能靠拖，也不能冒险行动，要进行调查研究，不要急于下结论，不能孤立地看信息和数据，要注重事件的本质和核心，特别是对一些复杂和困难的决策，要广泛听取别人中肯的意见。

第三节　联合国价值观和行为框架

近年来，联合国的人事工作仍然面临一系列的问题，如征聘工作速度缓慢，很多人力资源流程集中、僵化、烦琐，政策没有充分适应实际情况等，使得秘书处无法对新出现的需求迅速做出反应。如何在合适的时间和地点找到具有合适技能的人员，提升秘书处的行动力和工作效率，就成为联合国秘书处的一项重要挑战。为此，通过对近 4 500 名工作人员的调查研究，2020 年 10 月，秘书处推出了《联合国价值观和行为框架》，并从2021年起开始在秘书处试行，希望成为未来10年联合国系统员工队伍规划、征聘、学习和业绩管理等各种人力资源流程的新依据。新框架确立了四大价值观（包容、正直、谦逊、人性）和五项行为要求（联系和协作、分析和规划、交付有积极影响的成果、学习和发展、适应和创新）①。

同之前的胜任力框架相比，新框架更为简洁，重视国际职员的个人品性和工作能力，不再区分核心能力与管理能力，并将原来的“专业”核心价值改为“谦逊”和“人性”，体现了工作环境可持续性、加强人员流动、尊重文化多样性等人事改革举措的新要求。具体来说，新框架的特点如下：

一是新框架更加精简和有针对性。与之前的胜任力框架多达17项指标相比，新的胜任力框架更加精简和概括，只有9项指标，使国际组织的招聘和考核更有针对性。在之前的联合国面试中，一般面试官会根据岗位需求，在胜任力框架的17项指标里选取3～4项进行提问，以判断应聘者是否具有国际组织胜任力。但一直以来很多部门反映，由于胜任力框架的指标多达17项，面试官很容易会问与应聘职位的技术要求无关的内容，从而影响招聘的公平性和针对性。而新框架将在很大程度上避免这种情况。

二是新框架不再单独划分核心管理能力。在旧框架中，针对高级官员要求了“六项核心管理能力”，包括战略视野、领导力、赋权增能、绩效管理、建立信任和判断决策。而在新框架中，全部国际职员都适用同一胜任力框架，只是在行为要求中对全体工作人员、管理人员和高级管理人员做了叠加式的要求。如在“适应与创新”中，全体工作人员只需要适应新环境、尝试新方法、贡献新思路，而管理人员还需要鼓励团队成员的创造性和积极性，高级管理人员更是要鼓励适应、尝试和创新，并传达变革的必要性。如此一来，管理经历将不再是高级管理人员竞聘的主要指标，高级管理人员也需要证明自己具有行为要求所需的能力。

三是新框架突出了个人品质和人际关系的重要性。新的胜任力框架用“谦逊”和“人性”两大价值观替代了旧框架“三大核心价值观”中的“专业精神”，并在“包容”“联系和协作”“适应和创新”等指标中重点强调了建立融洽人际关系的重要性。这与近年来联合国人力资源管理改革所推行的环境可持续性、反对种族主义战略和流动政策息息相关，国际职员需要在不同地区、不同岗位之间流动，只有具备“谦逊”“包容”“尊重”“友善”的个人品质，才能在充满多元文化的工作氛围中建立融洽的人际关系，以适应不断变化的工作环境。

四是新框架体现了能力优先的原则。旧框架在竞聘过程中，强调的是应聘者的工作经历，认为丰富的相关工作经历是国际职员更快适应国际组织工作的保障。但近年来的统计数据反映，专业及以上、外勤事务、一般事务及有关职类空缺职位外部候选人的平均获选率均低于内部候选人，分别为41.4%、23.3%、35.8%。因此

① United Nations office of Human Resources Management. Values and behaviours. New York：United Nations，2020：3-7.

在新的胜任力框架中，突出了工作人员能力的因素，如“分析”“计划”“学习”“创新”等，并强调从工作业绩和成果的角度去判断工作人员的胜任能力，从而使外部候选人更容易获得职位，避免内部人员的“近亲繁殖”、故步自封，因循守旧，为国际组织提供新的活力。

下面将对《联合国价值观和行为框架》的 9 项指标进行逐条介绍[①]。

一、四种价值观

1. 包容

定义：采取行动创造一种令所有人享有尊严和尊重的环境，不论年龄、文化、残疾、族裔、社会性别、性别认同、性别表达、地域、级别、语言、国籍、种族认同、宗教、性别、性别特征、性取向、社会出身或任何其他方面的身份特征。

该价值观应如何付诸实践：

（1）给所有人以尊严和尊重；

（2）坚持联合国对公平、平等、尊重多样性、性别平等、反对种族主义和使用多种语言的承诺，为所有人创造有利的工作环境；

（3）采取行动减少自己对其他个人、群体、文化、语言、组织和方法的偏见、成见和臆断；

（4）在决策时积极寻求和融入多种视角、思维方式、经验和意见；

（5）负起责任，了解导致排斥的因素，并创造一个每个人都能大有作为的工作环境；

（6）有效地与他人合作，无论其年龄、文化、残疾、种族、社会性别、性别认同、性别表达、地域、级别、语言、国籍、种族认同、宗教、性别、性别特征、性取向、社会出身或任何其他方面的身份特征；

（7）表现出对跨文化差异的敏感性，并意识到在其他文化中可能会如何看待有关行动和行为。

2. 正直

定义：行事合乎道德操守，展示联合国的行为标准，在目睹不专业或不符合道德操守的行为或任何其他违反联合国标准的情况时，迅速采取行动。

该价值观应如何付诸实践：

（1）对性剥削和性虐待、骚扰（包括性骚扰）、滥用职权或任何形式的歧视行为，包括种族主义、性别歧视、残疾歧视、年龄歧视和同性恋恐惧，确保做到零容忍；

（2）在日常活动和行为中表现出公正公平、勇于担责、诚实可信和表里如一；

---

① United Nations office of Human Resources Management. Values and behaviours. New York: United Nations, 2020: 8-17.

(3) 行事不计个人得失；

(4) 不滥用权力、特权或权威，包括基于年龄、文化、残疾、种族、社会性别、性别认同、性别表达、地域、级别、语言、国籍、种族认同、宗教、性别、性别特征、性取向或社会出身等理由；

(5) 在决策时抵制来自政治或其他行为方的不当压力；

(6) 支持符合本组织所服务的人和事业的利益的决定。

3. 谦逊

定义：表现出自我认知和向他人学习的意愿。

该价值观应如何付诸实践：

(1) 重视他人的知识、技能和经验；

(2) 征求并考虑他人的反馈、看法、意见和观点；

(3) 让他人参与解决问题和寻找解决方案，承认会有不止一种可能解决方法；

(4) 认识到当地情况的复杂性和当地知识的价值，将两者纳入决策；

(5) 不贪他人之功；

(6) 认清自己的长处和短处；

(7) 承认自己的错误并采取行动加以纠正。

4. 人性

定义：按照联合国的宗旨行事，即在一个健康的地球上实现和平、尊严和平等。

该价值观应如何付诸实践：

(1) 确保所有决定和行动都优先考虑联合国服务对象的需要；

(2) 以同理心、同情心和善意对待他人；

(3) 为所有人维护国际公认的人权；

(4) 关注自己和他人的身心健康；

(5) 确保方案和项目与联合国的战略目标保持一致；

(6) 考虑所有决定和行动对社会和环境的影响。

二、五种行为

1. 联系和协作

定义：与他人建立积极的关系，推动联合国的工作，并按照联合国一体化倡议协调一致地工作。

该行为应如何付诸实践：

(1) 所有工作人员

积极倾听和关注他人的观点、专门知识、经验和感受；

寻找与他人协作的机会，为此最大限度地利用语言和技术技能；

表现出认同他人情绪和观点的能力和意愿；

认识、理解和监控自己的感觉和情绪，利用这些信息来指导思考和行动；

寻求机会，在不同团队、专题支柱和联合国系统组织内部和彼此之间建立伙伴关系并开展协作。

（2）所有管理人员

创造一个有利的工作环境，让每个人都可以开诚布公、畅所欲言，而不必担心报复；

及时处理任何冲突或歧视性、排挤性或不团结行为；

让其他人参与进来，在做出影响他们的决策时纳入他们的观点；

倡导多样性和包容性，将其作为建立高效团队的一种力量；

积极与个人、团队、利益攸关方和客户联系并在他们之间建立信任、协作和伙伴关系。

（3）高级领导

采取综合办法，与跨组织、部门、政治、性别、代际、文化、社会经济和其他界别的广泛、多样的利益攸关方建立伙伴关系；

让其他人参与进来，合力打造共同愿景；

促进包容性进程，共同分析问题、确定目标、实施综合解决方案；

表现出建设性地参与困难对话的能力。

2. 分析和规划

定义：从广泛的来源寻找和使用数据，以了解问题、为决策提供信息、提出循证的解决方案并规划行动。

该行为应如何付诸实践：

（1）所有工作人员

从广泛而多样的可信来源收集、分析和评价数据，以便确定问题并为循证决策提供信息；

对数据进行分类和分析，例如按性别、族裔和年龄进行分类和分析，以加深理解并为决策提供信息；

根据数据规划并确定优先事项；

愿意酌情调整计划和优先事项，以应对新出现的情况和新信息。

（2）所有管理人员

促进以数据为导向、以证据为基础的分析和规划；

鼓励工作人员和团队之间共享信息、数据、经验和专门知识；

承认个人和集体偏见对决策的影响，并采取措施将这种影响降至最低；

评估和计划个人和团队实现优先事项所需的时间和资源，同时考虑风险和意外情况。

（3）高级领导

与他人一起解读不完整、矛盾或变化的信息；

鼓励采取批判性思维和系统方法进行分析和规划；

发现并解读早期信号，新的和正在出现的趋势、机遇和风险；

培养政治敏锐性，了解权力动态（政治、人口、经济和社会等方面）及其对所提供信息的影响。

3. 交付有积极影响的成果

定义：要求自己和他人为交付的成果负责，为联合国所服务的人员和事业带来积极影响。

该行为应如何付诸实践：

（1）所有工作人员

展示专业技能和知识，对自己的表现、成果和影响负责；

与内部和外部利益攸关方接触，以确定和了解他们的需求并提出解决方案；

利用新技术和语言技能交付成果并最大限度地发挥影响；

即使在感觉困难的情况下也要提出自己的想法和观点；

在交付成果过程中展示个人对联合国行为标准的担当。

（2）所有管理人员

确保个人和团队的工作与更广泛的部/厅/特派团/本组织的宗旨和优先事项保持一致；

确保所有工作人员在交付成果时展现出联合国行为标准；

通过适当授权、分担决策权并鼓励他人表达自己的想法和意见为他人赋能；

相信别人做得到；

表彰成就并解决业绩不佳的问题。

（3）高级领导

围绕交付成果建立和保持势头，激励他人实现并超越目标和预期；

平衡产生短期影响的行动和创造长期系统转型的战略；

通过促进协作、持续反馈和学习以及鼓励自我反省和问责，为他人赋能，以交付有积极影响的成果；

展示做出艰难决定，进行令人不适的对话，并在必要时承担经过考量的风险的勇气；

以身作则，在交付成果过程中，展示联合国行为标准。

4. 学习和发展

定义：追求自己的学习和发展，为他人的学习和发展做出贡献。

该行为应如何付诸实践：

（1）所有工作人员

表现出好奇心和学习意愿，并将学习应用于实践；

表现出对语言学习和使用多种语言的承诺；

掌握自己专业领域的最新思想和实践；

寻求正式和非正式的个人和职业学习和发展机会，包括承担不同职能和地点的任务。

（2）所有管理人员

提供指导和辅导，以及分享和推荐学习机会，支持个人和团队的发展；

让人们能够放心吐露自己的弱点、短处和发展需求；

创造一个允许人们失败并鼓励他们从经验中学习的环境；

寻求对自己表现的反馈，并与个人和团队就他们的表现进行定期、诚实和建设性的讨论。

（3）高级领导

促进学习机会并为此提供资源，以支持发展一支灵活、多学科、以价值观驱动和多语言的工作人员队伍；

查明、理解和支持团队成员的发展愿望；

鼓励个人和集体反思并从成功和挑战中学习；

与联合国其他部门以及公共和私营部门伙伴协作，共同学习并促进最佳做法。

5. 适应和创新

定义：表现出灵活性、敏捷性以及以新颖方式思考和行动的能力。

该行为应如何付诸实践：

（1）所有工作人员

灵活应对新的背景和文化以及不断变化的环境、优先事项和最后期限；

在面对压力、不确定和模糊情况时表现出韧性、自我认识和管理自己情绪的能力；

尝试新方法，展示对积极变革的开放态度；

贡献新想法，欢迎他人提出新想法。

（2）所有管理人员

意识到并挑战自己和他人习惯性思维和行为方式；

鼓励和增强团队成员的创新思维和创造性思维；

动员他人对不断变化的优先事项做出反应，同时寻求了解和消除对变革的恐惧和抵触心理；

在存在压力和不确定性的时刻保持自己和他人的积极性。

（3）高级领导

以令人信服的方式传达变革的需要；

通过鼓励批判性思维、创造性、创新、灵活性和应变能力来打破习惯性做法；

提供方向和支持，培养面对压力、不确定性和模糊情况时的韧性和冷静；

鼓励适应、试验和创新。

第四节　国际组织的面试技巧

针对多数国际组织目前广泛采用的是远程会议系统笔试和面试，如 SKYPE/

SONRU 系统，使国际组织的考试比过去直接面对面的难度更大，考官可以反复观看应试人的表现和回答质量，因此，适当了解一些面试内容和技巧就非常必要。

1. 面试时自我介绍的方法

面试开始时，考官往往会让应聘者先自我介绍。应聘者一定要注意权衡一下自我介绍的应答时间，一般用 3～5 分钟介绍比较适宜，短了会让人感到对面试不重视，长了有点夸夸其谈的味道。

如果介绍得体，考官有兴趣，往往会追问一个问题，应有思想准备。如请讲述一个工作经历里曾经非常自豪的工作成就或例子，或工作上遇到过的最大的挫折及教训。这些问题如果回答得好，会加分不少。当然这类问题首先要注意快速回答，表明重视考官的提问，同时显示自己的反应灵敏和思维力强，而真正重要的是，表示自己回答的是真实的经历，不需要临时“编辑”。真实地讲述工作挫折，更能表明自己是一个能不断总结经验和教训，勇于承认错误，善于纠错的强者。

有时考官也会追问，你认为自己有什么突出的优缺点？最好是用中肯、诚实和自信的姿态来回答这个问题，许多好的应聘者，会巧妙地把所要应聘工作的最重要的要求，当成自己的优点，如工作狂、事业心很强、工作很专注、愿意学习、工作效率奇高等；而讲到缺点，则把工作中的优点当缺点举例，如自己是个急性子，与同事合作时，老让同事感到自己在逼同事加快工作进度，或表示自己是个“和事佬”，为避免同事间误解，经常在工作中进行一些妥协等。注意在回答自己缺点时，要避免被人认为你有自卑或自傲的倾向，掌握好分寸。

2. 面试中的主要技巧建议

（1）回答问题，要使用“我”而不是“我们”，因为面试官考察的主要是你个人的能力，而不是你所在团队的能力和业绩。

（2）准备大量关于自己成就的真实故事。要熟悉每个故事所体现的具体技能，并总结好相关的经验，或从每次经历中吸取的教训。

（3）准备好谈论自己的长处，以及从过去的经验中学习的能力。也要考虑好如何表述，你能为国际组织带来价值和新的活力，你能为申请的具体职位做出哪些具体的贡献。

（4）仔细研究空缺职位条件中提到的候选人需要的能力，这些条件将在你的面试中再次出现，你的故事应该展示你在这些能力方面的优势和具体技能表现。

（5）你应该准备好详细说明你具备相关的能力符合国际组织这个职位所列举的条件，并会在以后的工作中为国际组织做出贡献和取得成就，最好你也能了解在这些领域中会遇到的挑战和克服困难的办法。

（6）回答要有条理，应该是：先介绍情景，然后讲清自己的行动，最后讲结果。

（7）仔细听问题；回答不要离题；尽可能在回答中用具体事例来佐证。

（8）做一些关于能力或者行为面试的试前思考。一般人都会有很多的经历可以用来证明自己的工作能力和对事情的判断标准。

（9）尽可能多地了解你所申请的部门和办公室以及它的工作情况和面临的挑战，在回答问题时，把自己将来接受这些挑战的能力和特长表达清楚。

（10）分享你认为合适和相关的信息。

3. 面试时的仪表与沟通问题

一个应聘者要让人一开始就有比较好的印象，有风度、有涵养是非常重要的。有些应聘者由于不重视仪表，在一些细节上，如衣着、坐姿、发型、讲话态度等表现不佳容易让人反感。若引起个别考官的不喜欢，你就更失去机会了：本来在综合能力上并不弱，但考官会认为，这个人对人不尊重，工作也不会认真。所以不在乎考试时的仪表，实际上就是不尊重考官，自然打分时个别在乎这些细节的考官就会给出低分了。

现在流行远程视频面试，更要注意形象。有许多技巧一定要知道，一个是时间控制，回答问题不能太简短，让人感到不认真，也不要太啰唆，使得回答重点不突出；另一个是面试风度和形象，有些人在回答问题时，感觉很好，人就不停地在动——头乱摆、手乱挥，要稳重，动作幅度不要太大，还有就是手不停地摸头、摸脸等，在摄像头前效果很差。

语言表达能力是一个全面的个人能力体现，比较直接的是写作。通过笔试，国际组织的考官就能看出应聘者的表达能力、逻辑思维和文字功底。而在面试时，你是否表现出认真倾听、善于请教；对话时应人用语，想象一下考官是领导、是同事，一般而言，对领导、同事、客户、自己的下属，谈话口气和姿态都要有些许不同，必须做得恰当和让人舒服，特别是要在交流时，表现出亲和力。回答问题时，语言是否流畅、是否有条理和层次分明，都是考官打分的依据。

本章思考题

1. 国际组织的招聘流程是怎样的？
2. 国际组织的面试需要如何准备？
3. 联合国有哪些主要胜任力？
4. 如何看待新的《联合国价值观和行为框架》？

第六章

国际组织的内部管理

国际组织的工作人员遍布全世界，从事着政治、经济、社会、科技、文化等不同领域的国际合作事务，且拥有国际特权与豁免的特殊身份，其复杂性和多样性的工作性质也导致了管理上的困难，腐败问题时有发生。为了确保组织的权威和廉洁，以联合国为代表的众多国际组织通过一系列的政策、机构、制度建设，形成了一套以问责制为核心的行之有效的工作评估和纪律审计制度，不仅在一定程度上确保了国际组织庞大系统的合理有效运作，也在很大程度上增强了国际组织的透明度和廉政建设。

第一节　国际职员的工作评估制度

根据国际组织管理程序，各机构均有自己的工作表现评估制度。这类制度的目的是，保证机构各部门主管能客观评估部属的工作情况，同时也让国际职员明确他们的日常工作如何能够更好地为国际组织的事业做出有益的贡献，能够正确地提高自己的工作水平，选择更好的培训。

一、工作表现评估报告的时间安排

何时需要使用国际职员的工作表现评估报告？

国际职员工作表现评估报告，一般是半年或更长一段时间进行一次，职员的直接主管需要在如下情况下进行职员的工作评估：

1. 年度评估，每个职员在本年度里，只要工作满 6 个月，就需要由其直接主管进行该段时间的工作评估；

2. 从其他部门转移来本部门的职员，只要在上一年度工作评估后，工作又满 6 个月，也可以进行新的工作表现评估报告；

3. 离职前必须进行工作评估，除非上一次进行年度评估不到 6 个月。

表 6－1 为工作表现评估报告第 1 部分。

表 6－1　工作表现评估报告——第 1 部分

<table>
<tr><td colspan="2">1. 个人资料（由职员本人填写）</td></tr>
<tr><td>姓：</td><td>人员编号：</td></tr>
<tr><td>名：</td><td>工资职级：</td></tr>
<tr><td>功能职务：</td><td>入职日期：</td></tr>
<tr><td>部门，单位：</td><td>目前职级起始时间：</td></tr>
<tr><td>直接领导的姓名和头衔：</td><td>涵盖的期间：报告起始时间—评估终结时间</td></tr>
<tr><td colspan="2">2a. 评估期间的目标（主管与职员讨论后，为下一个评估期确定 3～6 个目标。目标应是具体的、可衡量的、可实现的和有时限的。它们应说明职员的工作将围绕支持本国际组织的工作计划进行的活动。如果在评估期间目标发生变化，则应在下面反映这些变化，并说明改变的日期。）</td></tr>
<tr><td colspan="2">1 号目标：
2 号目标：
3 号目标：
4 号目标：
5 号目标：
6 号目标：
目标达成一致：________________　________________　________
职员签名　主管签名　日期</td></tr>
<tr><td colspan="2">2b. 发展和培训（在与员工协商后，直接主管应提出该员工培训或提高能力的相关建议。）</td></tr>
<tr><td colspan="2">培训达成一致：________________　________________　________
职员签名　主管签名　日期</td></tr>
</table>

二、完成工作表现评估报告的程序

人事部门将就年度国际职员的工作表现评估报告，在年底合适的时间发布人事部门通告，对个别职员由于新入职或其他原因需要启动评估报告的，人事部门将会单独通知相关部门的主管司长或部门领导。

三、设立职员评估周期的工作目标

职员的评估周期通常为12个工作月，每年年初，由职员和直接主管根据该职员入职时的工作职责要求，共同商量确立该年度的工作目标，到年底，由职员的直接主管对这些工作目标进行评估。所确定的工作目标，应该是具体、方便量化评估、可达到和有实施的时间界定。对新入职的员工，则应该由直接主管对这些工作目标给予更多的指导，并提出必要的帮助和培训要求。评估表现时，直接主管必须在报告中提供实际的例子来佐证有关评估，特别是涉及非常突出的表现或表现不够满意的评估。

四、上级直接主管的责任

上级直接主管需要时常以专业性和建设性的方式，向下属职员反馈对他们的工作表现的评价，而不应只是等到定期的评估会议上，突然对下属表示他们的工作表现不合格。直接主管须注意如下：

1. 完全了解下属所有的工作和相关程序；

2. 对下属工作应根据国际组织核心价值和关键胜任力情况，给予公正、直率和实事求是的评价；

3. 对下属须做出独立和客观的评估，不应受职员上一个评估报告，或其他来源和因素的影响；

4. 须承认下属所做过的任何工作，特别是做得比较出色的工作，同时，也举例列出所有需要进一步改进的工作内容；

5. 如果需要，应该提出下属培训和提高的具体建议。

表6-2为工作表现评估报告第2部分。

表6-2　工作表现评估报告——第2部分

职员姓名：____________
3a. 评估期间的主要活动（参考第1部分2a中的目标，职员需描述并简要评论与实现目标有关的主要活动。）
1号目标： 2号目标： 3号目标： 4号目标： 5号目标： 6号目标：

续表

3b. 发展和培训（员工应说明在评估期间进行的任何培训和提高的活动，酌情参阅第1部分2b的内容。）
4a. 对员工工作表现的评估（直接主管参照国际组织的核心价值和能力基本框架，对工作人员在实现既定目标方面的表现进行评估。）
□ 核心价值（主管可列出职员核心价值的表现。如有争议内容，可详细说明并提供实际例子，否则可选择评论。） □ 具备所有核心能力 □ 需要提高以下核心能力（请列出并提供解释/例子）： □ 缺乏所有核心能力（请详细说明并提供解释/例子）： 整体表现： □ 达到或超过预期（这被认为是令人满意或最好的服务）。 □ 没有达到预期（这被认为是不令人满意的服务）。请简要说明，如有需要，可举例说明在哪些方面表现不佳。 其他意见（可选）：
4b. 对担任监督角色的员工进行评估（负责考评其他工作人员或负有主管职责的工作人员，应评估以下方面：领导远见；授权他人，建立信任；管理业绩，做出判断/决策。）
□具备上述所有的管理能力 □需要提高以下管理能力（请列出并提供解释/例子）： □缺乏所有的管理能力（请详细说明并提供解释/例子）： 其他意见（可选）：

5. 检讨工作表现评估程序（由职员完成）		
（A）在撰写本报告期间，你是否收到上司就你的表现给予的充分、定期及有帮助的反馈？	是 □	否 □
（B）你还有何评论？		

续表

6. 更高一级主管的意见
□我同意直接主管的评分 □我不同意直接主管的评级，原因如下： 其他意见（可选）： ______________　　______________　　__________ （姓名）　　　　　　（签名）　　　　　　（日期）
7. 签名（职员的签字是确认已收到评估，并且不影响职员根据相关适用规定启动申诉程序的权利。职员应该保留一份报告的副本。） 职员：____ （签名）　　　　　　　　（日期） 直接主管：____ （签名）

五、人事问题顾问专家小组（personnel advisory panel）

国际组织秘书长（或总干事）一般都会成立人事问题顾问专家小组，帮助国际组织领导人公正处理人事任命、纠纷和各种行政事务。这个专家小组由 3 个专业级国际职员组成，小组多数会设立在行政司或人事司，有 1 位小组成员担任小组主席，并配备 1 位秘书。

六、反驳和申诉工作表现差评报告的程序

职员如果不同意上级主管给自己的评估结论，可以启动对评估部分结论或全部结论的反驳和申诉程序。职员的反驳申请必须在 5 周内以书面形式向所在部门的主管领导提出，所在部门的主管领导应该在 5 个工作日内，将职员的反驳申请的复印件也送给该职员的直接主管（即做出该职员评估结论的相关主管）参考，并让其提出进一步评估意见。这些评估意见必须在 10 个工作日内提供给人事部门主管。直接主管的进一步评估意见复印件，须在部门主管领导收到的 5 个工作日内，也提供给职员本人，让其做进一步最后的反驳声明。职员在这一轮的最终反驳声明和意见，应在 5 个工作日内提供给人事部门领导，也可以要求把这个案子同时提交给国际组织特有的人事问题顾问专家小组，人事部门领导应将此事报告给国际组织的最高领导或负责部门。

如果职员正式提出要求，国际组织的最高领导或负责部门领导应该为该职员的这个评估内容成立专门的人事问题顾问专家小组。该小组须由 3 个专业级国际职员

(根据回避政策，他们不能与该职员来自同一部门）担任专家小组成员，在专家小组成立后的10个工作日内，小组成员须审议评估报告及其相关的所有评估意见。如果时间还不足以完成公正的审议，专家小组可以要求国际组织的最高领导或负责部门延长小组的工作期限。专家小组最后将对职员的评估结论做出书面的评判，提出独立客观的评估理由，以支持原直接主管的评估结论，或同意职员的反驳意见，推翻原有的评估结论。

人事问题顾问专家小组的评判意见报告，应直接送交国际组织最高领导或负责部门，以便他们参考并做出最终书面决定。这个书面决定将与以前该职员的所有评估报告及相关的后续申诉材料和结论，一起由人事部门放入该职员的正式的人事档案中。国际组织最高领导和负责部门最终决定后，对该职员的新的工作表现评估报告必须在15个工作日内完成。经过反驳程序后再做出的决定，一般不应该再进行申诉，当然，任何行政决定如果会影响该国际职员继续工作的环境和条件，他可以依据国际组织相关规定向机构的联合申诉小组再申请评判。

七、下属职员工作表现评估报告的保密制度

国际职员的个人评估报告需要作为保密材料留存，只有报告签字人，其直接主管、人事和行政部门的相关职员，相关的上级部门领导可查阅，或在需要晋升办手续时，办事相关职员查阅，还有就是在反驳和申诉评估时，按程序需要进行办案的工会相关人员、审议和法律部门的相关人员可以查阅。

八、工资晋升

国际职员工作表现合格，将享有晋升工资的待遇，这种晋升的依据主要是国际职员工作表现评估报告。在对职员工资做出晋升或不予晋升的决定时，有关决定必须在国际职员的工作表现评估报告中予以记录。职员的直接主管在其部属工作评估时间上出现问题时，有责任提醒上级部门主管和人事部门，建议调整评估报告的启动时间。当一个国际职员的有关工作评估不合格时，除了其他的处理手段外，可能导致该年度的工资不予晋升。

第二节 国际组织的公务备用金制度

一、公务招待费、小定额流动基金（hospitality and imprest fund）

根据国际组织严谨、高效管理的相关规定，许多国际组织都会由财务部门在各个司级单位或部门特设公务招待费、小定额流动基金或备用金，由相关基金保管人

和审批人管理。当部门领导需要搞一些公务活动或工作，需要支付一些小额款项时，相关人员可以按已经确定的财务规章制度和条款，在一定的限额内，通过提供收据和支出证明，快速完成报销和支付功能，高效便捷地完成工作。

二、公务备用金的用途

预付小额流动资金应只用于购买与国际组织的任务或其行政业务直接有关的项目，货币应为欧元或美元。具体的备用金用途见表 6-3。

表 6-3　公务备用金用途

项目	细则
开立预付资金的申请	设立预付资金的书面请求应由该司司长送交总财务处，并应包括下列资料： ● 设立的目的 ● 估计每月的支出水平 ● 提议的基金持有人和候补出纳 ● 活动持续时间
备用金的批准	（1）财务司司长在批准预付资金时，应书面载明下列事项： ● 基金的目的 ● 基金的水平，最高限额为 2 000 欧（美）元 ● 指定的基金持有人和候补人 ● 其他必要的条款和条件 ● 提醒基金的运作必须遵守的原则 （2）对于最高限额超过 2 000 欧（美）元的预付资金，必须得到行政部门主管的批准。
不得从预付资金中购买的事项	● 属于“招待费”项下的项目 ● 工资、加班和津贴 ● 具有严格装饰性质的物品 ● 与旅游相关的项目（包括酒店或 DSA 补助款类型的费用） ● 礼物或其他非必要的可自由支配的购买
备用金持有人的变更	基金持有人及候补人士应以个人姓名作为委任。其中任何一项变动，均应经财务部门书面批准。
增加/减少/关闭基金	（1）如基金的数额需要增加，应向财务部门提出要求，列明增加的理由，并提供详情。将最高限额提高至 2 000 欧（美）元以上的增加，需要国际组织总部批准。 （2）各部门首长及基金持有人须不时检讨基金的水平。如果发现备用金的水平过高，多余的资金应通过退回银行账户的方式，退回国际组织财务部门。 （3）如果业务部门首长发现预付基金的目的已经实现，而该基金可以关闭，则应指示该基金持有人立即： ● 将所有现金余额转入国际组织的银行账户 ● 向主管财务服务部门提交一份结算单，连同财务主管接收到返还现金的收据
资金安全	（1）基金持有人应负责保证预付基金现金的安全。备用金应存放在可上锁的保险箱中，现金箱应随时存放在办公室保险箱或其他安全的地方。 （2）基金持有人会定期（每月至少一次）清点预付资金现金，并将实际持有的现金与所载的预付资金收支记录表中记录的金额进行核对。每次现金盘点后，须由基金持有人的主管核实。预付款现金核查应记录在案，以提供给相关的审计追踪。

三、临时增加资金

各部门首长可要求增加预付资金，以应付其活动的临时增加。任何此类请求，如经财务部门批准，应只在指定期间内设立，在指定期间结束时，基金持有人应将临时预支款的数额转入国际组织的账户，或者可在下次补充基金时加以调整。

四、私人和其他现金

（1）禁止将个人或私人现金与预付基金现金存放在一起。所有存放在预付基金现金箱中的现金应被认为是预付基金的组成部分。

（2）代表国际组织相关部门收到现金或支票的基金持有人应立即将这些收入转入国际组织银行账户，不得将这些收入与预付资金一起混合保存。

五、预付款基金的付款

（1）从预付款基金中支付的款项只能用于财务部门正式批准的用途。

（2）每次发票/账单/报销最多可由预付资金支付 200 欧（美）元。超过此金额的发票/账单/报销应由财务部门出面支付。

（3）从预付款基金支付的所有款项应由适当的核证人员正式签署的发票/票据/报销单作为凭证。

（4）通过预付金偿还的工作人员应在发票/账单/报销单上签上经手人姓名和日期，确认付款。

六、现金支出的记录/核算

（1）预付款基金的付款应按顺序编号，并在付款后立即记入预付款基金的收款和付款记录，连同发票和其他适当文件。

（2）所有预付款基金收支记录表格应印成两份正式副本，并由所持基金人签署，基金持有人应提交一份副本，另一份应连同通过电子邮件转发的电子表格文件副本寄给财务部门，以请求补充资金。

七、补充预付资金

（1）一旦余额低于基金数额的 20%，应立即补充预付资金。

（2）补款请求应通过补款请求表进行。会计报告，包括现金调节，也应通过该基金进行。

（3）所有补充的请求均应得到基金持有人妥善核证的预付款基金收支记录表以及发票/账单/报销单原件的支持。

八、现金损失

定额备用金持有人应当对任何现金损失承担责任，任何现金损失应及时报告部门领导，并解释损失的性质和原因，以及采取行动防止此类损失的再次发生。

九、年终结账

（1）在财政年度的最后一个工作日，基金持有人应向财务部门提出补充已偿还的任何发票/账单/报销要求的请求。

（2）在财政年度最后一个工作日持有的所有预付资金现金必须存入秘书处的银行账户，以便可以列入年底的银行现金结存。备用金可于翌年 1 月 1 日重新设立。

第三节　国际组织的审计与纪律措施

一、国际组织内部固定资产登记制度

固定资产调查小组的目的主要是负责管理机构任何设备和办公用品的合理供应和其他财产，负责采取适当行动处理相关的物资，特别是已超出国际组织需要，或因陈旧或正常磨损而无法使用的设备或其他财产。调查小组一般会由 3 名成员组成：主席，总务部门首长或者他的候补人；成员一，一般为财务主管，或他的候补人；成员二，一般是法律主管或他的候补律师。调查小组须配备一名秘书，该秘书会由行政部门首长委任。同时，还应以同样方式任命一名副秘书辅助工作。

调查小组会议和程序：主席应召集专家组会议。秘书应记录小组的会议记录。内部审计部门首长或其指定的代表可作为观察员出席调查小组的任何会议。如果会议涉及工作人员责任，则须邀请人事部门主管或其指定的代表作为观察员出席。采购部门主管或其指定的代表可作为观察员，出席直接涉及采购事项的小组的任何会议。一般情况下，调查小组主席也可以不用会议形式，仅由小组秘书就任何特定问题传阅相关报告，供小组成员审议。平时，调查小组可要求任何工作人员提供其所使用固定资产的意见。如有需要，小组也可要求其秘书或其他工作人员进行实地检查，以防止国际组织的财产或委托给国际组织的财产发生大规模损失或损坏，并向小组提供报告。

为了防止国际组织的任何财产出现短缺、过剩或损坏，各部门、单位需定期通过秘书向调查小组提交书面报告。各部门主管也应确保毫不拖延地对每一项物资损失或损坏案件进行调查，并在报告中附上一切必要的说明和文件。如果发生损失，或当损坏的项目被认为无法维修时，报告应提出该项目注销的请求。每年年底，各部门应该提交报告，说明如何处置已超出国际组织运作需要的供应品、设备或其他财产，或由于陈旧、正常磨损而无法使用的供应品、设备或其他财产。涉嫌盗窃的案件应立即向国际组织保安和安全部门报告，并与总务部门合作调查损失情况。这项调查必须在向小组提交关于注销项目的报告之前完成。提交小组的所有报告均应使用统一格式和表格，小组还应在该表格上记录向国际组织主管提出修理或处置某一项目的建议。如果小组成员不同意任何建议或报告，则成员的单独意见应以书面形式陈述。小组应就每一案例都指出，是否存在任何工作人员需对物资损坏情况承担责任。若由于工作人员的疏忽、故意行为而造成财产损失或损坏，小组应就有关官员追讨的数额向国际组织主管提出建议。

二、工作信息交接和档案移交

国际组织对内部文件运转和职员信息交流都有非常严格的要求，每项工作一定要有工作记录，做到有案可查。每个部门都有文件管理制度，并且配有秘书，负责工作信息运转和档案工作，平时会要求职员互通工作信息，并做实时记录。现在有邮件就更方便了，如果职员离职，必须把自己的工作档案交给接替的职员，并由接手工作的职员在离职职员的离任手续清单上签名。任何离职职员都会要求在离任前，把自己工作的经验和工作信息作为知识信息记录下来，并移交给接任职员，才能去人事部门办理离任手续。

三、内部审计制度

国际组织均有严格的内部审计制度，对内部审计的宗旨、权力及责任有明确规范，并作为国际组织的内部监督，有关审计活动的运作框架各国际组织大同小异。内部审计制度的章程至少每三年检查一次。对制度的任何修改，均应经国际组织主管核准。内部审计部门的使命是对国际组织提供独立和客观的监督，透过提供内部审计及有关的咨询服务和调查服务，提高国际组织各部门的工作价值和改善其运作，以实现机构的宗旨和目标。内部审计部门往往是通过吸收国际上最先进的监督工具和有严格规定的纪律约束的办法，来评估和提高组织治理、风险管理和内部控制的有效性，帮助国际组织在公平、公正和透明的条件下实现其目标。

内部审计部门的工作范围：旨在通过监督国际组织的运作和促进其透明度和问责制来增加国际组织的价值。其工作或责任往往包括国际组织的所有计划、运营和活动。需要就内部控制、风险管理和治理程序的充分性和有效性，向国际组织首长做出独立、客观的评估，并就以下事项进行严格的审查：（1）可靠和完整的财务、管理和业务资料；（2）业务的效力和效率；（3）资产的维护；（4）遵守条例、细则、政策和程序等。

内部审计部门的建议和咨询服务：内部审计部门可向任何部门提供独立、客观的监督核查请求，并要求国际组织各相关部门予以合作，在必要时对国际组织相关部门的质量管理和工作效率评价体系，可以提出意见，可以建议改进风险管理、控制和治理过程，来改善国际组织的机制和运作。内部审计部门可以系统性地运用创新办法、专业知识和技术，协助管理层找出解决问题的方案和最佳做法，并设法在审计的过程中加以调整。当有投诉、指控或违规迹象，特别是针对国际组织的工作效率、有效性和可信度构成重大风险时，或在国际组织首长的要求下，内部审计部门应立即立项开始进行调查。

内部审计职员，必须遵守内部审计师协会的强制性指引，包括内部审计的定义、《道德规范》和《国际内部审计专业实务标准》；如果需要，也将酌情接受国际内部审计员协会的业务咨询意见、业务指南和立场文件，以指导业务。内部审计部门应遵守国际组织的规章制度、相关政策和程序以及内部审计部门自己的标准操作程序。内部审计部门职员须遵守国际公务员的行为标准，并在履行内部审计工作赋予的职责时，始终保持和保障其独立性、客观性和专业精神。内部审计部门主管直接向国际组织主管汇报工作，所有工作在确定审计范围、展开审计及报告审计工作结果时，均不受其他部门干扰。为确保业务独立，内部审计部门主管在遵守财务制度及行政指示的同时，也承担监督及审计国际组织的人事及财务资源部门的工作。

内部审计部门主管及下属必须避免被置于可能造成利益冲突的情况下，以免影响他们在履行职责时的判断力。人事和财务部门的首长及职员须申报任何可能影响其参与审计业务的利益冲突情况，如有利益冲突，须退出参与审计业务。内部审计部门应独立于被评审的活动。内部审计部门不得在其正常的内部监督职能之外，承担国际组织运营或管理职能的职责。内部监督所进行的检讨和评估，并不以任何方式免除国际组织管理层所承担的责任。

内部审计部门的年度工作计划，须经国际组织领导亲自批准。除工作计划外，内部审计部门主管可根据国际组织领导的要求，或在特殊情况下主动进行特别审计、复核或调查。内部审计部门的主管和职员的任期是固定的，任职条件适用于国际组织的所有其他专业人员。国际组织主管应将内部审计部门的主管的委任及解聘通知国际组织成员国大会。

内部审计部门主管须独立拟备一份年度报告，并向国际组织成员国大会提交，报告内容包括内部审计部门的活动、运用资源、重要的审计结果、审计工作中发现的国际组织相关部门的系统性弱点、所进行的调查，及管理层为执行审计建议而采取的行动。该报告还应说明是否有由于缺乏资源或任何其他原因而无法实施的内部审计计划活动。内部审计部门主管须透过其年报向成员国确认内部审计部门的活动是否享有完全的独立性。内部审计部门主管，可自由及不受限制地接触成员国大会主席，就内部控制及监察事宜提供资料及意见。

内部审计部门主管须：(1) 有权全面且不受限制地查阅凡是内部审计认为与被审查对象相关的所有信息、记录、财产、人员和实物资产。(2) 由国际组织中所有人员提供充分的协助与合作，以适当履行内部审计部门的职责。这包括直接与所有级别的工作人员和管理人员沟通，并要求任何工作人员提供被认为是完成内部审计所必需的所有信息和说明。管理层及员工有责任就内部审计员在合理时间内所拟备的报告做出书面回应。(3) 在必要时，可向外部寻求独立的专业意见，并确保具有相关经验和专业知识的外部人士参与其活动。

内部审计部门主管及职员不得：

(1) 发起或批准内部审计部门工作需要之外的会计交易；

(2) 执行任何可能有损人事和财务独立性和客观性的工作；

(3) 指导未被内部审计部门雇用的人员的活动，除非这些人员已被适当分配到内部审计小组或以其他方式协助内部审计部门工作。

内部审计部门主管须承担内部审计如下各项工作：

(1) 根据国际组织的目标和优先事项，至少每年进行一次风险评估，按审计的优先次序制订一项基于风险的审计计划。

(2) 于每年年初提交内部审计监督工作计划，交由国际组织主管批准。

(3) 推行内部审计监督工作计划，并在适当情况下向国际组织主管报告工作计划的现状和结果。

(4) 对不当行为的指控进行调查，例如管理不善，欺诈，腐败，被举报人对举报人的报复，职员违反条例、规则或政策等行为。

(5) 向国际组织主管报告内部审计监督的工作结果及提出建议。国际组织主管在要求对建议采取行动时，应与有关部门分享审计报告。关于审计和调查案件的报告应在国际组织主管认为必要时与有关部门主管分享。

(6) 定期跟进审计建议的执行情况，并向国际组织主管提交各相关部门对审计部门所提建议、所采取行动的进度进行报告。

(7) 与质量管理部门和人事部门合作，通过联合活动加强协同作用。

(8) 与外聘审计机构进行联络，以促进合作和专业的工作关系；优化审计范围和共享信息，如战略、工作计划和由内部审计部门产生的审计报告。

(9) 协调各部门对执行外聘审计机构建议的答复，供外聘审计机构审查。

(10) 制定适用于所有内部审计活动的程序和惯例。建立内部审核活动的质素保证及改善计划，以持续审计内部审核工作的成效。

(11) 同联合国和其他国际组织内部审计的代表保持关系，以便就有关的专业规范、标准、政策、程序和最佳做法交换资料。

(12) 聘用和管理所有员工，并根据相关财务条例和细则以及行政指示申请分配给内部审计部门的资源。

所有内部审计部门的职员，须按照国际内部审计专业实务标准，及由内部审计师协会制定的《道德守则》进行各项内部审计。在审核过程中获得的所有敏感材料和信息都应保密。内部审计部门主管及职员在收集、评估及传达有关受审查活动或程序的资料时，须表现出最高程度的专业客观性。他们应对所有有关情况做公正平衡的评估，在做出判断时不应受自身利益或他人利益的不适当影响。内部审计职员须持有审计或会计专业证书，并拥有由内部审计部门主管同意并定期评估的个人发展计划。内部审计部门根据其工作计划编制的预算，须由内部审计主管提交国际组织主管批准。内部审计预算应由国际组织主管提交成员国大会，与国际组织其他的方案和预算提案一起通过。内部审计部门可在有需要时，聘请顾问及专家。内部审计部门应获得必要的资源，以履行其根据国际组织宗旨和商定的工作计划所承担的责任。

四、纪律惩治联合小组

国际组织一般均在组织内常设纪律惩治联合工作小组，但在特殊的情况下，也会另外特别设立一个纪律惩治联合小组以满足回避制度等。纪律惩治联合小组主席由国际组织秘书长（总干事）与工会商量后，专门任命，另两名成员，一名可由国际组织秘书长任命，另一名通常由工会组织选举产生。根据实际工作情况，纪律惩治联合小组还会选择两位候补成员，产生程序同样一名由任命，另一名由工会选举，以备正式成员不能行使权力时可以候补。纪律惩治联合小组成员任期为 2 年，可连任，其间成员也可按原定任命或选举的程序进行改换。小组处理纪律案件时，应该通知案件事主，确认是否有利益冲突，需要进行回避。

纪律惩治主要针对国际职员违反国际组织行为准则和规范的不当行为，其处理的措施按《工作人员条例和细则》10.2（a）规定可采取下列一种或多种形式：（1）书面训斥；（2）职等内降一级或多级；（3）在规定期间内暂停例常加薪资格；（4）在规定期间内停职停薪；（5）罚款；（6）在规定期间内暂停被考虑晋升的资格；（7）降级，并在规定期间内暂停被考虑晋升的资格；（8）离职，提前通知或给予代替通知的补偿金，并给予或不给予终止任用补偿金；（9）开除。

纪律惩治联合小组设小组主席，一般应为人力资源部门的主管。主席应指导小组的工作和运作：决定哪些文件应转交给专家组所有成员和各相关部门主管；如案件出现分歧，应有权决定把小组中的不同意见以书面形式记录下来；应确定监督和执行时限，并确保最大限度地向国际组织主管提交小组审议的案件。小组秘书、专家小组秘书须由行政部门主管委任，而行政部门主管亦须委任小组运作所需的其他工作人员；秘书应以独立和保密的方式支持小组的运作；秘书应协助并建议主席履行其职责；秘书须就实质性法律问题（包括有关先例），以及与个案有关的技术和程序事项，向纪律惩治联合小组成员提供意见。不过小组也可按照《工作人员条例和细则》的相关规定要求提供法律顾问服务。具体来说，纪律惩治联合小组的工作程序见表 6-4。

表 6-4　纪律惩治联合小组的工作程序

项目	细则
A. 将案件提交小组处理的情况	由部门主管向小组提出的案件审议建议，或其指定的代表以书面方式提出，该请求须由主管签署并注明提交日期。案件审议请求应当包括： (a) 有关工作人员的姓名及其目前或以前在国际组织的职位； (b) 有关事实的详细陈述（适当时按时间顺序）； (c) 将案件提交小组处理的理由； (d) 有关相关部门的书面意见（如有的话）； (e) 所附所有文件的索引（要求审查的案文中提到的任何文件均应全文附呈并编号）； (f) 如有需要，要求口头应询。
B. 小组案件由涉案工作人员要求审议的情况	根据国际组织工作人员细则规定，涉案工作人员在收到有关惩治措施的书面通知后两个月内，无须事先向小组提出申诉，便可要求由小组审查对他/她实施的惩治措施的合适性。在这种情况下，涉案工作人员或其律师正式签署并注明提交日期的审查请求应包括： (a) 有关工作人员的姓名及其目前或以前在国际组织的职位； (b) 纪律惩治措施的书面通知副本； (c) 有关事实的清楚陈述（适当时按时间顺序）； (d) 代表有关工作人员的律师的姓名（如有，随后任何选择或更换律师的情况必须立即通知小组）； (e) 所附所有文件的索引（要求审查的案文中提到的任何文件均应全文附呈并编号）； (f) 如有需要，要求口头应询。
C. 不完整的纪律案件审议	1. 为确定提交案件的公平审议，小组将接受不完整的案件提交。专家组秘书在收到不完整的提交材料后，应书面要求相关方在规定的期限内，向小组提交一份完整的材料。 2. 在规定的材料提交期限届满后，如小组认为已经获得足够的信息，则应开始审理该案件。在审议过程中，小组仍可以决定继续取得它可能需要的任何材料或资料。
D. 各方提交的书面文件	1. 纪律惩治联合小组的诉讼程序通常应限于对案件的原始书面陈述以及简短的陈述和反驳。原始的书面陈述应包括纪律惩治措施，或违反纪律的审查请求及其答复。简短陈述和反驳，应当采取听证、答辩的形式。双方的书面材料提交的期限不得超过 5 天。 2. 每一份提交文件均应通过小组秘书。在审理案件之前或期间，提交给小组的所有材料，均应作为原件，并应准备 5 份副本。每一份都应是原件的真实完整的复印件。正本及所需的副本，须交予秘书分发给另一方：其代表及小组成员。如未能提供文件正本，小组可要求申请人提交经核证属实的副本。纪律惩治联合小组有严格的保密规则，因此，小组可要求当事人出示任何相关的涉密文件。已签署的意见书及文件亦可以使用电子方式，由有关人士以 PDF 格式递交至小组秘书的电子邮箱。 3. 提交评审委员会的意见书通常应使用英文。以任何其他语言提交的任何文件都应附有经过认证的英文翻译版。 4. 就个案向小组提交的每一份书面意见书及文件，秘书一般会在收到后通知另一方。当事人和证人均不得以文档保密为由，拒绝提供有关文件。但小组可决定是否允许当事方就相关内容进行保密处理，如确认哪些为保密部分，先不发送另一方。或者会商保密委员会，确定是否允许其进一步披露。在保密条款允许时，才可以将该文件的副本或相关部分传送给另一方。 5. 如提交的书面文件有缺陷，例如排印错误，并不影响案件的实质，秘书可在通知提交方的情况下，做出必要的更正。

续表

项目	细则
E. 额外证据的提交	1. 小组可接受各方提出的其他书面或口头意见，也可要求提供其他材料或口头说明。 2. 额外的书面提交应加以限制，以避免重复以前提交的信息。提交期限不得超过 5 日。
F. 查阅文件/书面审议	1. 小组有权调用涉案员工的所有资料，特别是获得与案件相关的所有文档。 2. 小组可以通过书面讯问的方式要求当事人、证人、专家提供必要的资料。小组有权决定是否通过其秘书寻求这些材料，或是否要求一方当事人在规定期限内获得这些材料。应当向当事人提供答问和答辩的相关内容的副本，并请当事人在收到之日起 2 日内提出反馈意见。
G. 延长额外提交材料的时间限制	1. 小组可在时限届满前书面提出延长额外提交材料的时限，并说明延迟的原因和完成提交所需的时间。此类要求应通知另一方。 2. 出于法律公平的需要，还可以批准进一步的延期。只有在特殊情况下，为了接收额外的书面提交或材料，案件的审议才会被延迟一段时间。只有在表明： (a) 这种书面提交或材料是绝对必要的，否则将导致严重的不公正，或 (b) 否则，正义的利益不会得到满足，或 (c) 资料不能以口头方式提供。
H. 在没有回复材料的情况下审理案件	1. 当事人逾期不答复的，不影响审理。如一方因所述理由要求延长时限，主席经通知另一方后，可批准该请求，并设定新的时限。 2. 如未提出此种请求或在任何延长期限届满时，小组应开始审议该案件。在审议过程中，小组应确定如何从当事人处获得其可能需要的任何材料或信息。
I. 放弃案件	1. 如果双方需随时跟踪其所提交的案件的审议情况，有义务将其地址或电话号码的任何更改通知小组。 2. 在涉案当事人要求小组审查的情况下，如果出现小组的通讯请求无法联系到涉案人的情况，小组主席可以认定涉案人决定放弃申诉。 3. 如有关工作人员提交的案件意见书不完整，且未能在规定的时限内为小组审议该案件提供关键要素，该案件可被视为涉案人放弃申诉。 4. 经过充分的解释，放弃的案例可以恢复。如果因有关涉案人未能提交关键内容，供小组审议该案件而被认为放弃该案件，则任何恢复案件的此类动议，必须附有包含所需关键内容的案件完整陈述。
J. 撤回案件	1. 提交方可在小组向国际组织主管提交报告之前的任何时间撤回案件。 2. 撤回案件必须用书面形式，并由涉案人签名。

纪律惩治联合小组对案件审议的规定见表 6-5。

表 6-5 纪律惩治联合小组对案件审议的规定

项目	细则
A. 小组的组成及给各方的通知	1. 小组在审议个案前，秘书须将小组的组成以书面形式通知有关各方。 2. 小组成员资格，除非有取消资格请求，否则，整个审议期限届满时均属有效组成。 3. 在案件结束前，应尽可能保持小组成员的相对固定组成。

续表

项目	细则
B. 取消小组成员的资格	1. 任何一方须在收到小组成员组成的书面通知后，在 2 个工作日内就成员资格提出更换成员的要求，并须书面陈述理由。 2. 如果任何一方在 2 个工作日后，得知对方要求更换原定小组成员资格的信息，它可以在得知该信息后的 5 个工作日内，对更换要求做出回应。 3. 小组秘书及其他小组工作人员，或任何可能存在利益冲突而被取消资格，或被免除资格的人，将由相应的候补人选代替。
C. 小组的权限	1. 小组应有权自己决定案件管辖权限的问题。 2. 小组不应决定纪律惩治的等级，而只是通过相关证据，审议有关纪律惩治决定是否出于偏见，或受到了某些其他外部因素的影响。
D. 审议小组的会议	1. 小组可以就案件召开行政部门会议或举行听证会。 2. 全体小组成员和秘书必须出席所有会议。
E. 要求听证	1. 任何一方均可在收到小组组成通知后，以书面形式向专家组提出举行听证会的要求。小组应决定是否批准该请求。它也可以自行决定有必要举行听证。 2. 在决定是否需要举行听证会时，小组应考虑是否书面提交的材料已经充分涵盖了涉案的所有问题，当事人或证人的证词是否会大幅增加，正在考虑和必要的附加材料和信息是否满足听证会的需要。
F. 听证会的通知	1. 如果听证会已经安排，小组秘书须将日期、时间和地点立即通知当事人。 2. 如需在前次听证会后要求继续听证，此时则应在发出口头通知后加上书面确认。
G. 在听证会上的陈述	1. 听证会必须邀请双方当事人参加。 2. 为了避免重复，已经书面提交材料的内容，可不再复述，涉案双方通常限制在 10 分钟内答辩。在听证会上，如有新材料，须提交另一方，并接受小组和另一方的提问；小组可决定新材料的相关性，并据此限制口头陈述。 3. 听证会可包括当事人的陈述和证人或专家的证词。小组可自行传唤有关证人和专家。在证明证人和专家的证词是相关的情况下，小组还可允许任何一方就新证词传唤证人和专家。 4. 听证会的正常顺序如下： (a) 听证会由主席召集； (b) 有关工作人员或其律师作开场白； (c) 主席开场白； (d) 小组成员可在陈述期间或之后的任何时间提问； (e) 小组成员和当事人可向证人提问； (f) 可以先由涉案国际组织的相关部门代表作结案陈词，以便允许有关涉案人或其律师有机会在最后发言。 5. 陈述的顺序可以改变，以适应特殊情况或时间要求，例如，证人出庭的时间只能在一段特定的时间内。 6. 主席应负责程序的进行，包括传达小组的裁决。

续表

项目	细则
H. 小组的报告	1. 小组应尽一切努力，在案件提交给它的 4 周内向国际组织主管提供咨询意见。意见应采用书面报告的形式，载有有关案件的程序记录，并应清楚说明小组建议的纪律措施（如有的话）以及小组认为适当的所有其他建议。 2. 如就建议获得一致表决，则小组报告应由主席和成员签署；如仅获得过半数表决，则应由成员的过半数签署。在后一种情况下，不同意多数立场的小组成员可在多数投票后 1 周内准备一份反对意见，附于报告之后。 3. 秘书应将小组报告提交国际组织主管的日期通知有关涉案双方。 4. 有关案件处理的最终决定，通常由国际组织主管在专家组提交报告后 1 个月内做出，并应连同小组报告副本一并通知涉案的双方当事人。 5. 应允许相关涉案工作人员行使他/她的权利，继续向国际劳工组织的行政法庭申诉。
I. 旅行费用及签证	小组不应为有关涉案人、其律师或证人的旅费或签发签证申请经费。

本章思考题

1. 国际组织是如何对职员的工作表现进行评估的？
2. 国际组织的公务备用金制度有何特点？
3. 国际组织是如何通过审计预防腐败的？
4. 国际组织是如何对不当行为采取纪律措施的？

第七章

国际组织的项目管理体系

大多数国际组织之所以要建立项目管理体系，是因为项目管理行之有效，既能管理好日常工作，又能应对各种变化，是国际组织取信于成员国的最佳工具。每个国际组织都有大量日常工作，每个人都要负责很多由团队执行的工作，工作量大，头绪多，接触面广。这些复杂的工作任务都需要不同部门和不同职员通过协调和组合来完成，项目特点正好满足了国际组织的这一工作特点。用项目管理，一个人可以参与多个项目，同时进行或交叉互动。因此，多数国际组织都会把其成员国授权的工作，以项目的形式实施，进行有效的管理。

第一节　国际组织项目管理概述

任何部门都有自己的工作方法，而国际组织更有其特别的工作方法，这些方法是把成千上万的不同工作，以项目形式呈现，经过实践已经形成最优模式。国际组织的项目质量要求非常严格，任何新就职人员都最好是有一些项目管理能力和基础知识方面的培训，近年来，国际组织的面试和笔试中，也经常会有一些国际项目运营的知识类题目。为帮助读者在面试时能够准确使用项目管理中的英文专业词汇，本章尽量多地把一些关键英文词汇进行了标注。

一、国际组织的项目管理

国际组织的项目管理，就是将各种国际组织正常运营需要的知识、技能、手段、技术应用到项目中，以争取满足或超过项目关联方或干系人（stakeholder）的要求和期望。这种管理其实是指导你的项目从开始、执行，直至终止的全过程，并随时监督和评估其成效。

1. 国际组织项目机构

国际组织项目机构有两类：单独项目机构（stand-alone entity）或合作项目机构（cooperate org）。

项目机构主要的负责内容有：人员职位和位置、作用和责任（jobs，roles and responsibilities）。

项目机构涉及的三个利益方：立项管理方、项目服务提供方和应用方（business case director，supplier and user）。

项目机构运行有三个层次：项目领导、项目管理和项目执行职员（director for project board，manager and deliver）。

国际组织机构设置的最重要关注点是如何保证其项目的质量。出于国际组织的信誉和项目操作要素本身的要求，国际组织项目必然会进行质量保证，质量贯穿项目全过程：项目书、执行标准、执行程序、管理控制。一般有如下的安排和措施：

质量预期与实际产品差距（vague area，quality criteria and tolerance）

产品说明（project product description）

验收标准（acceptance criteria，measurable）

质量过程控制（plan check and quality register）

项目执行人、检查人和批准人（producer，reviewer and approver）

项目验收（acceptance records，written in end）

计划和方案最重要的是，有可检查和可落实的标准（provide baseline for measurable progress）

项目计划、阶段计划、团队计划、分解结构计划（project plan，stage plan，team plan，breakdown structure plan）

2. 项目管理需要关注的要素

项目管理需要关注的要素，其实就是平衡项目的范围、时间、成本、风险和质量等，这些要素本身就存在着多种相互矛盾的要求。项目管理者不仅要处理和平衡好这些要素，还要满足项目干系人的各种新的需要和期望，特别困难的是，还需满足成员国其他特定的要求（已明确的要求和隐含的要求）。项目管理要求在给定资源的约束下，成功地达成预定的目标，为此必须采用科学的方法和有效的管理手段。

3. 项目管理包括三项基本业务

计划：指明要取得的各种结果，制订进度表，估计所需资源。

组织：明确人员角色和职责。

管理：经常确认成员国或相关人员所期望的工作、所采取的监督行为和所取得的结果，应付所遇到的各种问题，与有利害关系的人共享信息。

在国际组织里，项目多数是以组合管理的形式出现。因为它们经常会遇到问题的复合体，成为组合项目、项目群、多项目计划管理。项目有时涉及资源数量巨大，范围很广。例如联合国难民署新建难民营、埃塞俄比亚建立工业示范园、维和部队进驻新营地，这些大的项目都可以看成一个大的复合体项目。

在国际组织项目的运作过程中，一个国际组织经常同时进行着多个项目。项目运作也可以划分成一系列分项目，项目管理必须按照项目管理模式来开展，也就是说，用项目管理来取代过去常规工作的运作管理，这样就形成一套所谓基于项目的管理。这种基于项目的管理模式，不仅适用于大的项目，同时也可以把这种管理模式应用到国际组织的日常运作当中。

项目管理主要包括外部的和内部的因素，即包括人和物的因素。项目管理离不开人，离不开项目团队、人的激励、团队建设、创新、技术、沟通以及领导艺术、谈判等等。人的作用发挥得好坏对项目的成功至关重要。在人的基础上，下一个重要因素就是项目的管理方法、国际组织的文化和项目组织。文化包括人的价值观念以及信念、态度、行为，组织包括授权和职责。项目管理还包括计划和信息管理。计划包括工作定义、工作策略和战略以及工作的时间安排、进度计划；信息管理包括信息的沟通、历史信息以及工作进展、现状以及对未来的预测。

项目管理另外一个重要因素就是项目的控制。有了项目计划，还需要对项目进行控制，通过对比、检查、评审和纠错等一系列工作来控制项目，使项目按照既定的目标和既定路线推进。国际组织确定的项目形式，一般都是最适合该国际组织进行的，这种规范运作方式采用了国际上广泛使用的标准，因而保证了项目的可控环境。项目管理是国际组织内部众多不同部门或单位人员的标准化工作技能，项目往往是日常工作的运作单位。可以这样理解，国际组织就是众多小的标准项目单位集合体，总的来说，国际组织的项目模式包括如下基本好处：

（1）最佳操作模式（best practice）

（2）适合于所有形式的项目（applied to any type of project）

（3）让国际组织工作人员有了共同的工作词汇（common vocabulary）

（4）国际组织工作人员有了确定的责任、依据、授权和沟通标准（defined responsibilities，accountability，authority and communication）

（5）项目完成过程中明确了项目的目标、时间、项目干系人、项目地点、内容等细节（why，when，who，where，what，即 5W）

（6）保障项目管理团队，控制程序和重点（management team，control and focus）

（7）有了绩效标准和时间上的最好管理模式（efficient standard，economic use of management time）

（8）有了完善而又经济实惠的报告结构（thorough but economical structure of reports system）

（9）保证项目各干系人都参与：项目负责方、赞助方、执行方和使用方（ensure stakeholders involvement，sponsors，providers，users）

(10) 有利于项目要素的重复使用，国际职员的灵活调整，减少由于职员变动和交接对项目导致的影响（reuse of project，facilitate staff mobility，reduce impact of personnel change/handovers）

(11) 对国际组织非常有价值的一个诊断工具（invaluable diagnostic tool），可用于项目保险、评估、处理难点和审计项目等（assurance，assessment，trouble-shooting，audits）

二、国际组织项目的特点

1. 变化或变更性特点（change）。国际组织的项目不是一成不变的，而是不断根据成员国要求进行变化。今天的国际组织面临不少挑战，一方面，国际组织需要按照成员国已经确定的目标和任务进行正常运作，完成已经认可的任务；另一方面，在新技术、新变化、新社会环境、新规则、新竞争下，国际组织随时需要根据成员国的新要求，更加有效工作，或者是更快适应这些新的挑战，以减少或消除可能的损失。因此，国际组织任务经常发生变化或变动，就成为国际组织项目的最大特点。

2. 项目的时间性和阶段性特点（temporary）。国际组织的项目从性质上说，是根据成员国的要求进行的改进和应对，是有条件的，因此这种任务必然是有时间性的，是阶段性的工作。一旦确定的变化因素处理完成了，工作就恢复正常（当然是在新的模式下），项目也就不再需要，从这个意义上讲，项目应该有开始和结束的阶段。

3. 团队协作和利益团体及部门交叉性特点（cross-functional）。由于国际组织的新任务往往涉及各种利益和部门，因此项目会包括一个工作团队，让各个部门的干系人共同参与，甚至让一些有关联的其他组织的人也参与。所以，工作中，不同的利益、动机、目的和技术会出现冲撞和矛盾，而国际组织的项目工作形式，正是适应了这个特点，很好地通过由各种利益和矛盾冲撞而导致的团队协作方式，促进任务的完成。

4. 项目的独特性特点（unique）。每个项目都有其特点和不同的内容，国际组织可以有相同和类似的许多项目在同时进行，但这些项目都会有一些独特性：不同的团队组合、不同的用户、不同的项目地点，所以，项目的独特性特点要求有不同的项目组织结构，有针对性地进行工作。

5. 结果的不确定性特点（uncertainty）。项目是应对国际组织变化或变动的特性，注定项目的成功会存在风险和威胁，相比于“事务照常”的工作方式，项目风险和不确定性应该是其固有的特点之一，这个特点，也就要求国际组织的项目必须时刻在可控的环境中运行，要有报告、批准、监督、核查、审计和最后的合格移交过程。

三、国际组织项目负责人的责任

国际组织项目都会有指定的项目负责人，指定负责人的目的是保证项目是在一个可以控制的环境里进行，风险和效果都能得到有效管控，项目的任何方面都只有在可控制的范围下，各参与方才能有信心，以便明确国际项目的任何利益方都一致同意。因此，在项目开始前，先要有一个明确的计划和方案。例如，国际组织要建造一座会议中心，这个项目的负责人首先要清楚制造这个会议中心各个任务的期望值和结果是什么，要清楚地知道，会议中心需要有多少会议室、多大的会议室，功能是什么，需要配备哪些会议设备和技术等。

会议中心负责人，可以自己来负责整个建设的责任，也可以或更应该让一个了解会议中心功能的专业人士来负责此项工作。授权别人来进行专业工作是项目的重要功能，让建筑负责人来搞房子的建设，让会议设备技术人员来负责配套设备的建设，这样就可以有效规避项目实施过程中随时出现的风险。而项目预先就定下方案和计划，能保证授权工作任务的明确和精准，即使有了明确的方案和计划，项目负责人也不能放手不管，核查、监督、有据可查等在项目进行中就非常必要。此外，如果项目进行中出现超出预算和计划的大的风险，或者项目执行中可能加快项目进度、节省成本等，项目的模式将确保这些节点都在国际组织项目负责人的管控之下。

项目管理中有六个变量需要项目管理负责人时刻关注：

1. 控制费用（cost）。国际组织的任何项目都必须是在预算可以承担范围内，项目负责人脑子里时刻需要有一个费用思维。因为在项目运行过程中，可能有许多因素会导致预算出现变动，或是超出预算，或是在运行过程中有节省费用的机会，负责人应该充分地发挥他的作用和责任。

2. 确定项目进行的时间安排（timescale）。项目负责人除了关注费用外，另一类最需要关注的就是，项目需要执行多长时间，项目何时能够结束，能否按时完成任务，或提前完成任务等。

3. 质量控制（quality）。保证项目执行质量的重要性不言而喻，与质量相比，项目完成时间和费用的可控制都不算什么。因为如果质量没有控制好，尽管项目按时完成了，但达不到启动这个项目的最初目的，那进行这个项目有何意义？这样真的就成劳民伤财了，会影响国际组织的声誉，是国际组织的大忌。

4. 项目规模和范围（scope）。项目决定后，确定该项目的规模和范围非常重要，项目的关联方或干系人，可能对项目的想法大相径庭。还是拿会议中心举例，会议中心使用方、执行方和会议中心出资方想法就不一样：会议中心使用方在预算时，可能希望将来的会议中心项目包括世界一流的高科技全球实时交互视频系统；会议中心出资方想的是普通的会议同传系统，有一个视频投放幕墙；会议中心执行方可能想的是只要招收一般建筑技能的工人就能完成的任务。在项目中，项目的规模和范围，技术标准和指标，都非常复杂和专业，需要特别注意，国际组织项目的立项报告中，必须把这些内容都陈列清楚，并实现大家意见一致。

5. 风险（risk）。任何国际组织项目都存在风险，但重要的是项目负责方要清楚，自己能够承受多大的风险。国际组织是否可以把国际会议中心建在郊外空旷的地方，或把国际会议中心建在生活质量较差和配套设施不便的贫穷区，或建在城市的中心？而当决定要在一些地方建这个会议中心，该如何增加一些措施来减少这个项目面临的风险，如交通、住宿、文化需求配套等国际会议中心所必须具备的设施和条件。

6. 项目收获（benefits）。人们往往在执行项目的时候，会忘记项目的初始目的。我们为什么要搞这个项目？国际组织搞项目的最终目的是要保证得到收获。我们关注节省会议中心经费、紧赶慢赶完成工期、注意工程质量，但根本的目的是能把会议中心用上，而且让会议得以圆满举行，不出差错。项目负责方应该对投资和控制此项目的最终收获和用途，有一个非常清晰的理解和掌握。保证项目得到最终收获和达到相关项目的目标，才是项目负责方真正的作用和职责所在。

第二节　国际组织项目的原则和主题

一、国际组织项目的原则

国际组织的项目模式，为国际组织提供了一个标准的管理办法，它适用于任何国际组织，也不管项目的大小、范围、业务类别、项目架构、地理位置和文化特点，项目都是按照一个标准的原则来执行。这个原则适用于一切国际组织的项目。项目模式已经在各个国际组织运行中经过无数次证实，它就是要让项目的执行者有足够的信心和能力，保质保量地在国际组织这个复杂的环境下顺利完成任务。也正是如此，任何国际组织的工作人员在接手项目时，必须遵守国际组织项目的如下原则：

1. 项目进行的合理性原则（continued business justification）

国际组织项目必须注意其合理性原则，项目启动时必须有合理性和必要性的研究，在项目进行的全过程，项目的合理性和必要性需要始终客观存在，并且合理性和必要性都应该进行书面记录和清楚表述，更重要的是，须经过国际组织内部层层确认，包括项目负责方的批准和同意。

如果不认真研究项目的合理性和必要性，可能会出现价值较低的项目，如：国际组织得益很少；与其他类似项目重复；项目绩效比差，不值得推进；与国际组织总体战略和目标不一致；等等。这个合理性和必要性也需要贯穿整个项目的过程，因为合理性也可以有变化，情况变化的时候就要重新审查原有方案的理由，如果其继续存在的合理性、必要性不存在了，项目也就没有存在的意义了。国际组织认为，中途停止项目并不是项目的失败，有时反而是对国际组织的贡献，因为有关这个项目的经费和人力资源可以移作国际组织更需要推进的其他项目——也许那样，对国际组织的声誉和事业更好。

国际组织即使面对一些强制性义务，如环境保护的要求、新科技发展的要求，需要国际组织启动某个项目时，也需要进行合理性和必要性论证。因为世界上有很多不同的国际组织，有很多国际组织在选择项目和执行方案时，需要考虑其当时任务的优先次序，执行项目可以有各种不同的方案和执行办法，它们会导致不同的费用、收益和风险。

2. 吸取经验（learn from experience）

项目团队必须从其他先前的项目中吸取经验和教训，这些经验教训不仅要了解清楚，最好要记录下来，并在项目执行过程中进行参考。因此，在项目启动时，多数项目计划中，都会有一项工作，就是收集和吸取相关项目的经验和教训。在前面论述国际组织项目的特点时，谈到任何国际组织的项目都有独特性，而且在组织结构上，都是临时的团队，从过往经验中汲取营养，必然有助于项目的成功。

在设计项目的时候，应该认真参考和研究一下该国际组织前面做过的同类项目，或相同方向的项目，看看有什么经验教训可以参考。如果这个项目是该国际组织第一次运作，则责任方就更有必要设法去研究和参考一下其他国际组织和其他外部单位的工作经验和教训。当项目开始进行的时候，项目负责方和执行方，更需要随时把遇到的经验和教训详细记录在案，并保证在项目进行的过程中，不断审核这些记录的精确性和不断进行修正。当结束项目的时候，必须把这些经验教训转交给下面接收项目的客户和使用方，教训只有被大家吸取并由此推动工作改进了，才是真正得到了经验教训，否则，仅仅是看到了教训，并没有吸取教训并将之转化成经验。

3. 明确角色和职责（Define roles and responsibility）

国际组织的项目需要对项目的利益相关方，或干系人的角色和职责有明确的界定，项目负责方、项目执行方和项目使用方，在权利和义务上都不能含糊。如果项目利益方用错人，没用对人，项目参与人不清楚自己的角色和职责，再好的项目，再好的计划和管理，也是白忙。项目进行的时候，由于项目是多部门、多职位合作，往往大家的目的、功能、利益、做法和工作次序都不同，无法事事处处都编写操作手册加以说明。因此，明确各个参与者的角色和职责就非常必要，每个人或每项工作的责、权、利一定要界定明确，大家也知道该如何进行沟通和协调。

国际组织进行的项目在责、权、利三个方面是如下的情况：项目负责方，负责项目的目标和投资；项目执行方，负责提供内外各方面的专业资源，保证项目的执行和运作；项目使用方，确保项目完成后，能够实现项目设计时确定的所有价值和效率。三方必须都在项目进行的过程中有充分的发言权，项目中只有项目负责方和使用方发言，项目将无法进行；只有负责方和执行方发言，可能将来项目完成后，满足不了使用方的要求，项目沦为废品。所以明确三方职能和责任，目的是要解决这三个重要问题：我为什么要做？你需要我怎么做？做的结果是否满足你的需要？

4. 按阶段管理（manage by stages）

国际组织的项目管理是通过有计划、有监督、有管控，并以阶段为基础的运行模式来实现的。这种方式保证了项目管理团队在项目进行过程中，能在相关阶段的节点进行核证。在项目每个设定阶段结束的节点，管理团队需要审议项目的合理性和必要性是否仍然有效，并决定项目是否在按计划执行，是否要继续执行。

把项目划分为不同阶段的做法，能让管理团队根据项目优先次序、风险和复杂要素，有一个不断调整或确认的机会。当然，一个项目划分的阶段少一些，虽可减轻管理团队的工作量，但质量保证会产生更多的风险，且往往发现问题的时候，已经晚了；但划分的阶段多了，也会导致管制太严格，让管理团队太忙。一般做法，一个小项目，必须至少有两个阶段，即启动阶段和执行阶段；大一点的项目则需要分若干阶段，包括一个总的概括性方案、几个分阶段、正在执行的阶段和下一个需要执行的阶段。

项目是通过计划、批准授权、监督、控制下分阶段完成的一个过程。项目在计划阶段，应该认真地把项目执行中的阶段性划分设计好。设计的原则是须具有可控制性和可预见性，如果控制太严，或想预见一切工作量，既不现实也不合适，应该注意适度、留有余地，因为项目还有一个原则是例外管理。

5. 例外管理（manage by exception）

项目应该有一个明确规定好的宽容度，以承认项目授权执行中需要一定的自主裁量权。这种做法是为了保证项目在设计、管理和执行过程中，既能保证质量的可靠性，又具有可操作性。通常，项目管理层会授权项目执行层，在如下六个方面有适当的自主裁量权：

（1）时间上，允许项目提前或延后几天，以保质保量或节省经费。

（2）费用上，预算允许超支或节省某个量级。

（3）质量上，允许质量误差正负值5%左右，这个5%是质量标准，这个“左右”其实是宽容度。

（4）范围和规模上，允许增加或减少某个比例，如邀请开会，出席人数多10%或少10%，都属于正常范围。

（5）风险上，任何工作都会遇到意外，出现风险，只要没有影响到项目的执行，没有影响到质量控制，没有超出时间、费用等宽容度，则应该视为风险可控，项目应可继续执行，不需要停止或进行改变。

（6）最终收益是项目的目的，一般认为，任何项目没有30%或40%的收益或改进，就不会产生新的项目；同理，如果项目进行中，这个收益率或改进程度达不到原定目标，也应该有一个宽容度，而不应轻易叫停项目。

项目的例外管理是一种非常重要的项目管理技巧，因此，在项目设计阶段，就应该把例外管理的宽容度清楚地写入计划书中，并在执行中严格把关。一旦项目执行在六要素中出现超出宽容度的情况，应毫不犹疑地主动上报上级管理层，以便决定项目是否需要调整或者停止。只有如此，各级管理层才能对授权下属执行团队项目的可靠度有充分信心和信任。这种管理办法，既节省了上级管理层的工作量，又提升了下级工作层的工作效率，明确自主裁量的职权范围。

6. 专注产品（focus on products）

国际组织的项目要求项目关联方或干系方，都能关注产品确定的性能和最后移交产品的质量。国际组织中一些成功的项目，往往是重产品（output-oriented），而非重行为（activity-oriented），而要做到重产品项目，必然是在项目设计阶段，对产品就有非常清晰的定位和描述，并为各关联方同意，而非在执行阶段不断地进行讨论和修改。项目执行过程中，会有一系列的中间产品，各方必须要有明确的界定和描述，限定项目的范围和规模、时间、费用、质量、风险，而最重要的是要保证最后收益的确定性。这就是项目计划和控制的真谛。

项目的目的，是让项目关联方在最终产品出来时，与其最初的项目合理性和必要性期望值一致。为此，在产品最初设计时，必须让关联各方把他们的期望内容很明确地描述出来，并得到大家一致的认可和批准，成为共同的产品订单。否则，一个项目可以在不同关联方眼中有各种不同的理解和解释。譬如，国际组织召开一个国际会议，会议项目的负责方期望的是国际名人参会，但执行方可能在邀请过程中由于各种原因，降低了名人的级别或出席率，导致举办国际会议的使用方东道国没有达到宣传和扩大影响力的收益，从而对项目的最终产品并不满意。而专注产品，把许多细节写下来，例如将邀请到多少、什么级别的名人出席会议，明确质量，就能避免这样的结果。

项目专注于产品，就能保证在项目设计阶段，项目的各关联方明确地制订出详细的项目各阶段产品执行方案，包括项目的各阶段的产品目的、产品构成定义、产品形式、来源、质量标准、获取的办法、采用的手法等等。有了这些执行方案，就框死了进行项目工作时，要进行的那些工作和需要投入的工作量，需要花费的资源和动用的力量。

专注产品的项目方式能够保证项目执行的各个方面都有规可依：不管是计划阶段、责任和义务规划、执行阶段报告制度、质量把关、变化控制、规模和范围界定、资源配置，还是产品接受度和风险承受能力，在这个模式下，都能有错必纠。而没有专注产品的项目模式，必然最后导致：项目的产品出现后，对产品质量的接受度出现纠纷；需要重新加工；计划执行中出现无法控制的大的变动项目——范围蔓延（scope creep）；最终用户不满意；甚至最终用户拒绝使用项目产品。

7. 根据项目环境量身定制（tailor to suit the project environment）

项目由于其独特性的特点，必然是定制式的，需要依据不同的项目环境条件、规模、项目复杂要素、项目的重要性和国际组织的各方面能力包括承受风险的能力等。国际组织的各个项目都有其特点，往往分属不同的领域，这个独特性表现在：不同的团队、组合，不同的用户，不同的项目地点，但有一点，任何国际组织的项目方式只要是定制式，就能适合该组织特有的情况，不管这个项目属于什么类型，拥有什么样的组织结构，地理位置是什么，文化差异如何，都可以保证其是一个好的项目。

定制式项目的目的是：确保项目是按照国际组织已经确定的规范来进行，例如人力资源管理、财政管理和采购安排等；同时，确保项目执行是根据计划方案里确定的规模、影响要素、项目重要性、国际组织的承受能力和风险能力。定制式项目管理，要求管理团队更主动和积极地对项目进行跟踪，实事求是。不能只核对计划书或召开会议，做表面文章，而应该时刻了解项目的全面信息，及时根据实际情况做出调整。

二、国际组织项目的八大业务主题

国际组织项目有八大业务主题，它们是一个相互关联的整体，这八个业务存在于项目自始至终，分别是：立项（business case）、项目机构（organization）、质量保证（quality）、计划（plan）、风险（risk）、变动（change）、进度（progress）、结果[(result）或成果（outcome），收益或成绩（benefit）]。

立项。立项是启动项目的第一步。它往往是从国际组织有了构想时，就应该开始研究立项问题，这些问题包括项目重要性、必要性和可行性（worthwhile，desirable，viable and achievable），立项必须始终关注国际组织的工作使命和总体战略，不能偏离国际组织自身的工作目标，因此，立项其实是回答这个项目为什么（why）开展的问题。

项目机构。国际组织为了对项目负责，就需要安排相关项目干系方共同全程参与，即成立一个短期的项目机构。项目往往关系到多部门，而且功能上有独特性，平时负责日常工作的国际组织常规部门很可能无法有效地胜任新项目工作，这时，项目管理方和参与者（project board，stakeholders）就成为项目成功的基础。项目机构或组织是解决谁（who）来做的问题。

质量保证。国际组织为了自己的信誉，就必须要让项目在可控的环境下有效运行（project in the controlled environment）。在立项时，可能会有一个质量的大的框架，但真正的质量保证，必须在项目分段产品或阶段性产品中，都有详细描述并为各方认可和批准，并让各方在项目进行的各个阶段进行检验和审核，直到最后产品按质移交使用方。项目的质量主要是解决是什么（what）的问题。

计划。项目计划得到项目参与各方的认可和批准至关重要，它与质量保证密切相关，其必要性体现在具体操作过程中各协作方的配合，即解决如何执行、费用多少和何时执行（how，how much，when）等细节。好的项目计划有利于项目各方沟通、执行和质量保证。计划要素有人也把它说成是产品的 5W（who，what，when，where，how）。一个完整的项目计划包括如下信息：完成项目需要哪些资源，配备人员，工作岗位职级，工作经费，合作方，技术和其他设备的配套，各个阶段的起始节点，计划将描述项目各阶段节点的时间、费用、质量、风险和收益的宽容度及预期值。

风险。国际组织的日常工作就是面对威胁、挑战与机会（threat，challenge，opportunity），而项目更是有风险的可能，这正是用项目来应对风险的工作逻辑。国际组织认为，世界面临着诸多的威胁和变化。国际组织为了正确应对这些变化，就需要用项目的方式，应对就会有不确定性，不确定性本质上就是有风险。这个工作逻辑就是变化—需要提升应对能力—提升能力产生不确定性—有了风险—需要风险控制。如何应对风险，项目的方式是找出风险、进行评估、广泛沟通和实施控制。应对风险在操作上有许多技巧，必须在计划和方案中描述清楚，具体包括：谁应该关注风险、什么时候和阶段提出什么风险、哪些类别的风险需要关注、风险的原因、风险事件、风险影响的大小、风险的可能性、风险反应的程度、应对风险的办法、风险状况、风险负责人和消除风险的人等等。

变动。这个主题业务是指项目管理方，如何评估和应对事件或难题的依据，判断事件变化对国际组织日常业务的影响程度，其分析和把握，决定了项目的立项，这个判断应该在项目计划和各阶段产品评估，以及最终产品移交使用时，都能客观反映。变动有许多关键要素，包括：变动的确定（change defined）；难题和变动控制（issue and change control）；变动的五种处理手法即分辨、评估、确认、拒绝或拖延处理（identify，assess，approve，reject or defer）；变动引起的资源配置调整（configuration management）；确定变动处理的程度，按优先事项和严重性判断，可以是：必须立即，或应该尽快，或可以尽快，或不必现在处理（priority and severity judge：must have，should have，could have，won't have for now）。国际组织项目变动，在机构或预算方面都需要有很严格的文件记录，记录的文件主要是：配置项目记录、产品状态账户、工作日志、难题登记、难题报告、国际组织项目变动，而这些文件都必须接受国际组织机制的严格审查和审计（verification and audit）。

进度。国际组织的项目最主要的程序和过程是进度控制。项目进度控制的重要性体现在：随时随地对项目的监控（monitor progress），按计划执行工作，比对计划与工作报告情况（compare level of achievement with plan），及时根据变化研究计划并对下一步工作进行调整（review plans and options against future），发现问题和提示风险（detect problems and identify risks），提出调整工作的建议并授权进行变动或继续原方案工作（initiate corrective action and authorize change or continue）。

在项目实施中，主要的工作有：设置进度与计划对比的宽容度/例外（tolerance/exception）；进行进度的阶段设置，以控制和评估（stage control and review）；设定进度的控制标准（time/event drove control）。工作中，按规定完成进度报告体系的各项工作，如填写进度报告（progress report）的相关内容：工作日志（daily log），问题登记（issue register），项目产品状态档案（product status account），质量登记（quality register），风险登记（risk register），教训记录（lessons log），项目阶段性节点报告（checkpoint report），项目亮点报告（highlight report），项目阶段性结束报告（end stage report），结束项目报告（end project report）。在这里，一定要注意，国际组织项目的进度主要有六项评估内容：项目时间、项目费用、项目的规模和范围、风险、质量和项目各阶段节点以及最后的收益。在项目运行过程中，项目团队须随时检查项目阶段性的产品和成果（outputs），来监督项目的进度和收益。通常是通过关键绩效参数或报表进行审查（key performance indicator，KPI）。

结果［result 或成果（outcome），收益或成绩（benefit）］。国际组织项目运作过程，一般会经过以下步骤而最后实现均衡的结果：立项工作（initial）、开发和运作（develop）、核查和监督工作（verification，monitor）、监管和维持工作（maintain）、确认和验收工作（confirm and close project）。项目最重要的部分当然是结果，得到收益，而收益往往是一个妥协式的均衡表（negotiated equilibrium）——费用/质量/时间要素的项目管理呈三角形公差关系（triangle tolerance relation：cost/quality/time）。三角形代表项目的最终收益，项目收益如果在一个均衡的状态时，那么时间/费用/质量就是一个定量三角形，减少费用将会延长工作时间和降低质量保证；增加项目时间能够让质量更有保证，但必将加大预算开支；而提高质量水平，则需要增加费用开支和增加工作的时间安排。国际组织的项目管理的科学性在于，项目结果最终是追求项目费用/时间/质量三方面的均衡和妥协。

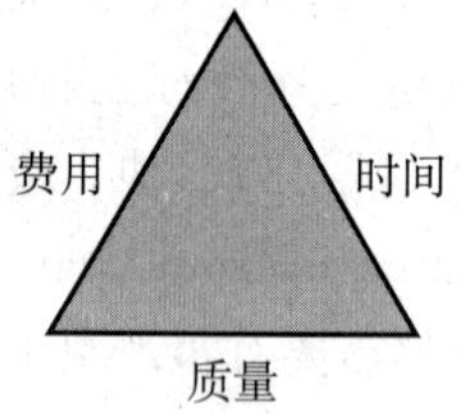

图 7-1　时间/费用/质量定量三角形示意图

第三节　国际组织项目具体操作和文件

国际组织文山会海，很多都是围绕着项目及其文件进行的。项目官员的基本功和胜任力之一是沟通能力，在编写文件中就表现为项目基本文件框架和方案、工作记录、各类小结和总结报告。国际组织项目管理产品共有 26 种需要处理的文件①。当然，各个国际组织项目管理和操作的习惯不同，并不会统一项目文件和格式，或对这 26 种文件全部采用，但一般都会选择和采用其中的一些文件方式，形成各个国际组织特有的项目文件和格式。因此，了解这些通识和通行操作，对于参与国际组织项目是十分有必要的。

项目的第一大类编写内容即基本文件框架和方案，主要是为了定义项目的各

① 下面穿插列出 26 种文件。

个方面质量和工作内容，保证经批准后项目在一定的范围内实行变更控制。主要包括以下各种：(1) 收益审查计划 (benefits review plan)，属于项目立项的基础；(2) 业务立项 (business case)，项目的基本架构和建议；(4) 沟通管理策略 (communication management strategy)，项目涉及各相关部门的意见汇总；(6) 资源配置管理策略 (configuration management strategy)，涉及项目财务和人力资源部门意见；(16) 计划和方案 (plan)，包括项目、阶段以及 (可选) 团队计划；(17) 项目产品技术指标的说明 (product description)，不同国际组织对不同项目的具体指标；(19) 项目简介 (project brief)，例如难民营建设、农业新技术推广、环境保护技术推广等等；(20) 项目启动文件 (project initiation documentation)，立项建议和批准书；(21) 项目产品说明 (project product description)，例如难民营建设方案、农业新技术推广范围、环境保护技术推广具体实施标准等等；(22) 质量管理方针 (quality management strategy)，具体质量指标；(24) 风险管理策略 (risk management strategy)，风险防控指标；(26) 工作包 (work package)，项目操作人员的工作手册。

项目的第二大类编写内容是在项目执行中的工作记录，也是动态管理产品，主要用于记录项目进度的相关信息。主要包括以下各种：(5) 资源配置记录 (configuration item record)，涉及经费、人员配置、工作范围和内容、质量要求等；(7) 每日日志 (daily log)，每天的工作记录；(12) 困难和问题登记册 (issue register)，既是为了保证质量，也是为了控制风险；(14) 经验日志 (lesson log)，边工作，边总结经验；(23) 质量登记册 (quality register)，专注于质量记录；(25) 风险登记册 (risk register)，专注于风险记录。

项目的第三大类编写内容是各类小结和总结报告，它们主要是提供项目某些方面状态的概要。主要包括以下各种：(3) 检查节点报告 (checkpoint report)，分阶段报告项目情况；(8) 项目结束报告 (end project report)，项目结束时的报告；(9) 阶段性结束报告 (end stage report)，项目每阶段完成时的报告；(10) 例外报告 (exception report)，与立项不一致时需要报告；(11) 亮点报告 (highlight report)，项目中有关执行值得报告的重点；(13) 困难和问题报告 (issue report)，项目日常操作中出现困难和难点，产生可能导致项目变更的因素，需要提请上级批准的变动，必须先有这种报告；(15) 经验报告 (lessons report)，操作中取得经验，就应写下来；(18) 产品状态账户 (project status account)，任何项目必须有一个动态的状态文件和报告，账户是为了对项目管理人员产品的不同版本进行确认，便于随时修改、更正、核查和检验。

以上各种记录和报告文件，在有关项目正常推进过程中，一般不会随项目变动而发生变化，但仍会受资源配置管理的其他方面约束，如版本控制、安全存储、访问权限等。管理这些文件不一定只是用文档，也可以使用信息流程的项目管理软件，近年来，项目管理软件非常发达，大大方便了国际组织执行项目时采取行动或做出决策。

大多数项目基本框架，都是在项目前期和启动阶段活动中产生的，然后项目各方通过对其进行评审，在每个阶段结束时不断更新，方便各种记录和报告的查找和参阅对照。下面把国际组织项目的 26 种报告的需求分别按项目目的、需要包括的内容、文件资料的出处或来源、文件通常的格式要求和普遍适用的标准五大项进行编辑，具体如下：

1. 收益审查计划

（1）目的

项目立项的原则之一是项目合理性、可行性和必要性始终有效，而收益审查计划正是保证上述原则的一个手段，它规定了如何及何时对项目收益的实现情况进行评估。在项目启动过程中将收益审查计划提交给项目负责人，在各个阶段随时更新该计划内容，在项目结束后用于对项目进行效益审查。

收益审查计划必须包含以下内容：查明项目产品的预期效益是否已实现，以及产品在运行使用中的表现；必须评估每个预期收益的实现程度，以及是否需要额外的时间来评估剩余收益；项目产品可能会带来意想不到的副作用，因此必须花时间和精力来分析，了解为什么事先没有预见到这些副作用。

如果项目本身是一个大项目方案中的一小部分，则收益审查计划可包含在大方案的收益实现计划中，并在大方案中执行。项目结束后，收益审查计划应由国际组织或项目管理层来进行维护和执行。

（2）内容

收益审查计划的内容包括：要衡量的收益内容；谁对预期收益负责；如何衡量预期收益的实现情况，以及何时可以衡量这些收益；开展审查工作需要哪些资源配置；计算改进的项目基本框架的措施；如何审查项目产品的性能。

（3）出处

收益审查计划的出处包括：同类业务案例；项目产品说明（特别是验收标准）；收益实现计划（如果项目是方案的一部分）；国际组织的绩效监控职能（如联合国难民署难民接收基地标准）。

（4）格式

收益审查计划可以采用多种格式，包括：文档、电子表格或演示幻灯片；采用项目软件或管理工具。

（5）标准

涵盖业务案例中所述的所有利益；效益必须是可衡量的，并记录基线措施；说明衡量收益的合适时间，以及选择的原因；确定进行效益衡量所需的技能或人员；与预期收益的价值对照，审查收益的具体成本；考虑是否应评估和审查产品的副效应。

2. 业务立项

（1）目的

业务立项是指根据预期成本（开发成本、实施成本、持续运营成本、维护成本）和预期收益（与任何相关风险抵消后的预期收益）记录项目实施的理由；应包括怎样以及何时可以衡量预期收益；立项概述一般在项目启动的过程中完成，通过项目启动的过程进行细化；在指导项目的过程中将对业务案例进行批准和再确认；在项目管理阶段，借助立项评估问题和风险的可能影响，在每个管理阶段结束时，对其进行审查和更新，在项目结束时，通过结束项目流程，再次进行审查和更新。

（2）内容

执行摘要：强调了立项中的关键节点，其中应包括重要收益和投资回报（return of investment，ROI）。

原因：确定开展项目的原因，并解释项目如何实现国际组织的战略和目标。

业务量选择：对基本业务进行分析：什么也不做；尽量少做；象征性做点什么；必须按质定量或不折不扣地完成。

预期收益：以可衡量的方式表示项目将带来的收益，并与项目之前的情况进行对比。收益应当以定性和定量的方式表示，并与国际组织或方案的利益相一致。应为每个收益和累计收益设置容差，并说明利益实现的具体要求。

预期的不利后果：即一个或多个利益相关者认为是负面的结果。风险实际上意味着不利后果是否会出现，存在着一定的不确定性，例如，将组织的两个部门合并成一个新的部门的决定，可能会带来收益（如更好的合作），成本（如扩大其中一个部门）和损失（如合并期间的工作效率下降），因此需要对损益进行评估，并将其纳入项目变更的评估中。

项目运行的时限：即项目计划运行以及实现收益的时间段，有关的时限信息将有助于做出合理的决策（项目计划，阶段计划和收益审查计划）。

成本：项目成本（项目计划），正在进行的运营成本、维护成本及资金计划。

投资评估：将总的收益和损失与项目成本（从项目计划中获取）以及持续的运营和维护成本进行比较，可以使用诸如现金流量表、投资回报率、净现值、内部收益率和投资回收期之类的工具进行分析，主要解决如何为项目提供合理资金的问题。

主要风险：与项目相关的主要风险，以及可能产生的影响和应对的计划。

（3）出处

项目授权和项目简介—原因；项目计划—成本和时间表；高级用户—预期收益；执行人员—费用代价；风险登记册；问题登记册。

（4）格式

业务案例可以采用多种格式，包括：文档、电子表格或演示幻灯片，采用项目管理工具。

（5）标准

项目启动必须与国际组织宗旨或其他计划保持一致；与项目计划和业务案例必须保持一致；应确定并证明其收益；应该清楚如何实现收益；应该清楚界定项目成

功的标准；应该清楚界定优先业务选项以及选择原因；如果需要外部采购，应明确首选的采购方案以及选择原因；应明确如何获得必要的资金；立项包括非财务和财务标准；立项包括运营和维护的成本和风险，以及项目的成本和风险；立项符合国际组织会计准则（例如盈亏平衡分析和现金流惯例）；明确说明项目面临的主要风险，以及应对措施。

3. 检查节点报告

（1）目的

按工作包中确定的频率来报告，专注于报告工作包的执行状况。

（2）内容

日期：检查节点的日期。

时段：检查节点报告涵盖的报告期。

跟进：之前报告的后续行动，例如已完成的项目或未解决的问题。

本报告期：报告期内团队正在开发的项目产品；报告期内团队已完成的项目产品；报告期内开展的质量管理活动；经验教训。

下一报告期：下一报告期团队将要开发的项目产品；团队计划在下一报告期内完成的项目产品；下一报告期计划开展的质量管理活动。

工作包公差宽容度状态：工作包是如何根据其宽容度执行的（例如，成本/时间/范围实际值和预测）；更新与工作包相关的问题和风险。

（3）出处

工作包；团队计划和实际情况；之前的检查节点报告。

（4）格式

检查节点报告可以采用多种格式，包括：向项目执行官员口头报告（可以亲自或通过电话）；在进度审查中的陈述（线下会议或电话会议）；发给项目管理官员的文件或电子邮件；采用项目管理工具。

（5）标准

按项目管理官员要求的频率制作；进度评估的级别和频率适用于该阶段或工作包；信息及时、有用、客观、准确；报告涵盖该报告期内工作包中的所有项目产品；更新上一份报告中未解决的问题。

4. 项目沟通管理策略

（1）目的

明确项目内外各方沟通的方式和频率；通过建立受控的双向信息流，促进与利益相关者的接触。

（2）内容

说明目的、目标和范围，并确定谁负责该策略。

通信程序：说明所使用的任何通信方法，应突出说明与国际组织或方案管理标准有无差异，如有应说明差异的理由。

工具和技术：在通信过程中使用的任何通信工具，以及可能的其他技术。

记录：即需要哪些通信记录，并存储在何处（例如记录外部通信）。

报告：关于沟通过程的任何报告，包括其目的、时间和接收内容（绩效指标）。

沟通活动的时间安排：说明何时进行正式的沟通活动（如在一个阶段结束时），包括对沟通方法的绩效审计。

角色和职责：谁将负责沟通过程的哪些方面，包括与通信有关的任何国际组织或利益相关者。

相关方内容：可能包括会计人员、用户论坛、内部审计、项目质量保证、竞争对手等；当前关系；期望关系；连接界面；关键信息；各相关方的信息需求；项目需要提供的信息；需要向项目提供的信息；信息提供者和接收者；通信频率；通信手段；通信格式。

（3）出处

国际组织的公开透明政策（如国际组织需要的年度报告）；方案的信息管理战略；项目启动文件的其他组成部分（特别是项目管理团队结构、风险管理策略、质量管理策略和资源配置管理策略）；促进与利益相关者的研讨会/非正式讨论；利益相关者分析。

（4）格式

沟通管理策略可以采用多种格式，包括：独立产品或项目启动文件、其他文件、电子表格或思维导图；采用项目管理工具。

（5）标准

确定所有利益相关者，并就其沟通要求征求意见；所有利益相关者都同意沟通的内容、频率和方法；考虑通信的通用标准；已在阶段计划中考虑到进行确定沟通所需的时间、精力和资源；沟通的形式和频率是合理的；对于部分属于方案的项目，明确项目与方案之间的沟通渠道和报告结构；必要时可使用国际组织系统的沟通设施（如通过新闻传播部门发布项目公告等）。

5. 资源配置项记录

（1）目的

提供每个资源配置的历史、状态、版本和变体等信息的记录，以及各种版本之间重要关系的相关内容。

（2）内容

具体规定配置项记录的组成，下面罗列的是每个配置项记录的建议组件：

项目标识符：是唯一的参考，通常是数字或字母数字值。

配置项标识符：是唯一的参考，通常是数字或字母数字值。

当前版本：通常为字母数字值；对项目产品的描述，应与产品分类结构中的内容相同；上次状态更改日期。

所有者：在项目产品交付时将获得所有权的个人或团体。

地址：项目产品所在地。

复印件持有者：目前该项目产品的复印件持有者。

项目类型：组件、产品、发布。

项目属性：配置管理策略定义的项目属性，用于在生成产品状态账户时指定产品的附属产品，例如创建产品的管理阶段、产品类型（如硬件、软件）、产品目的地等。

阶段：产品开发各特定阶段。

用户：将使用项目的人员或组别。

状态：配置管理策略定义的状态，例如待定开发、开发中、评审中、批准或移交。

产品状态：产品描述中定义的产品状态。

变体：例如语言变体。

执行团队：负责创建或获取产品的人员或团队。

分配日期：分配给执行团队的日期。

来源：例如内部或从第三方单位购买。

与其他项目的关系：如果别的项目发生变化，本项目将受到影响。

交叉引用：问题和风险，定义项目要求、设计、建造、生产和验证的文件（具体包括产品说明）。

（3）出处

配置管理策略产品分解结构；阶段计划和工作包；质量登记册、问题登记册和风险登记册。

（4）格式

配置项记录可以采用多种格式，包括：文档、电子表格或数据库；采用项目管理工具；配置项记录，可以是有项目配置管理系统的国际组织数据库的一部分。

（5）标准

准确地反映了产品的状态；项目产品执行的地方；配置项记录显示了项目的版本历史；有明确定义，并更新了配置项记录的全过程。

6. 资源配置管理策略

（1）目的

确定如何以及由谁来控制和保护项目的产品。

主要解决以下问题：项目产品的存储方式和地点；将采取何种存储和检索安全措施；如何识别产品及其各种版本和变体；配置管理职责所在的地方如何控制产品变更。

（2）内容

介绍：说明目的、目标和范围，并确定谁负责该战略。

配置管理程序：对要使用的配置管理过程的描述（或引用），应突出说明与国际组织要求或方案管理标准是否存在差异，并说明差异的理由；程序应包括计划、识别、控制（包括存储/检索、产品安全、移交程序等）、状态核算、验证和审核等活动。

发布和变更控制程序：对要使用的发布和变更控制程序的描述（或引用）；应

突出说明与国际组织要求或方案管理标准是否存在差异，并说明差异的理由；程序应包括发现、检查、提议、决定和实施等活动。

工具和技术：将要使用的配置管理系统或工具，以及配置管理程序中每个步骤可能使用的相关技术。

记录：问题登记册和配置项记录中组成和格式的定义。

报告：报告（问题报告、产品状态账户）的组成、格式、目的、时间和选定的接收者，应包括审查程序的执行情况。

配置管理和发布及变更控制活动的时间安排：说明何时进行正式活动（例如配置审核）。

角色和职责：描述谁将负责程序的哪些方面，包括与项目产品配置管理有关的任何部门或利益相关者，以及是否将建立变更权限或变更预算。

优先级和严重程度的范围：对变更请求和非规范请求的优先级和严重性进行分级，并确定可以对问题的严重性做出判定的管理级别。

（3）出处

客户的质量期望；国际组织配置管理系统（例如用户正在使用或授权的任何配置管理软件）；方案质量管理策略和信息管理策略；用户质量管理体系；项目技术提供方的质量管理体系；项目产品和环境的具体需求；项目管理团队结构（确定管理职责）；促进项目开发的研讨会和非正式讨论。

（4）格式

配置管理策略采用多种格式，包括：独立文件或项目启动文件；采用项目管理工具。

（5）标准

用户和供应商都清楚并理解责任；定义项目产品的关键标识符；版本控制的方法和环境是明确的；该策略为项目经理提供了需要的所有产品信息；考虑配置管理的国际组织或计划策略；检索系统以准确、及时和可用的方式生成所需的所有信息；项目文件提供任何审计要求所需的信息；项目文件提供支持任何经验所需的历史记录；选择的配置管理策略适合项目的规模和性质；有足够的资源来管理所选的配置管理方法；应考虑运营团队（或项目产品将转移到的其他团队）的要求。

7. 日志

（1）目的

用于记录非正式问题、所需操作或日志未获得的重要事件，是项目管理人员的项目日记；如果没有设置其他登记册，它还可以用作项目启动过程中问题和风险的存储库；如果有多个日志，团队管理人员可以在其工作包中选择使用，以与项目管理人员的日志区分。

（2）内容

日志形式自由，但主要包括：问题、行动、事件或评论、负责人、目标日期、结果。

（3）出处

当项目经理或团队经理认为应当记录某个事件时，就会进行记录。通常是基于想法、对话和观察。

（4）格式

日志可以采用多种格式，包括：文件或电子表格、桌面日记或日志电子日历/任务列表；采用项目管理工具。

（5）标准

有足够的文档记录，以便以后可以理解（一个简短的注释在当时可能并不重要，但若没有的话可能几个月后就很难理解当时的意思，甚至出现分歧）；填写日期、责任人和目标日期；考虑对每日日志设置访问权限（如是否允许每个参与项目的人都可以看到每日日志）。

8. 项目结束报告

（1）目的

用于对照项目启动文档，从而审查项目的执行情况。还可以包括：任何可用于其他项目的经验教训；未完成工作、持续风险或潜在产品修改的详细信息，以供项目产品未来用户使用。

（2）内容

项目负责人总结项目绩效的报告；审查业务案例，总结项目业务案例的有效性；迄今取得的效益；预期剩余收益（项目后）；预期净收益；与批准的业务案例的偏差。

审查项目目标：审查项目如何按照其计划目标和时间、成本、质量、范围、效益和风险公差执行，以及审查项目策略和控制措施的有效性。

审查团队表现：特别是团队绩效评估，认可产品的良好绩效。

质量记录：列出计划和完成的质量活动的质量记录。

批准记录：列出产品及其所需批准的批准记录。

不符合规格：列出任何缺失产品或不符合原始要求的产品，并确认授权的任何让步。

项目产品移交确认：以验收记录的形式，由客户确认运营和职能维护部门已准备好接收项目产品。

后续行动建议：请求项目委员会就谁应接受每项建议行动提供建议。建议的操作与未完成的工作、正在进行的问题和风险以及将产品带入下一阶段所需的活动有关。

经验教训报告：回顾哪些进展顺利、哪些进展不顺利，以及任何供国际组织或项目管理者考虑的建议（如果项目过早结束，则应解释原因）。

（3）出处

项目启动文件；同类业务案例；项目计划；利益相关方审查计划；发布登记册、质量登记册和风险登记策教训报告；最后阶段报告（以及例外情况报告）。

（4）格式

项目结束报告可以采用多种格式，包括：向项目委员会做报告（线下会议或电话会议）；通过项目管理工具向项目委员会发布文件或电子邮件。

（5）标准

描述异常情况及其影响；在项目结束时，所有问题应关闭或成为后续行动建议的子项；任何可用的有用文件或证据应随附后续行动建议；任何指定的项目质量保证人员应与报告一致。

9. 项目阶段性结束报告

（1）目的

总结某个项目阶段结束时，从前一个阶段结束迄今为止的进展情况、总体项目情况，并为项目委员会决定下一阶段如何处理该项目提供足够的信息；项目委员会利用项目阶段性报告中的信息和下一阶段的计划来决定对项目采取什么行动，例如授权下一阶段、修改项目范围或停止项目。

（2）内容

项目管理人员报告：项目管理人员总结该阶段表现的报告。

审查业务案例：总结项目业务案例的有效性；迄今取得的效益；预期剩余收益（剩余阶段和项目后收益）；预期净收益；与批准的业务案例汇总的风险敞口的差异。

审查项目目标：审查项目迄今为止在时间、成本、质量、范围、效益和风险方面的计划目标和公差，审查项目策略和控制措施的有效性。

审查阶段目标：审查特定阶段如何按照其计划目标和时间、成本、质量、范围、效益和风险公差执行。

审查团队表现：特别是对团队绩效的评估，认可产品的良好绩效；产品评审。

质量记录：列出计划和完成的质量活动的质量记录。

批准记录：列出产品及其所需批准的批准记录。

不符合规格：列出任何缺失产品或不符合原始要求的产品，并确认授权的任何调整和让步。

项目产品移交确认：以验收记录的形式，由客户确认运营和下阶段操作部门已准备好接收项目产品。

后续行动建议：请求项目委员会就谁应接受每项建议行动提供建议。建议的操作与未完成的工作、正在进行的问题和风险以及将产品带入下一阶段所需的活动有关。

经验教训报告：回顾哪些进展顺利、哪些进展不顺利，以及任何供国际组织或项目管理考虑的建议（如果项目过早结束，则应解释原因）。

问题和风险：影响项目的当前问题和风险汇总。

预测：根据时间、成本、质量、范围、效益和风险的计划目标和公差，项目经理对项目和下一阶段进行预测。

如果在启动阶段结束时制作阶段性报告，则上述所有内容并非都需要。

（3）出处

现阶段计划和实际情况；项目计划；收益审查计划；风险登记册、质量登记册和发放登记册；例外报告；经验报告；完成的工作包；更新业务案例。

（4）格式

阶段性报告可以采用多种格式，包括：向项目委员会做报告（线下会议或电话会议）；发给项目委员会的文件或电子邮件；采用项目管理工具。

（5）标准

报告清楚地显示了与计划相反的阶段性表现；描述异常情况及其影响；任何指定的项目保证人员都同意该报告。

10. 例外报告

（1）目的

当某个阶段或项目计划预计将超出设置的容差级别时将生成异常报告。由项目经理编写，目的是向项目委员会通报情况，并为后续工作提供建议。

（2）内容

标题：对例外情况的概述。

例外原因：说明偏离当前计划的原因，偏离的后果，以及如果不解决偏差问题将会产生什么影响。

项目：国际组织或项目管理方。

选项：可用于解决偏差的选项有哪些？每个选项对业务案例、风险和容忍度有何影响？

可用选项的建议：建议是什么，为什么？

教训：从本项目或未来项目的偏差情况中可以学到什么？

（3）出处

当前计划和实际情况；问题登记册、风险登记册和质量登记册重点报告、问题报告（针对阶段/项目偏差）或检查点报告（针对团队偏差）；项目委员会对影响项目的外部事件的建议。

（4）格式

异常报告可以采用多种格式，包括：在记录的进度审查中提出问题（线下会议或电话会议）；向上一级管理层发文件或电子邮件；采用项目管理工具；对于紧急例外情况，建议首先口头提交例外情况报告，然后按照商定的格式进行后续处理。

（5）标准

当前计划必须明确时间和成本绩效的状态；必须说明偏差的原因，明确分析例外情况，评估和说明可能导致的影响；考虑对业务案例的影响，并计算对整个项目计划的影响；分析解决办法（包括与之相关的任何风险），并就最适当的方式提出建议；及时、适当地提交异常报告。

11. 亮点报告

（1）目的

亮点或重点报告是按照项目委员会（或其他利益相关者）定义的时间间隔提供阶段状态的重要问题说明报告，以便项目委员会借以监控项目进度。项目经理可以借以向项目委员会报告任何潜在的重要问题或需要项目委员会提供帮助的地方。

（2）内容

日期：报告日期。

时段：亮点报告涵盖的报告期间。

状态摘要：此阶段状态的概述。

本报告期：待授权、执行中和已完成的工作包（如果工作包由外部项目技术提供方执行，此信息可能附有采购订单和发票数据）；本期已完成产品；报告期间内已计划但尚未开始或完成的产品（提供预警指标或可能违反时间、预算、质量等的容差）；报告期间采取的纠正措施。

下一阶段报告期：待授权、执行中和将在下一阶段完成的工作包（如果工作包由外部技术提供方执行，此信息可能附有采购订单和发票数据）；下一阶段将完成的产品；下一阶段需要完成的纠正措施；项目和阶段公差状态，项目和阶段的执行情况如何与其公差（如成本时间实际值和预测值）。

变更请求：提出、批准/拒绝和未决的变更请求。

关键问题和风险：实际的或潜在的问题和风险总结。

经验教训报告：对什么进展顺利，什么进展不顺利的看法，以及任何供国际组织或项目管理考虑的建议。

（3）出处

项目启动文件；检查节点报告；发布登记册、质量登记册和风险登记册阶段计划和实际情况；沟通管理策略。

（4）格式

重点和亮点报告可以采用多种格式，包括：向项目委员会做报告（线下会议或电话会议）；向项目委员会发布文件或电子邮件；采用项目管理工具。

（5）标准

项目委员会要求的适用于该项目/阶段内容和频率的进度报告；项目经理按照项目委员会要求的频率和内容提供重点报告；信息及时、有用、准确、客观；报告明确了任何潜在的问题。

12. 问题登记册

（1）目的

问题登记册主要是用于收集和维护有关正式管理的所有问题的信息。项目负责人应定期监督问题登记册。

（2）内容

对于问题登记册中的每个条目，应记录以下内容：

问题标识符：为每个问题提供唯一的参考，通常是数字或字母数字值。

问题类型：记录的问题类型，即变更请求、不合规格、问题/关注。

提出日期：最初提出问题的日期；提出问题的个人或团队的名称。

问题报告的作者：创建问题报告的个人或团队的名称。

问题描述：描述问题内容、原因和影响。

优先性：应根据项目选择的类别给予优先考虑。

严重性：应根据项目选择的规模分析问题的严重性，严重程度意味着表明需要什么级别的管理才能对问题做出决定。

状态：问题的当前状态和上次更新的日期。

结束日期：问题结束的日期。

（3）出处

在配置管理策略中明确问题登记册的格式和组成；所有新的问题都记录在问题登记册上；随着问题的进展而更新，问题解决后，将关闭该问题的条目。

（4）格式

问题登记册可以采用多种格式，包括：文档、电子表格或数据库；独立登记册或进行中的结转审查记录；采用项目管理工具；包括风险、行动、决定、假设、问题、教训等的综合项目登记册的一部分。

（5）标准

在状态中更新是否已采取行动；问题包括它们所指产品的信息是唯一确定的；定义更新问题登记册的流程；问题登记册上的条目，在经审查事实上是风险并被转移到风险登记册上后，相应地注释条目；控制问题登记册的访问权限，并将登记册保存在安全的地方。

13. 困难和问题报告

（1）目的

问题报告是一份包含变更请求、问题、影响评估和建议的报告。主要是针对那些需要正式处理的问题而创建的；报告最初是在发现问题时创建的，并在检查问题和确定解决问题的途径后更新。问题报告后期会进一步修订，以记录解决问题的途径，最后在核实执行情况并结束问题后予以更新。

（2）内容

问题标识符：问题登记册中显示的问题标识符（为每个问题报告提供唯一的标识参考）。

问题类型：记录的问题类型，即变更请求、不合规格、问题/关注。

提出日期：最初提出问题的日期；提出问题的个人或团队的名称。

问题报告的作者：创建问题报告的个人或团队的名称。

问题描述：描述问题原因和影响。

影响分析：详细分析问题可能产生的影响，例如受影响产品的列表。

建议：项目经理认为应采取哪些措施来解决问题（以及原因）。

优先性：应根据项目选择的类别给予优先考虑。

严重性：应根据项目选择的规模分析问题的严重性，严重程度意味着表明需要什么级别的管理才能对问题做出决定。

做出的决定：接受、拒绝、推迟或授予特许权。

批准：由决策人记录批准。

决定日期、结束日期：问题结束的日期。

（3）出处

在配置管理策略中明确问题登记册的格式和组成；重点报告、检查点报告和最后阶段报告；阶段计划，包括实际价值和事件；参与项目的用户和供应商团队；控制质量的应用；过程质量记录、风险记录和经验记录；完成的工作包。

（4）格式

问题报告可以采用多种格式，包括：文档、电子表格或数据库；采用项目管理工具。并非问题登记册中的所有条目都需要单独记录的问题报告。

（5）标准

所述问题明确无误；进行了详细的影响分析；已考虑所有影响；已检查该问题对公差的影响；问题已在问题登记册中正确记录；决策描述准确、明确。

14. 经验日志

（1）目的

经验日志是此项目或未来其他项目的经验存储库。来自其他项目的经验教训也应记录在经验日志中，以便制定项目的战略和计划。来自项目内部的经验也可以通过经验报告传递给其他人。

（2）内容

对于经验日志中的每个条目，应记录以下内容：

经验类型：正在记录的经验类型。

课题：适用于本课题。

公司或项目：将转交给国际组织或项目管理层；课题和公司/项目管理。

经验细节可能包括：事件；影响（如正面/负面财务影响）；原因；是否有预警指标；建议；是否曾被认定为威胁/机遇。

记录日期：最初记录经验的日期；以授权人员或团队的姓名记录。

优先性：项目所选类别的优先级。

（3）出处

其他项目的经验教训报告；项目授权书或项目简介；每日日志、发放登记册、质量登记册和风险登记册；工作包已完成的检查点报告和重点报告；实际阶段计划；项目过程的观察和经验。

（4）格式

经验日志可以采用多种格式，包括：文档、电子表格或数据库；独立日志进行中的结转审查记录；采用项目管理工具，包括风险、行动、决定、假设、问题、教训等的综合项目登记册的一部分。

（5）标准

在状态中更新是否已采取行动；经验包括它们所指产品的信息是唯一确定的；定义更新经验日志的流程；控制经验日志的访问权限；将日志保存在安全的地方。

15. 经验报告

（1）目的

记录任何可以有效应用于其他项目的经验；报告的目的是改进后续行动，吸收积极的经验教训，以避免在今后的项目中造成消极的影响；经验报告可以在项目进行过程中的任何时候创建，不一定要等到项目结束。通常是将其作为最后阶段报告和结束项目报告的一部分。对于特定组织（例如用户、供应商或国际组织的计划），有必要提供一些特定的经验报告；报告中的数据应供质量管理体系的相关企业集团使用，以便细化、改进标准。

（2）内容

执行摘要；报告范围（如阶段或项目）；审查哪些进展顺利、哪些进展不顺利，以及供国际组织或项目管理层考虑的建议。

尤其是：项目管理方法；使用的专业方法；项目策略（风险管理、质量管理、沟通管理和配置管理）；项目控制；导致偏差的异常事件；审查有用的测量方法，如生产该产品需要的成本；质量管理策略在设计、开发和交付产品方面的有效性问题（例如产品通过质量检验后发现了多少错误?）和风险统计。

对于重要的经验，可以提供以下方面的细节：事件；影响（如正面/负面财务影响）；原因；是否有预警指标；建议；触发事件之前是否被确定为风险（威胁或机遇）。

（3）出处

项目启动文件；经验日志（用于识别经验）；质量登记册、问题登记册和风险登记册（用于统计分析）、质量记录（用于统计分析）、沟通管理策略（针对分销表）。

（4）格式

经验报告可以采用多种格式，包括：向项目委员会口头报告（面对面或通过电话）；在进度审查中的陈述（线下会议或电话会议）；向项目委员会发文件或电子邮件；采用项目管理工具。

（5）标准

每项管理控制都经过了检查；提供估计值与实际值的统计数据，包括质量控制成功的统计数据；任何指定的项目保证人员都同意该报告；对意外风险进行审查，以确定是否可以预见这些风险；为每个经验总结今后的行动建议。

16. 项目方案和计划

（1）目的

包括计划范围所需的主要产品、活动和资源，如何以及何时实现目标，国际组织项目上有三个层次的计划即项目、阶段和团队；团队计划是可选的，可能不需要遵循与项目计划或阶段计划内容相同；例外计划主要是为了替换预期相同级别的计划而创建的；项目计划为业务案例提供计划成本，并确定管理阶段和其他主要控制点，由项目委员会用作监测项目进度的基线；阶段计划涵盖特定阶段的产品、资源、活动和控制，并用作监控阶段进度的基线；团队计划（如果使用）可以只包含一个分配给团队经理的工作包时间表；一个计划不仅应包括创造产品的活动，还应包括管理产品的活动——包括保证、质量管理、风险管理、配置管理、沟通和任何其他所需的项目控制活动。

（2）内容

计划说明：简要说明计划的内容（如项目、阶段、团队、例外情况）和计划方法。

计划先决条件：包括任何基本方面，这些基本方面必须保证到位，计划才能成功。

外部依赖性：可能影响计划的外部依赖性。

规划假设：计划所依据的规划假设。

经验教训：包含了以往类似项目的相关经验教训的细节，并在本计划中对其进行了审查和调整。

监督和控制：如何监控计划的细节。

预算：涵盖时间和成本的预算，包括风险和变更准备金。

公差宽容：时间、成本和范围宽容度（也可能包括更具体的阶段或团队级别的风险宽容度）。

产品描述：涵盖计划范围内的产品（对于项目计划而言主要指项目产品；对于阶段计划而言是阶段产品；对于团队计划，则是分配的工作包的参考）。质量公差宽容度将在每个产品描述中进行规范。

进度表：可包括以下图形表示：条形图、产品分解结构、产品流程图；活动网络。

资源需求表：按资源类型分类（如四名工程师，一名测试人员，一名业务分析师）。

请求/分配的特定资源表：按项目工作人员分列（如 Nikki、Jay、Francesca）。

（3）出处

项目简介；质量管理策略（计划中包含的质量管理活动）；风险管理策略（计划中包含的风险管理活动）；沟通管理策略（计划中包含的沟通管理活动）；配置管理策略（用于计划中包含的配置管理活动）；资源可用性；登记册和日志。

（4）格式

计划可以采用多种格式，包括：独立文件或项目启动文件的一部分；文档、电子表格、演示幻灯片或思维导图；采用项目管理工具；进度表的形式可以是产品检查表（即计划范围内交付的产品清单，以及关键状态日期，如草案准备就绪日期、质量检查日期、批准日期等）或项目规划工具。

（5）标准

计划是可以实现的；基于对资源的评估，谁将承担工作或整理历史数据；团队经理认可计划是可以实现的；计划的细节要适当（不要太多，也不要太少）；计划符合要求的公司或计划标准；计划吸收了以往项目的经验教训；计划包含了法律要求；计划包括管理和控制活动（如质量）以及创建产品的活动；计划使用了质量管理策略、配置管理策略、风险管理策略、沟通管理策略和项目方法；计划使用了项目启动文件中定义的管理控制。

17. 产品说明

（1）目的

产品描述用于：了解产品的详细性质、用途、功能和外观；确定谁将使用产品；确定产品的信息或供应来源；确定产品质量水平；识别生产、审查和批准活动；确定生产、审查和批准产品所需的人员或技能。

（2）内容

标识符：由配置管理方法分配的唯一密钥，可能包括项目名称、产品名称和版本号。

名称：产品名称。

目的：产品将实现的目的以及谁将使用它。它是达到目的的手段还是目的本身？产品目的将有助于了解产品的功能、范围、质量、复杂性等。

成分：产品列表。如果产品是一个报告，成分是指一个报告的章或节的列表。

衍生：该产品来源于哪些产品？例如：设计是源于规范；从技术提供部门购买的产品；从用户那里获得预期收益的声明；从其他部门或团队获得产品。

形式：即产品的特征，如果产品是一份报告，形式是指该报告是文档、演示幻灯片还是电子邮件。

开发技能要求：指明开发产品所需的技能，或指明哪些领域应提供开发资源。实际人员的身份可以留到计划产品创建阶段。

合格标准：必须生产什么质量规格的产品，以及检验成品的人员将采用什么方式测量？这可能是对其他地方一个或多个通用标准的简单引用，也可能是对要应用的某些标准的完整解释。如果要在不同的状态下开发和批准产品（例如拆卸的机械、移动的机械和重新组装的机械），则合格标准应是适用于每个状态的标准。

质量公差或宽容度：产品可接受的合格标准中任何范围的质量公差细节。

质量方法：用于检查产品质量或功能的方法，例如设计验证、试验、检验或评审。

质量技能要求：指明采用质量方法所需的技能，或指明哪些领域应提供检查资源。在计划进行质量检验的阶段之前，可保留实际人员的身份。

质量职责：产品的开发人、审核人和批准人。

（3）出处

产品分解结构；产品的最终用户；质量管理策略；配置管理策略。

（4）格式

产品描述可以采用多种格式，包括：文档、演示幻灯片或思维导图；采用项目管理工具。

（5）标准

产品用途明确；产品描述的详细程度足以进行生产规划和管理；产品描述简洁，但足以使产品得以生产、审查和批准；明确产品开发的责任；产品开发的职责与项目管理团队组织和质量管理策略中描述的角色和职责一致；合格标准与项目合格标准、标准检查表和验收标准一致；合格标准明确了产品何时适合使用；质量检验类型能够验证产品是否符合规定的合格标准；用户高级别人员确认产品说明中定义的产品要求清晰明确；开发者高级别人员确认可以达到产品说明中规定的产品要求。

18. 产品状态账户

（1）目的

提供有关定义限制内产品状态的信息；可以涵盖整个项目、特定阶段、项目的特定领域或特定产品的历史。主要用于项目管理人员产品版本号的确认。

（2）内容

报告范围：描述报告的范围（整个项目、按阶段、按产品类型、按产品开发人员划分等），产品属性可用于选择进行报告的具体产品集合。

生成日期：生成报告的日期。

产品状态：报告范围内每种产品的产品状态。报告可能包括：产品标识和名称；版本；状态变更的状态和日期；产品状态；业主；复制件持有者；位置；用户；产品开发人员和分配给开发人员的日期；产品描述基线化的计划和实际日期；产品基线化的计划和实际日期；下一基线的计划日期；相关项目清单；相关问题（包括待定和批准的变更）和风险清单。

（3）出处

配置项记录、阶段计划。

（4）格式

可以采用多种格式，包括：来自数据库的文档、电子表格或报告；采用项目管理工具。

（5）标准

细节和日期与阶段计划相符；产品名称与产品分解结构和配置项记录中的名称一致。

19. 项目简介

（1）目的

项目简介用于为项目的启动提供充分和坚实的基础，通常是在项目过程的启动过程中创建；在项目启动过程中，项目简介的内容在项目启动文档中得到扩展和细化，之后便不再修改项目简介。

（2）内容

项目定义：说明项目需要实现的目标。它应包括：背景、项目目标（包括时间、成本、质量、范围、风险和效益绩效目标）、预期结果、项目范围和不包括的内容、约束和假设、项目公差和宽容度、用户和任何其他已知的利益相关方、交接界面。

概述业务案例：需要该项目和选择该业务的原因。在项目启动过程中，将发展成一个详细的业务案例。

项目产品描述：包括客户质量期望、用户验收标准及操作和维护验收标准。

项目方法：将在项目中使用的解决方案，解决方案必须适合其运营环境。

项目管理团队结构：谁将参与项目？

角色描述：项目管理团队的角色以及此时确定的任何其他关键资源。

参考资料：对任何相关文件或产品的引用。

（3）出处

项目开始时提供的项目授权书。

方案管理：如果项目是方案的一部分，则项目简介可能由方案提供，因此不必由项目授权；与公司管理层讨论的公司战略以及适用的任何政策和标准；如果项目授权书不完整或没有提供项目授权书，则与项目委员会和用户进行讨论；与运行和维护组织讨论（如适用）；与（潜在）供应商讨论专业人员培训。

（4）格式

可以采用多种格式，包括：文档或演示幻灯片；采用项目管理工具。

（5）标准

简洁，因为主要目的是为启动项目提供坚实的基础。随后将作为项目启动文件的一部分加以完善和扩展；项目简介准确地反映项目授权以及业务和用户的要求；项目方法考虑了各种解决方案，例如定制或现成的、外包或内部开发的、新的或改进的现有产品设计；选择的项目方法最大地提高项目成功的机会；项目目标、项目方法和策略符合组织的企业社会责任；项目目标是具体的、可测量的、可实现的、现实的和有时限的（SMART）。

20. 项目启动文件

（1）目的

项目启动文件是对项目的定义，以形成项目管理的基础和对项目总体进行评估。项目启动文件明确了项目的方向和范围，连同阶段计划形成了项目经理和项目委员会之间的“合同”。

项目启动文件的三个主要用途是：

①在要求项目委员会对项目做出任何重大承诺之前，确保项目具有良好的基础，作为基础文件，项目委员会和项目经理可根据项目启动文件评估进度、问题和可持续性。

②提供有关项目的单一资料来源，以便加入“临时组织”的人员能够快速、轻松地了解项目内容以及项目的管理方式。

③作为一个动态文件，应该始终反映项目的当前状态、计划和调控情况。在每个阶段结束时，需要对其组成产品进行更新和重新基线化，以反映其组成部分的当前状态。用于获得项目授权的版本将被保留，作为以后在结束项目时评估绩效的依据。

（2）内容

项目启动文件的目录如下。请注意，前两项（项目定义和项目方法）摘自项目简介。

项目定义：说明项目需要实现的目标。它应包括：背景、项目目标（包括时间、成本、质量、范围、风险和效益绩效目标）、预期结果、项目范围和不包括的内容、约束和假设、项目公差和宽容度、用户和任何其他已知的利益相关方、交接界面。

项目方法：将在项目中使用的解决方案，解决方案必须适合其运营环境。

业务案例：描述了基于估计成本、风险和收益的项目理由。

项目管理团队结构：显示了谁将参与项目和任何其他的关键资源。

质量管理策略：拟采用的质量技术和标准，以及实现所需质量水平的责任。

配置管理策略：如何以及由谁控制和保护项目产品。

风险管理策略：描述所应用的具体风险管理技术和标准，以及实现有效风险管理程序的责任。

沟通管理策略：确定项目相关方及其与项目之间的沟通方式和频率。

项目计划：明确项目所需的主要产品、活动和资源，描述如何以及何时实现项目目标，它提供了一个分阶段监控项目进度的基线。

项目控制：概述项目分级控制，如阶段边界、商定宽容度、监控和报告。

（3）出处

项目简介与用户、业务和供应商利益相关者讨论方法、标准和控制的输入。

（4）格式

项目启动文件可以是：单个文件、文档集合的索引、与许多其他文件交叉引用的文件、项目管理工具中的信息集合。

（5）标准

项目启动文件正确地代表了项目；显示一个可行的、可实现的项目，符合公司战略或总体方案需求；项目管理团队结构完整，有名字和头衔；明确项目委员会的报告对象；清楚表明可以实施的控制、报告和指导制度，与项目对公司或方案管理的规模、风险和重要性相适应；控制措施满足项目委员会、项目经理和团队经理的需求，并满足任何委托保证的要求；明确管理每个控件的人员；项目目标、方法和策略符合组织的企业社会责任，项目控制足以确保项目符合该要求；单个文档适合于大型项目，而项目启动文档更适合作为独立文档的集合；借助项目启动文件中每个元素的波动性来评估其是否独立，最好将可能频繁更改的元素分离出来。

21. 项目产品描述

(1) 目的

项目产品描述是产品描述的一种特殊形式，它说明了项目在验收时交付的具体内容。它主要用于：获得用户对项目范围和要求的同意；确定客户的质量期望；确定项目的验收标准、方法和责任。作为初始范围界定活动的一部分，项目产品描述将在项目启动过程中创建，并在项目启动过程中不断细化；项目产品描述在项目各阶段边界（在管理阶段边界期间）进行检查，以确定是否需要任何变更；最终在项目结束时用来验证已经交付了预期的内容。

(2) 内容

名称：项目名称。

目的：定义了项目产品将实现的目的以及谁将使用它。产品目的将有助于了解产品的功能、尺寸、质量、复杂性等。

组成：项目交付的主要组成产品衍生：产品的来源是什么？例如：待修改的现有产品、设计规范、可行性报告、项目任务书。

开发技能要求：指明开发产品所需的技能，或指明哪些领域应提供开发资源客户的质量期望——对项目产品的预期质量以及实现该质量所需的标准和流程，它们会影响到产品开发的每一个环节，从而影响到时间和成本；在可能的情况下，应优先考虑质量期望。

验收标准：项目产品在客户接受之前必须满足的标准，即必须适用于关键利益相关者（尤其是用户及运营和维护组织）要求的可测量属性。例如：易用性、易支持性、易维护性、外观、主要功能、开发成本、运行成本、容量、可用性、可靠性、安全性、准确性或性能。

项目级质量宽容公差：规定可能适用于验收标准的任何公差。

验收方法：说明确认验收的方法；确认所有项目产品已获得批准或明确了产品的移交安排，包括项目产品的任何阶段性移交。

验收责任：确定谁将负责确认验收。

(3) 出处

项目授权书；与用户高层和高管展开的讨论会，包括通过范围界定研讨会、征求建议书（客户/开发人员）。

(4) 格式

项目产品的产品描述可以采用多种格式，包括：文档、演示幻灯片或思维导图；采用项目管理工具。

(5) 标准

目的明确；明确项目的完整范围；验收标准构成了评估项目的完整清单；验收标准涉及所有关键利益相关者的要求（如操作和维护）；项目产品明确定义用户和运行维护组织评估产品的方式；所有标准都是可衡量的；所有标准都是切合实际的；标准是现实的和一致的；例如高质量、早交货和低成本可能不能同时实现；所有标准都可以在项目生命周期内得到证明（例如会议中心的最大容纳量），或通过代理措施提供合理指标，明确是否达到验收标准（例如符合可靠性设计和制造标准的国际会议中心）；质量期望主要包括关键质量要求的特点（如快/慢、大/小、国家/全球）应采用顾客质量管理体系的相关要素；其他应采用的标准；如果进行调查，应达到的客户/员工满意度水平。

22. 质量管理策略

（1）目的

质量管理策略是在项目期间应用的质量技术和标准，以及实现所需质量水平的各种责任。

（2）内容

介绍：说明了目的、目标和范围，并确定了谁负责该战略；质量管理程序对所用质量管理程序的描述（或引用），应突出说明与国际组织或方案管理合格标准存在的差异，并说明差异的理由。

程序应包括：质量策划。

质量控制：项目质量控制活动的方法。主要包括：合格标准；拟采用的模板和表格（如产品说明、质量登记册）；质量方法类型（如检验、试验）；用于质量控制的相关指标。

质量保证：项目的质量保证方法。主要包括：项目委员会的职责；合规审计；国际组织项目委员会或项目管理部门审查。

工具和技术：任何拟使用的质量管理体系或工具，以及质量管理程序中可能使用的技术。

记录：质量需求记录以及质量记录的存储位置，包括质量登记册的组成和格式。

报告：将要生成的任何质量管理报告，以及目的、时间和接收者。

质量管理活动的时间安排：说明何时进行正式的质量管理活动。例如审计（可能涉及质量登记册）。

角色和职责：定义了质量管理活动的角色和职责，包括国际组织或项目管理部门的质量职责。

（3）出处

项目委员会；项目简介；项目管理团队结构（角色和职责）、项目产品描述（用于客户的质量期望和验收标准）；组织标准；项目开发人员和客户质量管理体系；配置管理需求、变更控制需求；国际组织或项目战略；促进研讨会和非正式讨论。

（4）格式

质量管理策略可以采取多种形式，包括：独立文件或项目启动文件的一部分；采用项目管理工具。

（5）标准

明确规定了满足客户质量期望的方式；确定的方法足以达到要求的质量；质量

责任的规定应独立于项目和项目经理；符合项目开发人员和客户的质量管理体系；符合国际组织或项目质量政策；根据选定的标准，确保项目质量的方法是适当的。

23. 质量登记册

（1）目的

质量登记册用于汇总所有计划或已经进行的质量管理活动，并为最终阶段报告和最终项目报告提供信息；其目的是：为每个质量活动提供唯一的参考；作为产品质量记录的指针；总结所开展的质量活动的数量和类型。

（2）内容

对于质量登记册中的每个条目，应记录以下内容：

质量标识符：为记录在质量登记册的每个质量活动提供唯一的参考，通常是数字或字母数字值。

产品标识符：质量活动与产品名称相关的标识符。

方法：质量活动所采用的方法（如试点、质量审查、审计等）。

角色和职责：负责质量管理活动的人员或团队（例如，审核员或质量评审的演示者、评审员、负责人、管理员）。

日期：计划日期、预测日期和实际日期。

质量活动：质量活动完成过程和情况。

结果：质量活动的结果。如果产品未通过质量审查，则应重新评估并作为单独的条目列入登记册，因为原始质量活动已完成（且决定结果为“未通过”）。

质量记录：质量检验文件，如试验计划、纠正被检验产品的错误和遗漏等措施的细节。

（3）出处

在质量管理策略中明确质量登记册的格式和组成；在当前管理阶段的阶段计划中进行记录，可能会在创建团队计划时更新；其余信息主要是关于质量活动的实际表现；签署日期是所有纠正措施项目都已签署的日期。

（4）格式

质量寄存器可以采用多种格式，包括：文档、电子表格或数据库、独立登记册或进行中的结转审查记录；采用项目管理工具；风险、行动、决定、假设、问题、教训等的综合项目登记册的一部分。

（5）标准

制定程序以确保每项质量活动都记录在质量登记册上；已分配质量登记册的相关责任；明确行动内容，并对分配的条目及其所指的产品做出唯一标识；质量登记册的访问受到控制；质量登记册保存在安全的地方；所有质量活动都处于适当的控制水平。

24. 风险管理策略

（1）目的

风险管理策略包括要应用的特定风险管理技术和标准，以及实现有效风险管理程序的责任。

（2）内容

介绍：包括目的、目标和范围，并确定了谁负责该战略。

风险管理程序：明确所用风险管理程序（或引用），应突出说明与国际组织或方案管理标准存在的差异，并说明差异的理由。该程序应涵盖以下活动：识别、评估、计划、实施、沟通。

工具和技术：将要使用的任何风险管理系统或工具，以及风险管理程序中可能使用的技术。

记录：风险登记册的组成和格式以及项目使用的任何其他风险记录。

报告：拟编制的任何风险管理报告，包括其目的、时间和接收者。

风险管理活动的时间安排：何时进行风险管理活动，如在结束阶段评估时。

角色和职责：明确了风险管理活动的角色和职责。

量表评估：估算项目概率及影响的量表，以确保成本和时间的量表与项目的成本和时间框架一致。可以通过概率影响网格的形式呈现，并给出比例尺内每个级别的标准，例如“非常高”、“高”、“中”、“低”和“非常低”。

接近度：评估风险事件的接近度。即风险将在特定时间发生，其影响的严重程度将根据其发生的时间而有所不同。典型的邻近类别有：临近、阶段内、项目内、项目外。

风险类别：要使用的风险类别（如果有）。可能源于风险分解结构或提示列表。如果没有针对某一类别记录任何风险，这可能意味着风险识别尚未完成。

风险应对类别：将要使用的风险应对类别的定义，其本身取决于风险是感知到的威胁/机会。

早期预警指标：用于跟踪项目关键方面的任何指标，从而在达到某些预定水平时触发纠正措施；根据它们与项目目标的相关性选择不同指标。

风险承受能力：风险暴露的阈值水平，当超过阈值时，需要将风险升级到更高级别管理。例如，项目级风险容限可以设置为任何风险，如果发生风险将导致交易损失。风险承受能力即明确了国际组织、方案管理层、项目委员会的风险预期。

风险预算：是否建立风险预算，如果建立，将如何使用。

（3）出处

项目简介；业务案例；国际组织或项目管理层的风险管理指南、战略或政策。

（4）格式

风险管理策略可以采取多种形式，包括：独立文件或项目启动文件的一部分；采用项目管理工具。

（5）标准

使客户和开发人员明确理解其责任；有详细的文件记录以便各方都能理解；标度、期望值和接近度定义清晰明确；选择的量表适合所需的控制水平；全面明确了风险报告要求。

25. 风险登记册

（1）目的

包括与项目有关的已识别风险的记录，包括其状态和历史记录；主要用于获取和维护与项目有关的所有已识别信息。

（2）内容

对于风险登记册中的每个条目，应记录以下内容：

风险标识符：为风险登记册每个风险提供唯一的参考，通常是数字或字母值。

风险提出人：提出风险的人。

登记日期：识别风险的日期。

风险类别：根据项目所选类别（如进度、质量、法律等）确定的风险类型。

风险描述：原因、事件（威胁或机遇）和影响（影响的文字描述）方面的风险描述。

概率、影响和期望值：有助于估计固有值（反应前作用）和剩余值（反应后作用）。这些应根据项目选择的范围进行记录，通常应说明预计风险事件发生的时间（例如：即将发生的、阶段内的、项目内的、项目外的）。

接近度：应根据项目选择的比例尺记录接近度。

风险应对类别：项目将如何根据项目选择的类别处理风险。例如应对措施可以是：针对威胁：回避、减少、回退、转移、接受、分享；寻找机会：加强、利用、拒绝、分享。

解决风险的应对措施，这些措施应与所选的应对类别保持一致（一个风险可能有多个风险响应）。

风险状态：通常指风险是活跃的还是非活跃的。

风险所有人：负责管理风险的人（每个风险只能有一个风险所有人）。

风险行动人员：在实施风险响应中进行行动的人员，可能与风险所有人是同一个人，也可能不是。

（3）出处

风险管理策略决定风险登记册的组成、格式；一旦发现新的风险，就应在风险登记册上记录；项目授权书中可能存在一个或多个固有风险；在创建项目简介、设计和任命项目管理团队、建立项目控制和制定计划、发布工作包、审查工作包状态或审查阶段状态时，可能会发现新的风险；每日日志/问题登记册：通常向项目负责人提出并记录在每日日志或问题登记册中，这些问题是否是风险，只有在进一步检查后才能确定。

（4）格式

风险登记册可以采用多种格式，包括：文档、电子表格或数据库、独立登记册或进行中的结转审查记录；采用项目管理工具；风险、行动、决定、假设、问题、教训等的综合项目登记册的一部分。

（5）标准

明确表示是否已采取行动；风险包括它们所指产品的信息都是唯一确定的；控制风险登记册的访问权限，并将其保存在安全的地方。

26. 工作包

（1）目的

工作包是由项目经理整理的关于一个或多个产品的一组信息，以将工作或交付的责任正式传递给团队负责人或团队成员。

（2）内容

尽管根据项目负责人和工作包接收者之间的关系不同，内容可能会有很大的不同，但一般应包括：

日期：项目负责人与团队负责人/授权人员之间达成协议的日期。

团队负责人或授权人员：与之签订协议的团队负责人或个人的姓名。

工作包说明：待完成工作的说明。

技术、过程和程序：用于创建专业产品的技术、工具、标准、过程或程序开发接口，开发产品时必须维护的开发接口。操作和维护接口：工作包中的产品在其使用寿命期间必须与之交互的任何专业产品，这些产品可能是该项目要生产的其他产品，现有产品或其他项目要生产的产品（如果项目是计划的一部分）。

配置管理要求：开发人员必须做出的声明，包括：工作包中产品的版本控制；获取其他产品或其产品说明的副本；将产品提交给配置管理；任何存储或安全要求；谁需要告知工作包状态的变化。

联合协议：关于工作包的工作、成本、开始和结束日期以及关键节点的协议细节。

宽容公差：工作包公差的详细信息（公差包括时间和成本，但也可能包括范围和风险）。

限制：对工作、参与人员、时间安排、费用、遵守规则（如安保和安全）等的任何限制（公差除外）。

报告安排：检查点报告的预期频率和内容。

问题处理和升级：提出问题和风险的程序。

摘录或引用：相关文件的任何摘录或引用，特别是阶段计划摘录，当前管理阶段计划的相关部分。

产品描述：工作包中确定的产品描述附件（注意产品描述包含要使用的质量方法）。

批准方法：批准工作包内已完成产品的人员、角色或小组，以及如何向项目经理报告产品和工作包的完成情况。

工作包上应记录其初始授权和验收情况，并强化对工作的评估和考绩。

跨领域工作包具有公共控件的项目可以简单地交叉引用项目计划或阶段计划中的控件。

（3）出处

客户和开发人员之间的现有协议（如有）；质量管理策略；配置管理策略；阶段计划。

（4）格式

工作包可以采用多种格式，包括：文件、项目负责人和团队负责人之间的口头对话；采用项目管理工具。根据具体情况，工作包的内容和正式程度会有所不同；如果工作是由项目负责人直接领导的团队进行的，工作包可以是口头指示（尽管考虑到为避免误解，为绩效考核提供说明等原因可以记录下来）。如果工作是由开发人员根据合同进行的，并且项目负责人是客户组织的一部分，则需要一份符合该合同规定标准的正式书面指示。

（5）标准

由指定的资源明确规定所需的工作包；每个要求的产品都有一个产品描述、明确标识和可接受的合格标准；产品描述与其他工作包文档匹配；符合工程标准；规定的标准与适用于类似产品的标准一致；已确定所有必要的接口，报告安排包括提出的问题和规定的风险；项目双方达成协议；管理者和接受者就具体要做什么进行沟通；对限制因素达成一致，包括成本和目标；日期和工作与当前管理阶段计划中所示的日期和工作一致；确定报告安排；定义了独立参与质量活动的任何要求。

本章思考题

1. 国际组织项目管理需要关注的要素有哪些？
2. 国际组织项目管理的特点有哪些？
3. 国际组织项目管理的主要原则有哪些？
4. 国际组织项目文件的类型主要有哪些？

第八章

国际组织的工作通识

国际组织是由成员国组成的，其秘书处和工作人员必须有公信力，工作必须对成员国负责。由于成员国支付了工作人员的一切费用，所以其工作必须货真价实、有效率，任何工作必须可信和可靠，每一项工作又都须经得住审查。在国际组织面临着众多挑战的情况下，一方面，国际组织必须按照成员国要求的目标和任务正常运作，完成已经确定的任务；另一方面，在新技术、新变化、新社会环境、新规则、新竞争下，国际组织需要不断改进，更加有效工作，更快适应这些新的挑战，否则工作失误或国际组织不适应变化导致的影响，将使国际组织和成员国利益受到更大的损失。

第一节　国际职员的工作制度

1. 工作网络

国际组织着力聘用和发展全面的、有经验的工作人员以满足不断变化的工作需求。由于国际组织是成员国共同的机构，所以往往已经建立了很好的工作网络，这就能促进职员将来可以获得更多的就业机会。国际组织每个网络是一个灵活的工作系统，由具有共同的或是相互关联职能的工作领域组成。作为工作网络的一部分，国际组织职员可以获得多种多样的学习机会以发展不同的新技能，并有机会接触到国际组织的不同部门和更多其他的国际组织。在联合国，符合条件的工作人员可以根据其背景和职业兴趣加入一个或多个网络。工作网络领域主要有以下几部分：(1) 管理和行政；(2) 经济和社会发展；(3) 政治、和平与人道主义；(4) 信息和通信技术；(5) 法律；(6) 新闻和会议管理；(7) 内部安保和安全；(8) 物流、运输和供应链；（9）科学类。

2. 职业道路

在联合国，很少有单一明确的职业道路。职业类型的多样性意味着你不仅可以转变职能、部门，甚至可以转变组织或工作领域。虽然这种转变需要你不断学习，付出时间和努力，但也为你提供了宝贵的经验、更广阔的视角和富有挑战性的工作。地域流动也是个人主动改变职业生涯的另一种方式。职位晋升部分取决于你在不同地域的工作成果，例如在条件艰苦地区展开的工作和服务。个人的职业道路反映了你对职业发展的志向，个人在自身的职业发展中起着主导作用。组织仅仅扮演着一个辅助角色，联合国将通过建立有效的系统来支持你的职业选择。

3. 驻外工作

多年来，联合国增设了在世界各地的分支机构，共有 130 多个外地办事处，其中包括维持和平特派团、政治特派团以及地区人道主义行动，它们在明确、强调和应对新挑战方面发挥着重要作用。虽然工作内容可能会有很大的不同，但有一个共同点是有机会在全世界和职员个人的人生中施展抱负、有所作为。联合国与其他国际组织一道承担着各种责任，例如：提供和协调人道主义援助；促进和保护人权；协助各国打击非法药物供应、犯罪和腐败；提供本组织及其在业务所在地活动的信息。此外，联合国维持和平特派团和政治特派团也在不断革新，以满足各种冲突和不断变化的政治形势的需要。文职维和人员担任行政人员和工程师、警官和法律专家、经济学家和选举观察员、民政和性别问题专家以及信息技术和新闻专家等专门职能。

外地的工作和生活条件因地而异。如果在维和或涉及安全和政治的任务中服务，或在外地人道主义行动中服务，那么所在的国家或地区很可能正陷于冲突，这意味着工作和生活条件会更加艰苦，如基础设施薄弱，水电资源常常短缺。此外，大多数维持和平、政治或人道主义特派团不能携带家属，即家属不得与工作人员一起前往外地生活。为和平事业工作需要个人奉献和牺牲，但它也提供了帮助陷于冲突的国家和人民恢复、重建社会和享受和平惠益的机会。

4. 国际职员的试用期

国际组织大多数情况下都有规定，新就职工作人员，需要在接到任命书后，接受 6 个月工作的试用期，试用期结束后，如果收到试用期合格通知书，将成为正式职员。6 个月试用期会有一个考评，由新员工的上一级领导在 6 个月到期前做出，并填写员工表现评估报告（performance appraisal report，PAR）。如果新员工试用期表现合格，该合格报告抄送人事部门，再报上级任命授权领导层批准，签发正式就职任命书。如果试用期不合格，将会按规定，需要把不合格员工的上级领导给员工的表现评估报告让员工本人知情，并经他本人同意后进行处理。处理往往有两种办法：一种是继续给予宽限 6 个月的试用期促其改进；另一种则是给其 1 个月的期限进行辞退处理。

5. 工作时间和灵活工作时间制度

国际组织都会针对各自的工作时间做出统一规定，有的国际组织还通过颁发行政指令实行灵活工作时间制度，目的是给工作人员提供一个明确的工作时间安排。灵活工作时间一般会适用于一般事务、专业及以上职类的所有定期任用的工作人员，但需要特殊工作条件的工作人员除外，因为有的工种需要 24 小时值班或轮流工作制度。

灵活工作时间制度（也称弹性工作时间制度），使工作人员在到达和离开时间方面具有灵活性，但前提是不影响服务的紧急情况。每一名主管都应负责确保工作人员的工作时间表使该部门的工作能够应付各种紧急情况，并确保工作人员的工作时间表清晰和可预见。部门主管亦有责任确保在每个工作日的 8 时 30 分至 17 时的工作人员能相对集中办公，在工作人员协调工作时，有最佳团队合作工作时段，并确保弹性工作时间制度，能促进效率，优化员工的工作条件和环境。

正常工作时间：根据工作人员细则规定，职员必须全年平均每周正常工作 39.3 小时。正常工作周为周一至周五，每天工作 8 小时，每周工作 40 小时，夏季除外。考虑到天气因素，夏季工作周从周一到周五，每天工作 7.5 小时，每周工作 37.5 小时。夏季工作周通常从 6 月的第一周的周一开始，持续 14 周。弹性工作时间制度下，正常工作时间为上午 7 点至下午 7 点之间。员工上班时间一般不得晚于上午 9 点半，下午 4 点前不得离开办公室，但在周五，根据服务需要，员工可在下午 3 点半离开。在夏季工作时间，职员可根据服务需要于周一至周四 3 点半，及周五下午 3 点就可以离开办公室。午休：全职工作人员应享受至少 30 分钟的午休时间，午餐休息时间一般不应超过两个小时。

设置弹性工作时间，开始和结束时间，以及休息时间，工作人员可与部门主管进行协商，合理安排适合其需要的工作时间。如果出于工作和服务的特殊、紧急需要，主管可以限制工作时间的灵活性。主管也可以设置特殊的开始和结束的时间，持续时间和休息时间。这样既可以在国际组织所规定的总的限度内行使灵活性，同时确保完成工作使命和符合任务的基本职能。

正常规定工作时间里不允许无故缺勤的规定。国际组织一般都要求工作人员尽量合理地安排自己的私人事务，包括在午餐休息时间或在对工作影响最小的时候预约看病等。经批准的培训时间（包括参加联合国系统的语言学习课程）均不计入缺勤。如经批准缺勤，工作时数如下：（1）除工作旅费外，因公务不在工作岗位而缺勤，在弹性制度内全部计入有效工时；（2）经批准因私人事务缺勤两个半小时或以上，将计入年假、病假或弹性工作时间余额进行扣除。

工作人员应按正常工作周工作时数工作。工作人员在任何月份的工作时间可以增加或减少，从一个日历月到下一个日历月的累计工作时间积分不超过 16 个工作小时，或不超过 12 个工作小时。每月最低工作时间的标准工作周为 40 小时（夏季工作时数为 37.5 小时）。经主管批准的正常工作时间以外工作的时间，被视为加班。根据工作人员细则，工作人员在超过正常工作时间后的加班时间，国际组织会给予补偿。偶尔补偿时间也可以用作弹性休假，但必须提前申请，并得到直接主管的批准。

在正常工作时间以外、周末或法定假日加班是非常不鼓励的。但是，如果为使国际组织的有效运作绝对需要加班，主管司长应事先书面授权加班，并向人事部门书面说明需要加班的理由。按照工作人员细则的规定，所有工作人员应被要求在正常工作期限以外按需要进行工作，但员工有权要求对加班的时间给予补偿。只有在特殊情况下才可核准支付加班费。确保员工遵守弹性工作制度的具体规定，主要是部门主管的责任。主管人员还应严格考勤管理，对出勤违例者没收年假和/或纪律处分。

6. 培训制度

从加入联合国职员队伍的那一刻起，联合国会始终辅助职员的职业发展。对此，联合国人力资源司的说法是：每一位员工的发展对我们来说都是非常重要的——帮助你成长有助于使国际组织做得更好。联合国对于员工的职业支持十分重视，日常工作的展开基于工作人员、管理人员和本组织之间牢固的互动伙伴关系。虽然自身职业发展中的考量，是个人职业规划过程中的关键驱动力，但管理人员也会始终为国际职员提供必要的方向、信息以及工作环境，以积极和稳定地支持个人的职业发展。

联合国会借助各种方案为职员提供提升个人能力的宝贵机会，这些方案包括各种职业规划和发展研讨会。机会的提供和切实的职业支持服务，会自然地对接到本组织所有已建立的工作网络，主要包括：政治、和平与安全；管理和运营支持；经济和社会发展；信息系统和通信技术；法律；新闻和对外关系；会议管理；安全和安保。联合国将通过职业资源中心或培训中心提供以下服务：职业生涯规划信息；学习机会；职业变动支持；保密职业指导；职业顾问和人力资源专家指导；举办讲习班，培养建立人际网络、绩效管理和基于能力的面试技能；各种涉及人力资源管理和发展问题的信息会议。

国际组织职员培训制度旨在帮助职员在工作相关领域不断提高技能，国际组织相信，培训是其人才和人力资源有效使用和进一步提高的最佳途径。任何培训只要有助于职员相关工作的技能和知识提高，都应该鼓励。因此，国际组织都会由人事部门负责，搞一些自己的培训项目，当然，各个专业的部门也会申请和主办一些专业领域的培训，经费可以由人事部门的培训经费支付，也可由专业部门预算时计划的培训经费支付。

国际组织的培训在形式上主要有两种：内部培训（in-house training）和外部培训。

内部培训有别于工作中培训（on-the-job training），一般由业务部门主管负责此类培训，会聘请内部专家，更多时候会聘请外部的权威专家。培训时，把职员集中起来进行短期培训。培训合格会记入个人工作表现评估报告。

外部培训，有时会被国际职员视为一种福利，一些高级的专业培训，社会上会有一些专门的培训机构，那些课程会为职员技能的进一步提升提供机会，所以，每年一些好的国际机构都会批准不少这类需要差旅费、报名费和生活补助的外部培训。这种培训往往都会有一些规定，如必须是工作满 3 个月以上的正式职员；任何职员如果处在离职前半年内，国际组织一般不会批准他参加此类高费用培训。

任何职员必须预先向其直接主管提出外部培训的申请，申请人必须讲清楚培训的必要性和工作的相关度。然后，由直接主管报上级主管和人事部门批准，经费一般是由人事部门支付，职员的上级主管批准时，也可以从本部门专业技术相关的培训经费中支付。职员培训后，特别是费用较多的外部培训后，职员必须准备一个培训报告，描述培训内容和收获。对一些参加人数较多的内部培训或经常性培训，人事部门可以免除这类报告。

7. 联合国全球旅行和工作安全制度

联合国建立有一套最先进的全球旅行和工作安全制度。联合国安全部门对所有新入职的、有需要进行国际旅行的公务人员，都会进行安全培训，只有通过联合国全球旅行安全培训的职员，才能进行国际旅行和出差。每次国际旅行前，国际职员必须首先填写国际旅行授权（travel authorization，TA）申请表，由联合国安全部门先审查安全等级。只有得到联合国安全部门的审查批准，国际职员才能开始出差，同时联合国安全部门还需要对该国际职员出差行程录入全球安全监督和保护系统。当然，有关出差也会自动纳入恶意行为保险单的保险范围（malicious acts insurance policy），如果出现意外，将由保险公司给予高额赔付。

如果是出差去安全级别较高的地区，国际职员会收到一份联合国安全系统安全注意事项手册，其中，包括有出差地区的联合国安全协调部门联络方式，而当出现安全应急事态，可以立即联系当地联合国安全协调部门，并听从联合国安全部门协调人员的指挥。联合国安全风险共分五个等级：第一级，预警；第二级，限制活动区域；第三级，转移危险地区；第四级，中止联合国项目；第五级，撤离。

8. 差旅及礼品规定

联合国所有国际职员（包括秘书长和其他国际组织首长）的一般公务差旅原则上实施飞行时长 9.5 小时以上公务舱，飞行时长 9.5 小时及以下经济舱报销的规定。依照联合国大会 42/214 号决议和 74/262 号决议，除为大会主席、前往出席大会常会和特别会议的最不发达国家代表团团长支付飞机头等舱费用外，秘书长（其他国际组织首长）还有酌处权，可按个别情况允许例外乘坐升舱旅行。具体情况如下：(1) 仅在有理由预期乘坐较低等级舱位会对旅行者的健康直接造成严重的有害影响时，才应以健康原因为由提出舱位升级申请。所有此类申请首先应提交给医疗保健管理与职业安全和健康司司长（联合国医院院长），同时必须附上充分的证明文件，使秘书长确信舱位升级可防止发生这种伤害。单凭年事已高并不足以作为给予例外升级的理由。(2) 旅行者因公务紧急可能必须在特定日期旅行，而此时没有常规标准的飞机舱位。还可能发生的一种情况是现有航班已无常规标准舱位，而如果旅行者等待下一个航班，则每日生活津贴费将高于较高等级舱位的费用。秘书长有权按具体情况决定这些因素是否属于修订行政指示 ST/AI/2013/3 所指的“特殊情况”。(3) 旅行者为现任或前任国家元首或政府首脑的，视为知名人士。(4) 旅行者为现任或前任内阁部长的，或秘书长认为旅行者是正在为本组织提供服务的政治、科学、经济、人道主义、文化界重要国际人士，视为杰出人士。(5) 如果旅行者在完成一整天的工作后因公务紧急必须连夜前往另一地点，以便在次日上午或在抵达后立即继续工作和（或）参加重要会议，则这种情况可视为艰苦旅程。但是应通过事先做出适当旅行规划，避免发生这种情况。

在前面章节里已经原则上介绍了国际组织职员的职业操守，在具体操作上，联合国还规定：(1) 工作人员不得接受任何政府给予的荣誉、勋章、优惠、馈赠或报酬。但在拒绝政府意外给予的荣誉、勋章、优惠或馈赠会使本组织尴尬的情况下，工作人员可以本组织名义接受之，然后报告并上交秘书长。秘书长可代联合国保存或做出安排为本组织的利益或慈善目的加以处置。(2) 未经秘书长事先核准，工作人员不得接受任何非政府来源给予的荣誉、勋章、优惠、馈赠或报酬。但如在此种接受既不违背本组织的利益，也不违背工作人员的国际公务员身份时，应予核准。(3) 工作人员不得接受与本组织有任何合同关系或寻求与本组织建立此种关系的来源的任何馈赠、报酬或优惠。(4) 作为公务的一部分，工作人员不时需要出席政府或其他方面举行的活动，例如会议、餐会和外交招待会。出席此类活动不视为属于《工作人员条例和细则》含义范围内的优惠、馈赠或报酬。在接受荣誉、勋章、优惠、馈赠或报酬时，工作人员如有疑问，也可以咨询道德操守办公室获得帮助。

9. 公务旅行

国际组织对国际职员的国际公务旅行，都有比较具体的规定，很多时候这种旅行涉及航空旅行舱位标准，旅行路线和方式，按规定扣除探亲假外的旅行时间和休息时间规定，探亲假的旅行时间，偏离批准的路线、交通方式或舱位标准的规定等。

(1) 航空旅行舱位标准

所有工作人员及其符合条件的家属，在因公旅行、预订安排、转乘、离职或回原籍休假旅行时，不论飞行时间长短，均可享受按通常最低票价提供的经济舱机票。工作人员因公务旅行，除工作人员以学员身份参加的外部培训课程外，如承运人安排的旅行时间超过 9.5 小时，工作人员将享有费用最低的公务舱机票和膳宿标准。在承运人没有这种公务舱和住宿安排的情况下，可以为员工提供高于经济舱的上一等级的舱位。对于这一旅程的后面的短于 9.5 小时的行程，即后续去目的地的行程，将只提供通常票价最低的经济舱。当工作人员以受训人员身份参加外部培训课程时，不论飞行时间长短，将只提供以最便宜机票价格提供的经济舱机票和住宿标准。

为了获得最经济的机票，工作人员应尽量提前申请旅行核准。探亲假旅行的安排，当员工有探亲意愿时，应尽早做出旅行安排，预计出发日期至少两个月前开始计划，以让国际组织有可能获得最经济的票价。接受子女教育资助旅行的员工，应尽早启动子女旅行预订，不迟于 4 周日期，以获取最经济票价。按规定，如果员工不提前 4 周启动预订，同时不提供足够的理由，而不满足这个 4 周的最后期限要求，工作人员可能被要求支付实际票务费用与在截止日期前本来可以得到的最便宜机票之间的任何差额。如果工作人员不愿意接受这笔费用，其子女的教育补助金旅行将按规定推迟到较晚的日期。如果原旅行计划因其他不可抗拒的理由而需要改变，则在机票签发后对机票所做的任何改变，其附加费用由国际组织承担。工作人员不得因使用比核准的更经济的航空旅行和膳宿标准，而对任何偏离核准行程的情况申请任何费用节余，包括将这些节余用于支付额外中途停留或进一步运输费用。

（2）旅行路线和方式

工作人员通常以最直接和经济的路线旅行。如果有不止一条直达路线可用，则应选择最具成本效益的路线。乘坐飞机是所有公务旅行的正常方式。在使工作效率更高的情况下，可批准其他交通路线或方式。直达路线和正常模式的行程时间规定，当工作人员乘坐最直接和经济的路线旅行时，例如乘飞机，或当不能乘飞机旅行时，只要使用最快的地面交通方式，实际旅行时间不含进年假中。在不可避免的中途停留，年假也不包括中途停留时间。通过转机方式进行的航行，或在转机也不可行的情况下，可用地面交通工具，并允许放宽旅行时间，但不应计入年休假补偿，时间仍按通过最直接、最经济的路线和正常的方式进行的工作时间计算。当工作人员必须在非工作日因公出差时，其在非工作日的旅行时间，不能计算进年假。

（3）休息期

乘飞机长途旅行后，工作人员有权在正式开始工作前适当进行休息：a. 如果预定飞行时间超过 9 小时，但不超过 12 小时，工作人员不需要在到达目的地的 12 个小时内开始工作，或者可在到达后的第二天早上再开始工作。b. 如果预定飞行时间超过 12 小时，工作人员通常不需要在到达目的地的 24 小时内开始工作，或者可在到达后的第二天早上再开始工作。在所预定飞行时间的计算上，通常可以在连接航班之间的每一个必要的等待间隙中，安排最多 4 小时的休息时间。

（4）探亲假的旅行时间

关于探亲假的旅行，所有工作人员的探亲假都准予固定的旅行日数，不计算在年假内。如果工作人员能够证明其旅行安排，是以最直接和最快的交通方式，其实际旅行时间超过核准的旅行时间，则可额外增加至多两天，不计算在年假之内。

（5）偏离批准的路线、交通方式或舱位标准

教育津贴旅行或探亲假旅行不得偏离核准路线。当员工被允许去超出标准的住宿或交通方式的旅游路线，他们的权利仅限于特定旅行最大的差旅费用和旅行时间，他们将享受被批准的旅游路线，交通方式和标准住宿。最高旅费将根据最直接和经济的路线和适当的标准和费率计算。

10. 工会组织（staff union）

国际组织的工会组织是相关国际组织所有职员的联合体，一般都有国际组织内部的章程和程序规定合法运行，国际职员自愿交费成为工会会员，选举工会主席和管理人员，多数国际组织的管理人员，即司长以上职员都不会参加工会，因为工会

很多时候会有职员自身的福利、工作环境、与管理层矛盾等诉求，而这些诉求的对象又大多是国际组织的管理人员，司长如果成为工会会员，相反有利益冲突的感觉。

工会组织的最根本目标，就是维护国际职员的工作权利、福利待遇和个人利益。工会组织每年会有会员大会，与管理层进行对话，向管理层提出职员利益要求，听取管理层的答复和协商意见。当然，工会组织的目的也是让国际组织照顾好职员利益，更好地完成国际组织所承担的责任和义务。国际组织工会全体会议每年一次，但也有权召开特别会议，就某个重要的职员利益进行协商。工会由工会理事会负责日常事务，设1～2名兼职秘书，理事会成员由工会会员以各部门为单位，按会员比例选举产生。一般任期2年，设工会主席、副主席，财务等。工会有自己的章程、财务规定等。

第二节　国际组织的会议管理

在国际交往日益紧密、相互依存不断加强、全球化逐渐深入的今天，国际合作的深度和广度急剧增加，国际会议已经成为国家之间增进交往、制定规范、协调各种关系、应对全球性问题、解决安全困境、实现一体化建设和加强全球治理的主要方式。国际组织举办的国际会议是其经常需要进行的项目业务，其按项目模式进行的工作，主要是需要通过一系列的计划、安排和准备，让成员们和邀请嘉宾在确定的时间到会，并成功举办会议。国际组织的会议主要是按项目来执行，规范做法是，当国际组织确定举办大型国际会议后，项目管理团队就应该提前一年以上开始组建运作机构来负责整个计划，大致分为六大部分和阶段：

1. 地点的选定（venue）

项目管理团队列出会议地址的必要条件和选择清单，主要程序是：（1）会议地点必须方便国际旅行进出港，在未来一年里及会议期间国家安全、政府稳定，特别是承担东道国责任的部门能认真负责配合筹备工作，并能负担会议东道国商定好承担的预算；（2）列出国际组织拟选择的国家和城市清单；（3）对会址国家和城市清单进行评估，列出该会议举办城市可能满足要求的会议地点（需要考虑的条件主要是：东道国协议、经费、交通、服务、设备等）会议能满足高规格出席者所有需要，如地点需要交通方便，周围有三星、四星和五星不同价位的饭店或宾馆；（4）确定会议举办地址，谈判和签订东道国协议，预订所有会议需要的会场、饭店。

2. 与会者（attendees）

主要工作程序：（1）确定与会者名单，特别是邀请嘉宾，最好是做成出席人员工作进度名册，包含出席人个人基本信息、电话、邮箱等；（2）与会人出席与否的回馈情况；（3）为与会人落实住宿安排情况；（4）把相关出席人的信息，按国际会议通常做法，编辑成与会人员信息和通讯录。

3. 发言人（speakers）

（1）项目管理团队必须在项目计划阶段，就会议主题、专业和内容，提出会议发言嘉宾的候选人名单，经上级领导层确定后，与相关候选人进行非正式沟通，了解其出席可能和发言意向；（2）如发言人同意，将立即向发言人发出正式邀请；（3）如果发言人正式回复邀请后，应该把此信息作为会议信息，列入会议指南。

4. 宣传资料（publicity）

会议宣传资料主要有两类：给会议出席者通发的会议筹备情况通报；给媒体及参会人的会议新闻稿。

5. 与会文件（delegate handouts）

会议文件主要准备：（1）设计好会议文件的封面；（2）会议议程和出席人名单；（3）会议发言人的发言稿、发言要点和演讲资料（PPT，notes，slices）；（4）会议与会者参会满意度调查表。

6. 会议后勤安排（conference logistics）

（1）会议期间的交通；（2）会议期间的安保；（3）会议报到、会议材料分发、出席人和发言人标识；（4）会议茶息、餐饮；（5）会议期间的临时志愿者或短期服务人员。

此外，按项目运行要求，举办重要的国际会议，一定要在筹划会议阶段就把以前类似会议的经验教训及相关档案资料作为项目设计阶段的必要参考资料，收集并予以考虑。同时，编制记录本次会议的方案、会议筹备时间节点检查、核查、风险、质量管控、变动情况的日志、记录和报告。通常的做法是编制一个工作健康核查和分层负责概况表（health check）。

表 8－1 为某国际组织年度会议项目筹备工作介绍及示意表。

表 8－1　某国际组织年度会议项目筹备工作介绍及示意表

标题	某国际组织年度会议
目的	本会议是本国际组织专业的年度展示会，为其成员提供机会以了解专业程序和工作标准的最新发展，并与其他国际组织及成员建立联系。
组织和职责	对外联络处、会议服务处、法务处和新闻处
筹备工作内容构成	● 会议场地 ● 参会人员 ● 发言人员 ● 媒体 ● 会议文件 ● 会议后勤服务
工作资料和依据	● 会议已商定的议题 ● 与会人员联系邮件列表 ● 之前的会议资料 ● 会议预定日期

续表

需要的筹备工作技能	● 会议管理 ● 专业领域的宣传和推广 ● 公共关系
客户对会议的期望	优先次序 1：会议必须： ● 有专业风格，由与会者自付与会费用，会议内容满足不同成员的需求（包括初学者和已有经验的专业人士） ● 提供一个网络论坛 ● 为感到满意的会员提供重复出席的机会 优先次序 2：会议将： ● 根据知识基础、经验和专业性来选择发言人 ● 以互动形式进行 ● 在城市中心地点或在会议中心举行，以减少往来奔波
验收标准和项目质量的容错度	按优先顺序： ● 会议费用必须包含在出席会议成员的费用中 ● 会议最少 800 人，最多 1 000 人 ● 50%以上的演讲是互动的（互动讨论而不是单方面讲授） ● 发言人和议题应经过代表成员利益的编委会批准 ● 与会者满意度调查显示，75%以上的人将会参加明年的会议和/或向同事推荐 ● 酒店场地靠近便利的公交站点
验收方法	鉴于不批准会议筹备工作方案则无法召开会议，所以项目委员会将分两步行使审批和验收程序： ● 第一步审批，初步接受筹备部门的会议方案，并保证预计与会人数和会议费用在合理范围内 ● 第二步验收，基于最终项目完成报告，进行最终验收，并提供满足验收标准的相关证明
验收责任	年会负责人和项目执行部门负责确认验收

表 8-2 为会议部分详细产品检查流程的说明示例。

表 8-2 会议服务部分详细产品检查流程的说明示例

鉴别标准	会议服务准备状况的质量检查
标题	邮件发送
目的	发送邮件是向潜在客户宣传会议的主要手段，主要是邮寄给世界各国及相关国际组织和协会的专业工作人员。
构成	● 邮件信封 ● 会议概述信 ● 详细介绍会议内容、召开地点、参与方式的传单 ● 参与表格 ● 回执信封
工作依据	● 邮件列表 ● 议定程序 ● 预约安排 ● 会议选址

续表

<table>
<tr><td>格式介绍</td><td colspan="3">● 标准信封大小为 A4 尺寸
● 传单和参与表格为 A5 尺寸
● 回信信封为 C5 尺寸</td></tr>
<tr><td>需要的技能</td><td colspan="3">● 市场营销
● 设计和编辑
● 写作技巧
● 必要的会议知识</td></tr>
<tr><td>质量责任</td><td colspan="3">● 项目管理团队
●“质量技能要求”项下的审核人员
● 会议批准部门负责人、主任</td></tr>
<tr><td>质量标准</td><td>质量容错度</td><td>保证质量的方式</td><td>质量责任</td></tr>
<tr><td>符合标识标准</td><td>依据会议筹备组文件中的定义</td><td>项目质量审查</td><td>会议服务部门小组</td></tr>
<tr><td>信件和传单准确反映会议的所有商定细节</td><td>无</td><td>审查</td><td>会议服务部门项目经理</td></tr>
<tr><td>邮件中没有拼写或语法错误</td><td>无</td><td>文字处理器、拼写检查器；编辑检查</td><td>校对编辑</td></tr>
<tr><td>用 A4 纸单面撰写信件</td><td>可以扩展到单张 A4 的反面</td><td>审查</td><td>外联处设计师和主编</td></tr>
</table>

表 8-3 为会议详细信息手册示例。

表 8-3 会议详细信息手册示例

手册内容	会议名称 地点、日期 会议的主办单位名称 指导组织者名称 协助组织者名称
会议内容	1. 开幕词 2. 通过会议议程 3. 会议主题及背景 4. 大会 　4.1 每次会议的名称 　4.2 分论坛 　4.3 会场外活动 5. 会议场地及设施指导 6. 会议活动位置图 7. 会议概况 　7.1 会议登记 　7.2 与会者通行证发放 　7.3 新闻和媒体联络台 　7.4 交通安排 　7.5 安保安排

第三节 国际组织的信函规则

一、国际组织正式信函的一般格式要求

每一个国际组织都会要求其各个部门对外统一文件格式，而联合国也对其正式信函做出统一的规定，以避免不一致而产生的负面影响。重要的格式主要有以下一些规则。

1. 缩写和强调

在正式信函中应避免使用缩写和强调词语。但如果必须强调一个或多个单词，则应使用斜体，而不是用粗体或下划线。只有作为例外，缩写“UN”或知名国际组织也可用于给成员国的邮政地址中。

2. 键入和格式规范

每个段落的第一行应缩进 0.7 厘米。段落之间用一行隔开，文本应对齐。使用单倍行距。正文应该用 11 号或 12 号大小的 Times New Roman 字体输入。句号后只能有一个空格。

3. 分页

对于超过一页的信件，页码字号为 10 号、字体为 Times New Roman 并在页眉区域居中。在正式信件中，第一页不必专门注出页码，只要在后面第二页从“2”开始续编号就行。

4. 姓名和职务

最重要的是要确保所有姓名和头衔的正确。应当特别注意高级官员的姓名，如有疑问，有必要核实现有资料的准确性（例如某一国家的外交部部长的正式称谓为“minister of foreign affairs”或“minister for foreign affairs”或“secretary of state”），可以参考从成员国收到的信函和各国外交部的网站。Mr、Ms 和 Mrs 等礼节头衔不以句号结束。

5. 联系电话

在信抬头上，电话、传真和参考编号的字号为 10 号、字体为 Times New Roman。电话号码和传真号码应键入空格而不是连字符（例如：+0086 010 8592 2511）。

6. 日期

日期应以“8 March 2021”的形式填写。

7. 地址

地址应打在第一页的左下角，完整的邮政地址包括街道名称、邮政信箱号码、城市名称和国家名称。城市和国家的名称应使用相同的语言。与居住国内部的通信不应在地址中再次填写国家名称。如果地址过长需要输入两行以上，则第二行应缩进一个空格。每一行的末尾都不应加标点符号。

8. 拼写

拼写应遵循最新版的《简明牛津英语词典》。但官方标题和引用语中使用的原始拼写应保留，即如果拼写检查器（设置为 UK English）根据字典查询出正确的拼写，则应忽略检查器提出的修改方案。

二、信件

在准备对收到的信件进行答复时，应使用与收到的信件相同的信件形式（例如，对非正式信件进行非正式答复）。与任何政府部门或官员的直接通信应采用信件形式。当回信时，在信的开头和结尾应该使用与收到的信件相同的礼节，除非这种礼节在特定情况下是不合适的。

1. 信件的键入和格式规范

日期写在信件的右侧，与“REF”对齐，空一行后在其下方键入。致礼应该从左边开始，在日期下方的空三行后写。签名应该从最后一段下面空四行后开始。签名的第一行应该与日期对齐，其余的行应相对于第一行居中。如果信件有附件，应在签名最后一行后空两行靠左标注“attachment”。

2. 正式信件

正式信件用于与国家元首或政府外交部部长、常驻代表和观察员通信过程中，其作用是传达本组织负责人的正式政策声明，通报本组织首脑依据组织决定或建议采取或打算采取的行动，确认常驻代表的全权证书或任命，并向各国政府和常驻代表团提供关于本组织负责人职责事项的相关资料。给大使级人员的正式信件应以“excellency”开头。在正文第一句开头或者其他合适的地方应写“I have the honour to...”但不应重复。最后的致辞是：“Please accept, Excellency, the assurances of my highest consideration.”给大使级以下人员的正式信件应以“Sir”或“Madam”开头，如果此人不认识可以用“Sir/Madam”开头。最后的致意是：“Please accept, Sir [Madam], the assurances of my highest consideration.”正式信件应由组织负责人或其代表或该司司长签署。致外交部部长和其他高级政府官员的信件应与礼宾部或对外关系部协商撰写。

3. 非正式信件

非正式信件用于本组织与本组织以外的人，如与国际组织工作人员、个人、公司和机构的日常通信，也可以用于本组织的理事和其他高级官员与外部合作伙伴之间的通信。如果知道收件人姓名，非正式信件应以“Dear Mr/Madam Ambassador,”开头（即不包括姓氏），或以“Dear Mr/Ms/Mrs...”开头（此处包括姓氏）。相应的结束语是“Yours sincerely”。如果不知道收件人的姓名，非正式信件应以“Dear Sir/Madam”开头。相应的结束语是“Yours truly”。结束语在最后一段下面空四行后键入。在结束语下方还应留出四行空行，以供负责官员签名，负责官员的姓名、正式头衔和部门应在签字处下后三行打印出来。

三、普通照会

普通照会是用第三人称书写的，主要用于本组织与各国政府或常驻代表团之间交换信息，转达确认信息和文件的请求，转达会议时间和地点的相关信息，确认常驻代表团或代表团成员的变动，并向常驻代表团转达与本组织工作有关的其他请求或致谢。这种通信形式也用于答复收到的普通照会。普通照会只应涉及一个主题。普通照会可发给外交部或其部长、常驻代表团或其代表。普通照会不应用于与私人或非政府组织的通信。在给某人时应以组织负责人的名义撰写，在给办公室时应以组织的名义撰写，不以下级部门的名义撰写。

普通照会通常以以下称呼开始："The organization (head of organization) presents its (his) compliments to the Permanent Mission (Permanent Representative) of..." 通常的结束语是："The organization (head of organization) avails itself (himself) of this opportunity to renew to the Permanent Mission (Permanent Representative) of... the assurances of its (his) highest consideration." 普通照会不必签名，但应由组织负责人（关于组织的事项）或部门主管（关于日常事务）草签。姓名的首字母应写在最后一段和日期之间的空白处，然后在姓名首字母和日期上加盖公章。

键入和格式规范

在普通照会中，段落的左边距应与标准模板中参考编码的开头对齐。日期应打印在页面右侧，最后一段下方空 12 行后留出正式印章的空间，并与标准模板中的标题"Note Verbale"对齐。如果普通照会有附件，应在日期的后空两行靠左标注"attachment"。

四、备忘录

因为备忘录是一种文件形式，所以格式应该和文件一样。即除非段落已编号，否则每个段落的第一行都不缩进，已编号的段落缩进 1 厘米。备忘录的标题以大写粗体居中显示。备忘录中允许使用缩写。

1. 谅解备忘录

谅解备忘录是有关各方签署的正式文件，规定了协议的条款和细节，包括各方的要求和应承担的责任。这类文件可作为合同的基础。本组织可与一成员国或另一组织缔结谅解备忘录。谅解备忘录应在普通纸上打印，文本宽度应为 16 厘米，不应使用印有本组织抬头的信纸。

2. 辅助备忘录

辅助备忘录是总结协议或讨论要点的备忘录，主要内容是记录关于讨论主题的相关负责人员的意见，并不对本组织或会员国做出任何法律承诺。其目的是防止误解和促进进一步的讨论。辅助备忘录既没有致意也没有结束语，既没有签名也没有草签，但需要加盖印章。日期与普通照会的位置相同。通常由负责的官员亲自递送。文本的宽度应为 16 厘米。

本章思考题

1. 国际组织是如何帮助职员进行职业发展的？
2. 国际职员的差旅及礼品规定有哪些？
3. 国际组织的会议管理需要注意哪些内容？
4. 国际组织的信函规则有哪些需要注意的？

参考文献

1. Beigbeder，Yves. Threats to the international civil service ：past pressures and new trends. Pinter Publishers，1988.

2. Dennis Dijkzeul，Yves Beigbeder. Rethinking international organizations：pathology and promise. New York：Berghahu Books，2003.

3. Jean-Frederic Morin，Amandine Orsini. Essential concepts of global environmental governance. London：Routledge，2020.

4. Kristen A. Hite，John L. Seitz. Global issues：an Introduction. Hoboken，New Jersey：Wiley-Blackwell，2021.

5. Michael Barnett，Martha Finnemore. Rules for the world：international organizations in Global Politics. Ithaca，New York：Cornell University Press，2004.

6. Michael Barnett and Raymond Duvall. Power in Global Governance. Cambridge：University Press，2005.

7. Michael Zurn. A theory of global governance：authority，legitimacy，and contestation. Oxford：Oxford University Press，2018.

8. Norman A. Graham，Robert S. Jordan. The international civil service：changing role and concepts. Oxford：Pergamon Press，2017.

9. Sharma，Murari R. Banerjee. United Nations international civil service：perceptions，realities and career prospects. New Delhi：Academic Foundation，2010.

10. Volker Rittgerger，Bernhard Zangle，Andreas Kruck. International organization. 2nd edition. London：Palgrave Macmillan，2012.

11. 安德鲁·赫里尔．全球秩序与全球治理．林曦，译．北京：中国人民大学出版社，2018.

12. 保罗·肯尼迪．联合国过去与未来．卿劼，译．海口：海南出版社，2008.

13. 谌华侨．国际会议．北京：北京大学出版社，2018.

14.《国际组织》编写组．国际组织. 2 版．北京：高等教育出版社，2018.

15. 何昌垂，王之佳，何景琳．纵横全球 兼济天下：国际组织任职启示录．杭州：浙江大学出版社，2022.

16. 何昌垂．国际公务员实务概论．北京：北京大学出版社，2021.

17. 李铁城，邓秀杰．联合国简明教程．北京：北京大学出版社，2015.

18. 李铁城．走进联合国．北京：人民出版社，2008.

19. 李铁城．联合国里的中国人．北京：人民出版社，2004.

20. 梁西．梁著国际组织法. 6 版．武汉：武汉大学出版社，2011.

21. 牛仲君．国际公务员制度．北京：北京大学出版社，2015.

22. 秦亚青．全球治理：多元世界的秩序重建．北京：世界知识出版社，2019.

23. 全国干部培训教材编审指导委员会．全面推进中国特色大国多边外交．北京：人民出版社，2019.

24. 饶戈平．国际组织法．北京：北京大学出版社，1996.

25. 宋允孚．国际公务员与国际组织任职．北京：中国人民大学出版社，2016.

26. 宋允孚．做国际公务员：求职、任职、升职的经验分享．北京：中国人民大学出版社，2011.

27. 宋允孚．国际公务员素质建设与求职指南．杭州：浙江大学出版社，2019.

28. 唐虔．我在国际组织的 25 年．北京：中信出版集团，2020.

29. 滕珺．国际组织需要什么样的人．上海：上海教育出版社，2018.

30. 杨丽，丁开杰．全球治理与国际组织．北京：中央编译出版社，2017.

31. 约翰·鲁杰．多边主义．苏长河，等译．杭州：浙江人民出版社，2003.

32. 张丽华．国际组织概论．北京：科学出版社，2015.

33. 郑启荣，牛仲君．中国多边外交．北京：世界知识出版社，2012.

附录一

主要国际组织名称及网址

政治、法律与安全类

禁止化学武器组织 Organization for the Prohibition of Chemical Weapons (OPCW)

https://www.opcw.org

全面禁止核试验条约组织 Comprehensive Nuclear-Test-Ban Treaty Organization (CTBTO)

https://www.ctbto.org

禁止杀伤人员地雷公约 Anti-Personnel Mine Ban Convention

https://www.apminebanconvention.org

轻小武器 Small Arms and Light Weapons (UNODA)

https://www.un.org/disarmament/convarms/SALW

瓦森纳协定 Wassenaar Arrangement (WA)

https://www.wassenaar.org

导弹技术控制制度 Missile Technology Control Regime (MTCR)

https://mtcr.info

核供应国俱乐部 Nuclear Supply Group (NSG)

https://www.nuclearsuppliersgroup.org

联合国人权事务高级专员办事处 Office of the High Commissioner for Human Right (OHCHR)

https://www.ohchr.org/en/about-us/high-commissioner

联合国裁军事务厅 United Nations Office for Disarmament Affairs (UNODA)

https://disarmament.unoda.org

联合国毒品和犯罪问题办公室 United Nations Office on Drugs and Crime（UNODC）

https://www.unodc.org

联合国维持和平行动 United Nations Peacekeeping

https://Peacekeeping.un.org

联合国反恐怖主义委员会 United Nations Office of Counter-Terrorism（UNOCT）

https://www.un.org/counterterrorism/

国际法院 International Court of Justice（ICJ）

https://www.icj-cij.org

国际原子能机构 International Atomic Energy Agency（IAEA）

https://www.iaea.org

国际刑事法庭 International Criminal Court（ICC）

https://www.icc-cpi.int

国际海洋法仲裁庭 International Tribunal for the Law of the Sea（ITLOS）

https://www.itlos.org

联合国法律事务厅 United Nations Office of Legal Affairs（OLA）

https://www.un.org/ola/

阿拉伯国家联盟（阿盟）League of Arab States（LAS）

http://www.lasportal.net

阿拉伯各国议会联盟 Arab Inter-Parliamentary Union（AIUP）

http://arabipu.org

阿拉伯马格里布联盟 Union de Maghreb Arabe（UMA）

https://www.maghrebarabe.org

北大西洋公约组织（北约）North Atlantic Treaty Organization（NATO）

https://www.nato.int

东非共同体 East African Community（EAC）

https://www.eac.int

东加勒比国家组织 Organization of Eastern Caribbean States（OECS）

https://www.oecs.org

东南亚国家联盟（东盟）Association of Southeast Asian Nations（ASEAN）

https://asean.org

法语国家及地区国际组织 Organization Internationale de la Francophonie（OIF）

https://www.francophonie.org

非洲联盟（非盟）African Union（AU）

https://www.au.int

各国议会联盟（议联）Inter-Parliamentary Union（IPU）

https://www.ipu.org

红十字国际委员会 International Committee of the Red Cross (ICRC)

https://www.icrc.org

红十字会与红新月会国际联合会 International Federation of Red Cross and Red Crescent Societies (IFRC)

https://www.ifrc.org

海湾阿拉伯国家合作委员会（海合会）Gulf Cooperation Council (GCC)

https://www.gcc-sg.org

加勒比共同体（加共体）Caribbean Community (CARICOM)

https://www.caricom.org

加勒比国家联盟（加国联）Association of Caribbean States (ACS)

http://www.acs-aec.org

拉美和加勒比国家共同体 Community of Latin American and Caribbean States (CELAC)

https://celacinternational.org

美洲国家组织 Organization of American States (OAS)

https://www.oas.org

欧洲安全与合作组织（欧安组织）Organization for Security and Cooperation in Europe (OSCE)

https://www.osce.org

欧洲联盟（欧盟）European Union (EU)

https://europa.eu

欧洲委员会 Council of Europe (COE)

https://www.coe.int

上海合作组织 Shanghai Co-operation Organization (SCO)

http://chn.sectsco.org

太平洋共同体 Pacific Community (PC)

https://www.spc.int

太平洋经济合作理事会 Pacific Economic Cooperation Council (PECC)

https://www.pecc.org

太平洋岛国论坛 Pacific Islands Forum (PIF)

https://www.forumsec.org

伊比利亚美洲国家首脑会议 Ibero-American Summit

https://www.segib.org

伊斯兰合作组织 Organization of the Islamic Cooperation

https://www.oic-oci.org

经济、社会与发展类

国际货币基金组织 International Monetary Fund (IMF)

https://www.imf.org

世界银行 World Bank (WB)

https://www.worldbank.org

国际电信联盟（国际电联）International Telecommunication Union (ITU)

https://www.itu.int

国际海事组织 International Maritime Organization (IMO)

https://www.imo.org

国际劳工组织 International Labour Organization (ILO)

https://www.ilo.org

国际刑警组织 International Criminal Police Organization (INTERPOL; ICPO)

https://www.interpol.int

国际移民组织 International Organization for Migration (IOM)

https://www.iom.int

联合国儿童基金会 United Nations Children's Fund (UNICEF)

https://www.unicef.org

联合国工业发展组织 United Nations Industrial Development Organization (UNIDO)

https://www.unido.org

联合国开发计划署 United Nations Development Programme (UNDP)

https://www.undp.org

世界粮食计划署 World Food Programme (WFP)

https://www.wfp.org

世界贸易组织 World Trade Organization (WTO)

https://www.wto.org

世界卫生组织 World Health Organization (WHO)

https://www.who.int

世界知识产权组织 World Intellectual Property Organization (WIPO)

https://www.wipo.int

万国邮政联盟 Universal Postal Union (UPU)

https://www.upu.int

联合国人口基金会 United Nations Population Fund (UNPF)

https://www.unfpa.org

联合国人类住区规划署 UN-Habitat

https://unhabitat.org

联合国艾滋病毒/艾滋病联合规划署 United Nations Programme on HIV/AIDS

(UNAIDS)

https://aidsinfo.unaids.org

联合国贸易和发展会议 United Nations Conference on Trade (UNCTAD)

https://unctad.org

联合国教育、科学及文化组织(联合国教科文组织)United Nations Education, Science and Culture Organization (UNESCO)

https://www.unesco.org

联合国难民事务高级专员署(联合国难民署)United Nations High Commissioner for Refugees (UNHCR)

https://www.unhcr.org

联合国促进性别平等和增强妇女权能署(联合国妇女署)UN Women

https://www.unwomen.org

世界旅游组织 World Tourism Organization (WTO)

https://www.unwto.org

联合国粮食及农业组织 Food and Agriculture Organization of the United Nations (FAO)

https://www.fao.org

国际农业发展基金 International Fund for Agricultural Development (IFAD)

https://www.ifad.org

联合国南南合作办公室 United Nations Office for South-South Corporation (UNOSSC)

https://www.unsouthsouth.org

阿拉伯石油输出国组织 Organization of Arab Petroleum Exporting Countries (OAPEC)

https://www.oapecorg.org

北欧理事会 Nordic Council (NC)

https://www.norden.org

博鳌亚洲论坛 BOAO Forum for Asia (BFA)

https://www.boaoforum.org

朝鲜半岛能源开发组织 Korea Peninsula Energy Development Organization (KPEDO)

https://www.kedo.org

东部和南部非洲共同市场(科迈萨)Common Market for Eastern and Southern Africa (COMESA)

https://www.comesa.int

二十国集团 Group of Twenty Finance Ministers and Central Bank Governors (G20) https://www.g20.org

非洲开发银行 African Development Bank (ADB)

https://www.afdb.org

国际清算银行 Bank for International Settlements (BIS)

https://www.bis.org

拉丁美洲经济体系 Latin American and Caribbean Economic System (SELA)

http://www.sela.org

美洲开发银行 Inter-America Development Bank (IADB)

https://www.iadb.org

南部非洲发展共同体 Southern African Development Community (SADC)

https://www.sadc.int

南方共同市场 Southern Common Market (MERCOSUR)

https://www.mercosur.int

南亚区域合作联盟 South Asian Association for Regional Cooperation (SAARC)

https://www.saarc-sec.org

石油输出国组织（欧佩克）Organization of the Petroleum Exporting Countries (OPEC)

https://www.opec.org

西非国家经济共同体 Economic Community of West African States (ECOWAS)

https://www.ecowas.int

亚欧会议 Asia-Europe Meeting (ASEM)

https://aseminfoboard.org

亚太经济合作组织（亚太经合组织）Asia-Pacific Economic Cooperation (APEC)

https://www.apec.org

亚洲基础设施投资银行（亚投行）Asian Infrastructure Investment Bank (AIIB)

https://www.aiib.org

亚洲开发银行（亚开行）Asian Development Bank (ADB)

https://www.adb.org

中部非洲国家经济共同体 Economic Community of Central African States (ECCAS)

https://www.ceeac-eccas.org

中非合作论坛 Forum on China-Africa Cooperation (FOCAC)

http://www.focac.org

中国-阿拉伯国家合作论坛（中阿合作论坛）China-Arab States Cooperation Forum

http://www.chinaarabcf.org

联合国经济和社会理事会 United Nations Economic and Social Council (UNECOSOC)

https://www.un.org/ecosoc/

联合国非洲经济委员会 United Nations Economic Commission for Africa（UNECA）

https://www.uneca.org

联合国欧洲经济委员会 United Nations Economic Commission for Europe（UNECE）

https://unece.org.

联合国拉丁美洲和加勒比经济委员会 United Nations Economic Commission for Latin America and the Caribbean（UNECLAC）

https://www.cepal.org

联合国亚洲及太平洋经济社会委员会 United Nations Economic and Social Commission for Asia and the Pacific（UNESCAP）

https://www.unescap.org

联合国西亚经济社会委员会 United Nations Economic and Social Commission for Western Asia（UNESCWA）

https://www.unescwa.org

国际民用航空组织 International Civil Aviation Organization (ICAO)

https://www.icao.int

联合国和平与发展信托基金 United Nations Peace and Development Trust Fund（UNPDF）

https://www.un.org/en/unpdf

环境保护和新领域类

国际绿色和平组织 Greenpeace International

https://www.greenpeace.org

斯德哥尔摩公约 The Stockholm Convention on Persistent Organic Pollutants（Stockholm Convention）

https://www.pops.int

全球环境基金 Global Environment Facility (GEF)

https://www.thegef.org

绿色气候基金 Green Climate Fund (GCF)

https://www.greenclimate.fund

联合国气候变化框架公约 United Nations Framework Convention on Climate Change (UNFCCC)

https://www.unfccc.int

生物多样性公约 The Convention on Biological Diversity（CBD）

https://www.cbd.int/convention

联合国环境规划署 UN Environment Programme (UNEP)

https://www.unep.org

世界气象组织 World Meteorological Organization (WMO)

https://public.wmo.int

联合国减少毁林和森林退化所致排放合作计划 United Nations Collaborative Programme on Reducing Emissions from Deforestation and Forest Degradation in Developing Countries (UNREDD)

https://www.un-redd.org

联合国防治荒漠化公约 UN Convention to Combat Desertification (UNCCD)

https://www.unccd.int

世界自然保护联盟 International Union for Conservation of Nature (IUCN)

https://www.iucn.org

狮子共享基金 The Lion Foundation (LION)

https://lionfoundation.nz

世界动物保护协会 World Animal Protection

https://www.worldanimalprotection.org

世界自然基金会 World Wide Fund for Nature (WWF)

https://wwf.panda.org

"一带一路"国际科学组织联盟 Alliance of International Science Organizations (ANSO)

http://www.anso.org.cn

电气与电子工程师协会 The Institute of Electrical and Electronics Engineers (IEEE)

https://www.ieee.org

可持续发展大数据国际研究中心 International Research Center of Big Data for Sustainable Developrnent Goals (CBAS)

http://www.cbas.ac.cn

国际摄影测量与遥感学会 International Society for Photogrammetry and Remote Sensing (ISPRS)

https://www.isprs.org

国际测量师联合会 International Federation of Surveyors (FIG)

https://www.fig.net

国际大地测量协会 International Association of Geodesy (IAG)

https://www.iag-aig.org

国际标准化组织 International Organization for Standardization (ISO)

https://www.iso.org

国际天文学联合会 International Astronomical Union (IAU)

https://www.iau.org

附录二

国际公务员行为标准[①]

（2012 年修订版）

导言

1. 联合国和专门机构体现世界人民的最崇高的愿望，其宗旨在于使后代免遭战祸，使男女和儿童有尊严地和自由地生活。

2. 国际公务员制度有责任将这些理想转变为现实。它借助会员国内部发展起来的优良公共行政传统：才干、正直、公正、独立和谨慎。但除此以外，国际公务员担负着一项特别的任务：即为和平、为尊重基本权利、为经济和社会进步、为国际合作而服务。因此，国际公务员有责任遵循最高的行为标准；因为归根结底，使联合国系统能创建一个公正和平世界的是国际公务员。

指导原则

3. 联合国各组织遵循的价值观也必须是指导国际公务员各类行为的准则：基本人权、社会正义、人格尊严与价值以及对男女与大小各国平等权利的尊重。

4. 国际公务员应与其各组织抱持相同的理念。只有信守这一理念才能保证国际公务员的忠诚和国际视野；共同信守这一理念能保证国际公务员将组织利益置于个人利益之上，以负责任态度使用其所属组织的资源。

5. 《联合国宪章》中载明的忠诚概念概括了国际公务员行为各个方面，包括诚实、真实、公正和廉洁等品格。这些品格与《宪章》中同时载明的才干和效率一样，都是最基本的要求。

6. 宽容和谅解是人的基本价值观。两者对国际公务员极为重要，国际公务员

---

① 联合国大会决议 A/67/30. 国际公务员制度委员会 2012 年度报告.（2012-08-14）[2022-08-20]. https://documents-dds-ny.un.org/doc/UNDOC/GEN/N12/462/73/PDF/N1246273.pdf? OpenElement.

必须一视同仁地平等尊重所有人。这种尊重会造就一种关心所有人需求的气氛和工作环境。要在多文化环境中做到这一点，就需要有一种远不止于被动接受的积极肯定态度。

7. 国际忠诚意味着忠于整个联合国系统而不仅仅是某人所供职的组织；国际公务员有义务理解并体现这种广泛的忠诚。在多个组织的国际公务员同在一个国家或地区服务的情况下，必须对联合国其他组织的国际公务员采取合作与谅解态度，这显然是极为重要的。

8. 若要保持国际公务员制度的公正性，国际公务员就必须独立于其所属组织以外的任何权力机构。他们必须在行为中体现这种独立。按照其就职誓言，他们不应寻求也不应接受其所属组织以外任何政府、个人或实体的指令。从任何意义上讲，国际公务员都不是政府或其他实体的代表，也不是其政策的代言人，这一点无论如何强调都不为过。这也同样适用于从政府借调的人员以及从别处调来提供服务的人员。国际公务员应当时刻明白，通过表达其对《宪章》及每个组织相应文书的拥护，会员国及其代表均承诺尊重这种独立性。

9. 公正意味着宽容和节制，特别是在对待政治或宗教信仰问题上。国际公务员的个人意见固然不可侵犯，但他们无论作为个人还是作为团体成员，不享有擅自公开就有争议事项采取立场或表达信念的私人自由，不论使用什么方法。这意味着，在某些情况中，个人意见只可有策略、慎重地加以表达。

10. 这并不是说国际公务员必须放弃其个人政治观点或本国立场，而是说，他们必须在任何时候都保持广泛的国际视野以及对整个国际社会的理解。

11. 国际公务员制度的独立性与会员国——有时同其他成员一道——共同构成了组织这一事实并无冲突，也不会掩盖这一事实。在行为上如能促进与各个会员国的良好关系，并有助于提高它们对各组织秘书处的信赖和信心，就会强化组织并增进其利益。

12. 在特定国家或地区负责项目的国际公务员有可能被要求特别注意保持其独立性。有时他们可能会接到东道国的指示，但这不应影响他们的独立性。倘若在任何时候他们认为这种指示威胁到他们的独立，他们必须征求上级的意见。

13. 各级国际公务员都要对自己在履行职能时采取的所有行动以及做出的所有决定和承诺负责并接受问责。

14. 国际视野来自对联合国系统各组织在其法律文书中所述宗旨和目标的理解和忠诚。这意味着，除其他外，尊重他人持不同见解和遵循不同文化习惯的权利。它要求乐于毫无偏见地与各种国籍、宗教和文化的人士共事；它要求始终保持敏感认识，注意自身言行可能使他人产生何种看法。它要求避免任何会被解释为有偏见或不宽容的言论。工作方法在不同文化中可能会有所差异，但国际公务员不应因守其本国或本地区的态度、工作方法或工作习惯。

15. 不受歧视是一项基本人权。国际公务员应毫无区分地尊重所有人的尊严、价值和平等。必须坚持不懈地避免思维成见。《宪章》中的一条基本原则是男女平等，因此各组织应尽力促进性别平等。

工作关系

16. 管理人员和主管人员身处领导岗位，有责任在相互尊重基础上确保营造一个和谐的工作场所。他们应倾听各种意见和看法，确保工作人员的优点得到适当承认。他们需要为工作人员提供支持；这一点在工作人员因履行职责而受到批评时尤为重要。管理人员也有责任指导和调动工作人员积极性，促进他们的发展。

17. 管理人员和主管人员起表率作用，因而有着坚持最高行为标准的特殊义务。向下属工作人员索取人情、馈赠或借贷是很不合适的。他们必须公正行事，不得偏袒和恐吓。在与他人任命或职业有关的事务中，国际公务员不应为个人原因而试图对同事施加影响。

18. 管理人员和主管人员应同工作人员有效地进行交流并分享相关信息。国际公务员同样有责任向其主管人员提供一切相关事实和信息，服从并维护所做的任何决定，即使这些决定不符合他们的个人看法。

19. 国际公务员必须遵循所接到的与其职务有关的指示。他们如果对某项指示是否符合《宪章》或任何其他章程、理事机构决定或管理细则和条例存在疑问，应首先征求主管人员意见。如果国际公务员无法同主管人员达成一致意见，国际公务员可要求书面指示。对于这些书面指示，可通过适当机制办法加以质疑，但任何质疑均不应耽误有关指示的执行。国际公务员也可将其意见记入正式文件。他们不应执行明显违背其职务或威胁他们自身或他人安全的口头或书面指示。

20. 国际公务员有义务向所属组织内负责采取适当行动的官员或单位报告任何违反组织规章的行为，并配合进行经正式授权的审计和调查。本着善意报告违规行为或配合进行审计和调查的国际公务员有权得到保护，不受报复。

骚扰和滥用权力

21. 任何类别或形式的骚扰都是对人类尊严的冒犯，国际公务员不得从事任何形式的骚扰。国际公务员有权享有没有骚扰或滥权行为的工作场所环境。所有组织都必须禁止任何类型的骚扰。各组织有义务订立规则并提供指导意见，说明何种行为构成骚扰和滥用权力以及如何处理不可接受的行为。

22. 国际公务员不得滥用权力，或以冒犯、羞辱或恐吓他人或使其难堪的方式使用自己的权力或职位。

利益冲突

23. 如果国际公务员的个人利益妨碍其履行公务，或令人质疑国际公务员身份所需的正直、独立和公正品质，则可能发生利益冲突。利益冲突包括国际公务员由于与其组织的关联而可能直接或间接地不当受益，或使第三方不当受益。利益冲突现象可产生自国际公务员个人或家庭同第三方、个体、受益者或其他机构的交往。如果确实出现利益冲突或出现可能的利益冲突，就应以最符合组织利益的方式披露、处理和解决所涉冲突。引发利益冲突的问题有可能非常敏感，需要谨慎处理。

信息披露

24. 国际公务员应避免协助第三方与其所属组织打交道，若这可导致获得实际上或感觉上的优惠。这一点在采购事务中或在谈判预期招聘事宜时尤其重要。有时，如果有必要让所属组织确信不存在任何利益冲突，那么根据组织政策，国际公务员可能会因其职位或职能而需要披露某些个人资产。各组织必须确保对所披露的任何信息予以保密，而且必须仅为既定目的或者按照相关国际公务员的授权使用信息。国际公务员还应事先披露在履行职务过程中可能出现的利益冲突，并就此种冲突的缓解和补救措施征求咨询意见。他们在履行公务和处理个人事务时应当致力于维护和加强公众对公务员自身及其所属组织廉正性的信心。

联合国各组织资源的使用

25. 国际公务员有责任保护联合国各组织的资源，这些资源应被用于交付有关组织的授权任务和增进有关组织的最高利益。国际公务员应仅为授权目的审慎地使用其所属组织的资产、财产、信息及其他资源。组织可以依照适用的政策，有限度地允许个人使用组织资源，如电子和通信资源。

离职后限制

26. 国际公务员从联合国系统各组织离职后，不应不当利用其先前的职务和职位，包括未经授权使用或传播非公开或保密性质的信息；国际公务员包括采购部门工作人员和申购官员，也不应为了第三方的利益或应第三方要求，企图不当地影响组织决定，以此谋求被第三方雇佣。

秘书处的作用（总部和外地工作地点）

27. 各秘书处的主要职能是协助立法机关开展工作，并贯彻它们的决定。行政首长负责指导并管理秘书处的工作。因此，国际公务员在向有关立法机关或委员会提交提案或主张某种立场时，所代表的是行政首长的立场，而不是个人或下属单位的立场。

28. 国际公务员在向立法机关或代表机构提供服务时，只应为有关组织的利益服务，不应为个人或下属单位的利益服务。未经行政首长核准，国际公务员不宜为政府或其他国际公务员制度的代表撰写关于所讨论问题的讲话稿、论点或提案，但完全可以提供事实材料、技术咨询或协助诸如撰写决议草案等工作。

29. 国际公务员绝对不宜为了自己或他人升迁，或为了阻挡或改变对自己地位不利的决定而游说或寻求政府代表或立法机构成员给予支持。政府已经接受《宪章》和联合国系统各组织章程，因而已承诺维护国际公务员的独立性；所以，政府代表和立法机构成员理应不同意这类请求也不介入这类事情。国际公务员处理这类事务的正确途径是通过行政渠道。每个组织都有责任提供这些渠道。

工作人员和管理当局的关系

30. 建立一个有利环境对于营造建设性的工作人员和管理当局之间关系至关重要，也符合各组织的利益。管理当局与工作人员之间的关系应当遵循相互尊重的原则。在审议就业和工作条件以及工作人员福利时，当选的工作人员代表可发挥重大作用。自由结社是一项基本人权，国际公务员有权组织和加入旨在促进和维护其利益的协会、工会或其他团体。工作人员和管理当局的不断对话是必不可少的。管理当局应促进这种对话。

31. 当选的工作人员代表享有其代表身份所带有的相应权利，其中可包括有机会向其所属组织立法机关做陈述的权利。这些权利的行使方式应符合《联合国宪章》、《世界人权宣言》和各项国际人权公约，而且不得损害国际公务员制度的独立性和完整性。工作人员代表在行使其享有的广泛言论自由时，必须秉持负责任的态度，并避免对组织做出不应有的批评。

32. 工作人员代表在任职期间或任期结束后均应受到保护，不因其作为工作人员代表的地位或活动而受到歧视或带有偏见的待遇。各组织应避免无理干涉工作人员工会或协会的管理。

与会员国和立法机构的关系

33. 所有国际公务员都有明确的义务，与各国政府维持尽可能良好的关系，避免采取任何可能损害这种关系的行动。他们不应干涉政府的政策或事务。他们不得个别地或集体地批评政府或试图损害其声誉。同时，国际公务员理当可以自由发表支持其所属组织的政策的言论。为损害或推翻一个政府而从事的任何直接或间接活动均构成严重的不当行为。

34. 国际公务员不是其本国的代表，也没有权力担任联合国系统各组织与他们本国政府之间的联络员。不过，行政首长可以请国际公务员行使这种职责。这种职责性质独特，必须由具备国际忠诚和正直品格的人来行使。政府和有关组织都不应使国际公务员处于其对国际的忠诚和对本国的忠诚可能相互冲突的困境。

与公众的关系

35. 联合国系统各组织的成功运作有赖于公众的支持。因此，所有国际公务员都有责任不断促进公众对其所属组织宗旨和工作的了解。他们需要熟悉自己组织的成就，也需要熟悉整个联合国系统的工作。

36. 有时，国际公务员可能受到来自组织外的批评；为了履行其作为国际公务员的职责，他们应当有技巧和有节制地做出回应。国际公务员所属组织有义务对他们因在履行职责过程中采取行动而招致的批评做出辩护。

37. 国际公务员不宜公开表达个人不满或批评其所属组织。国际公务员应当恪守其忠于组织的誓言，在任何时候都致力提高国际公务员的正面形象。

与媒体的关系

38. 与媒体保持开放而透明的关系是传达各组织信息的有效方法。各组织应制定准则和程序，并为此适用下列原则：国际公务员应当视自己为所属组织代言者，避免提出个人想法和观点；任何情况下都不得利用媒体来谋取私利，表示个人不满，擅自透露信息或企图影响其所属组织的决策。

资料的使用和保护

39. 透露机密资料可能会严重损害一个组织的效率和信誉，因此国际公务员有责任在处理所有公务时保持谨慎，未经批准不得透露机密资料。国际公务员不得为一己之私利用未经公开但因其所任职务而获得的资料。这种义务不因离职而终止。各组织必须订立一套关于机密资料使用与保护的准则，而此类准则同样必须跟上信息技术及其他新技术的发展。这种规定不应影响秘书处和会员国之间交换资料方面的既定做法，以确保会员国最充分参与各组织的活动和工作。

尊重不同习俗与文化

40. 世界是一个由不同民族、语言、文化、习俗和传统组成的多元结构。切实尊重所有这些方面是对国际公务员的一项基本要求。与特定文化不相容的任何行为都必须避免。不过，如果某一传统直接有违联合国系统通过的任何人权文书，国际公务员必须以该人权文书为准。国际公务员应当避免奢华的生活方式，也不应妄自尊大。

安全和保障

41. 虽然行政首长可根据任务需要来指派工作人员，但各组织有责任在没有任何歧视的情况下确保其工作人员的健康、福祉、安全和生命不致遭受不应有的危险。各组织应采取措施保护工作人员及其家属的安全。与此同时，国际公务员有义务服从一切旨在保护他们安全的指示。

个人行为

42. 国际公务员的私生活属于其本人事务，各组织不应干涉。不过，在一些情况下，国际公务员的行为可能对组织造成影响。因此，国际公务员必须铭记，他们在工作场所以外的所作所为即使与公务无关，也可能损害组织的形象和利益。国际公务员家属的行为也可能造成这种情况，因而国际公务员有责任确保其家属充分认识到这一点。

43. 国际公务员所享有的特权和豁免完全是为了组织的利益而授予的。国际公务员不能因享有这些特权和豁免而可以不遵守当地法律，也不可以此作为无视个人在法律或财政方面所承担义务的借口。应当铭记，只有行政首长才有权放弃国际公务员所享有的豁免权或确定豁免的范围。

44. 违反法律可以是严重的刑事活动或轻微的犯法行为，有关组织可被要求根据个别案件的性质和情况做出判断。被国家法院裁定有罪通常是——但并非都是——有说服力的证据，证明国际公务员从事了所起诉的行为，而国家刑事法律通常认定的犯罪行为一般也是违反国际公务员行为标准的行为。

外界雇用和活动

45. 国际公务员的首要义务是全力从事其所属组织的工作。因此，国际公务员未经事先许可，不应在外界从事有薪或无薪的、有损此项义务或不符合其身份或与所属组织的利益相冲突的活动。与此有关的任何问题均应请示行政首长。

46. 当然，如果不涉及上述情形，外界活动有可能对工作人员及其所属组织都有好处。各组织应容许、鼓励和便利国际公务员参与能增进与私人和公共机构接触的专业活动，从而有助于保持和加强他们的专业和技术能力。

47. 国际公务员在有薪假或无薪假期间都应铭记，他们仍然是其所属组织雇用的国际公务员，因而仍应遵守组织的规则。因此，他们只有在获得适当的授权之后才可在度假期间接受有薪或无薪的工作。

48. 鉴于国际公务员必须保持独立和公正，他们虽然保留投票权，但不应参与政治活动，例如竞选或担任当地或国家政治职务。不过，这不表示他们不可以参与地方社区或民间活动，但这种参与必须符合其在联合国系统的服务宣誓。国际公务员在支持某个政党或某一政治运动时必须谨慎从事，他们不应接受或募集资金，撰写文章或公开演说或向新闻界发表谈话。对于这些情形，必须做出判断，如有疑问，应请示行政首长。

49. 政党党员身份的实际意味因国家而异，因此难以制定对所有情况一律适用的标准。一般而言，国际公务员可以是某一政党的党员，但该政党的主导观点以及其对党员规定的义务必须符合联合国系统的服务誓言。

外界给予的馈赠、荣誉和薪酬

50. 为了保护国际公务员制度的正面形象不受任何污损，国际公务员未经行政首长批准，不得接受组织外任何来源给予的任何荣誉、勋章、馈赠、薪酬、好处或超出标价的经济利益；这种外部来源应理解为包括政府以及商业公司和其他实体。

51. 国际公务员不应在任职联合国系统组织之前、期间或之后接受政府或任何其他来源给予的与该项任命有关的补充付款或其他补贴。为平衡此项规定，一般的理解是，政府或其他实体应当认识到这种做法不符合《宪章》的精神以及联合国系统各组织的章程，不应支付或表示愿意支付此类款项。

结论

52. 为了达到国际公务员的行为标准，所有各方都必须尽最大的努力。国际公务员必须致力恪守本文内载述的价值、原则和标准。他们必须积极主动地维护这些价值、原则和标准。他们应当胸怀责任感，促进实现他们加入联合国系统时已表示忠实信守的广泛理想。各组织有义务借助包括各种条例规则及其他行政文书在内的政策框架，执行这些标准。会员国则应当恪守《宪章》和其他组成文书的规定，维护国际公务员制度的独立性和公正性。

53. 为了有效实施这些标准，必须广泛进行传播，并且实行必要措施和机制，以确保整个国际公务员制度、各会员国和联合国系统各组织都了解这些标准的范围和重要性。

54. 这些标准受到尊重，可以确保国际公务员制度在履行其职责和满足世界各国人民的愿望方面继续发挥有效的作用。

后　　记

党的十八大以来，面对变化了的国际局势，结合中国发展的现实需要，中国提出并强化了“中国特色大国外交”理念，以期在国际上发挥负责任大国作用的同时，体现和平、合作、互利、共赢等中国外交特色。以联合国为代表的国际组织作为中国外交中日益重要的多边舞台，参与国际组织是中国加强与国际社会互动的重要方式，自然也成为实践中国特色大国外交的主要手段之一。正如二十大报告明确指出的那样：“中国积极参与全球治理体系改革和建设，践行共商共建共享的全球治理观，坚持真正的多边主义，推进国际关系民主化，推动全球治理朝着更加公正合理的方向发展。”①

本书着眼于国际组织迅速发展的时代背景，立足于中国不断融入国际社会，在国际组织中地位与作用不断上升的现实，致力于让更多人了解国际组织的人事制度和工作内容，为今后去国际组织实习和工作打好基础，为提高中国籍国际公务员的数量与质量，增强中国在国际组织中的规则制定权、议程设置权和国际话语权做出基础性贡献。因此，本书是人们认真学习领会习近平外交思想的内涵，深入了解中国特色大国外交，熟悉联合国等国际组织运行机制的重要参考。

本书由牛仲君和李根信共同编写完成。在编写出版过程中，外交学院、中国人民大学出版社等单位给予了大力支持，刘慰和芮雪同学也在翻译资料方面提供了很多帮助。在此，谨对所有给予本书支持的单位和个人表示衷心感谢。

由于水平有限，书中难免有疏漏和错误之处，敬请广大读者提出宝贵意见。

2022 年 11 月

① 习近平．高举中国特色社会主义伟大旗帜 为全面建设社会主义现代化国家而团结奋斗：在中国共产党第二十次全国代表大会上的报告．北京：人民出版社，2022：62.

图书在版编目（CIP）数据

国际组织工作实务 / 牛仲君，李根信著. -- 北京：中国人民大学出版社，2023.10

新编 21 世纪政治学系列教材

ISBN 978-7-300-32211-7

Ⅰ.①国… Ⅱ.①牛… ②李… Ⅲ.①国际组织-教材 Ⅳ.①D813

中国国家版本馆 CIP 数据核字（2023）第 183437 号

新编 21 世纪政治学系列教材

国际组织工作实务

牛仲君　李根信　著

Guoji Zuzhi Gongzuo Shiwu

出版发行	中国人民大学出版社		
社　　址	北京中关村大街 31 号	**邮政编码**	100080
电　　话	010－62511242（总编室）		010－62511770（质管部）
	010－82501766（邮购部）		010－62514148（门市部）
	010－62515195（发行公司）		010－62515275（盗版举报）
网　　址	http://www.crup.com.cn		
经　　销	新华书店		
印　　刷	北京溢漾印刷有限公司		
开　　本	787 mm×1092 mm　1/16	**版　　次**	2023 年 10 月第 1 版
印　　张	13.75 插页 1	**印　　次**	2023 年 10 月第 1 次印刷
字　　数	285 000	**定　　价**	42.00 元

教学支持说明

（教学课件）

中国人民大学出版社政法分社秉承“出教材学术精品，育人文社科英才”的出版宗旨，多年来，出版了大批高质量的法学、教育学、政治学、政治理论公共课教材和学术著作。

我们为本教材制作了相应的 PPT 教学课件，任何一位采用本书作为授课教材的教师均可免费获得该课件。为了确保该课件仅为授课教师获得，烦请您填写如下材料，并将相关信息通过 E-mail 发送给我们，我们将在收到相关信息后通过 E-mail 给您发送该课件。欢迎您加入我们的 QQ 群（全国政管教师交流二群，群号为 648117133），或登录我社官方网站（www. crup. com. cn），注册并认证成为教师会员，以获得更好的服务。

我们的联系方式：

地址：（100872）北京市中关村大街甲 59 号文化大厦 1202 室

中国人民大学出版社政法分社

电话：（010）62515383　62514775（传真）

E-mail：ggglcbfs@vip. 163. com

兹证明____________大学/学院__________院/系__________专业__________学年第__________学期开设的________________课程，采用中国人民大学出版社出版的____________________________________（书名、作者）作为本课程教材。授课教师为____________，授课班级共_______个、学生_______人。授课教师需要与本书配套的教学课件。

联 系 人：__________________________

通信地址：__________________________

邮　　编：__________________________

电　　话：__________________________

E-mail：____________________________

系/院主任：____________（签字）

（系/院办公室章）

_______年_____月_____日